日本の
都市百選

第1集

牛垣雄矢
稲垣　稜
小原丈明
駒木伸比古
西山弘泰
山口　晋
著

青森市（西山弘泰撮影）

A Selection of Attractive Japanese Cities, volume 1

by USHIGAKI Yuya, INAGAKI Ryo, KOHARA Takeaki, KOMAKI Nobuhiko, NISHIYAMA Hiroyasu and YAMAGUCHI Susumu

ISBN978-4-7722-6122-7

Kokon Shoin Publishers Ltd., Tokyo

目次

北海道 旭川市 デザインを感じる都市空間 1
青森県 青森市 鉄道とともに歩んできた交通都市 12
秋田県 秋田市 6号酵母、酒米、夜の盛り場 23
栃木県 宇都宮市 日本に類を見ない石のまち 32
埼玉県 富士見市 多様性に富んだミニ開発都市 43
千葉県 木更津市 快適でリーズナブルな郊外ライフ 54
東京都 赤羽・蒲田 飲み屋街と都市の24時間化 63
東京都 神楽坂・秋葉原 裏路地と雑居ビルから生まれる消費文化 71
長野県 塩尻市 日本酒の酒蔵とワイナリー、そしてテロワール 80

岐阜県 **高山市** 人を誘引する都市の魅力 92
愛知県 **豊橋市** 農工商バランスのとれた東三河の「首都」 101
滋賀県 **大津市** 郊外の多核的な県庁所在都市 111
大阪府 **大阪市①** 買い物行動からミナミの地盤沈下を考える 120
大阪府 **大阪市②** 人から読み解くキタの姿 129
奈良県 **生駒市** 観光都市からベッドタウン、そして脱ベッドタウン 141
徳島県 **徳島市** 大型店の立地を通じてみる地方都市の変貌 150
長崎県 **長崎市** 地形と港がもたらした文化と賑わいが残るまち 160
宮崎県 **宮崎市** 南国ムードを演出する「人工の美」 170
あとがき 181

北海道 旭川市　デザインを感じる都市空間

◆「都市」の範囲をどう捉えるのか

「都市」の範囲をどのように捉えるのかは、都市を考えるうえで大切な観点である。便宜的に「市」や「区」を都市と捉え、それらの行政域を都市の範囲とすることはよくある。しかし、行政上の「市」の範囲すべてに人口が集中し、建造物が建ち並ぶ都市的地域とは限らず、山林や田畑が拡がる非都市的地域も存在することが多い。したがって、人口集中地区（ＤＩＤ）に代表されるように実質的な都市的地域は「市」の範囲よりも狭く、それをもって都市の範囲と捉えることもある。本書の各章で取り上げられる「都市」を概観すると、タイトルに特定の行政上の都市名を示しつつも、実質的にはより狭い範囲の都市的地域に焦点を当てた内容であることが多い。

一方、都市の範囲を広く捉え、都市圏を「都市」としてみることもある。実際、国によっては、都市圏の拡がりをもって「都市」と捉えており、都市のデータについて国際比較を行う際には注意を要する。都市圏は中心都市と、その都市と通勤・通学などで結び付く周辺自治体とで構成される。本章の対象である旭川も都市圏を有し、同市を中心に鷹栖《たかす》町や比布《びっぷ》町、当麻《とうま》町、東神楽《ひがしかぐら》町、東川《ひがしかわ》町で構成される（図１）。

以上を踏まえ、本章では都市的地域の「旭川」だけでなく、旭川都市圏内の地域も「旭川」と捉え、その地域についても紹介する。

◆旭川の特徴・立地・都市構造

旭川には、「国際会議観光都市」や「デザイン都市」、「彫刻のまち」など様々な肩書がある。また、「旭川ラーメン」や「旭川家具」のように、品目に「旭川」が入るなど地域ブランド化された物もある。それぞれが旭川の機能や特徴を示しており、とりわけ、彫刻や家具などデザインにかかわる部分が旭川の特徴といえよう。また、旭川といえば、行動展示で有名な旭山動物園がある。少し脚を伸ばせば神居《かむい》古潭《こたん》や大雪《たいせつ》山系、富良野《ふらの》、美瑛《びえい》などの観光地があり、観光の拠点としての機能を果たしている。

このように、旭川には様々な特徴・魅力があるが、今回は歩いて楽しめる都市の面白さを想定し、商業空間やデザインの側面から旭川を読み解く。

北海道のほぼ中央部の上川盆地に位置する旭

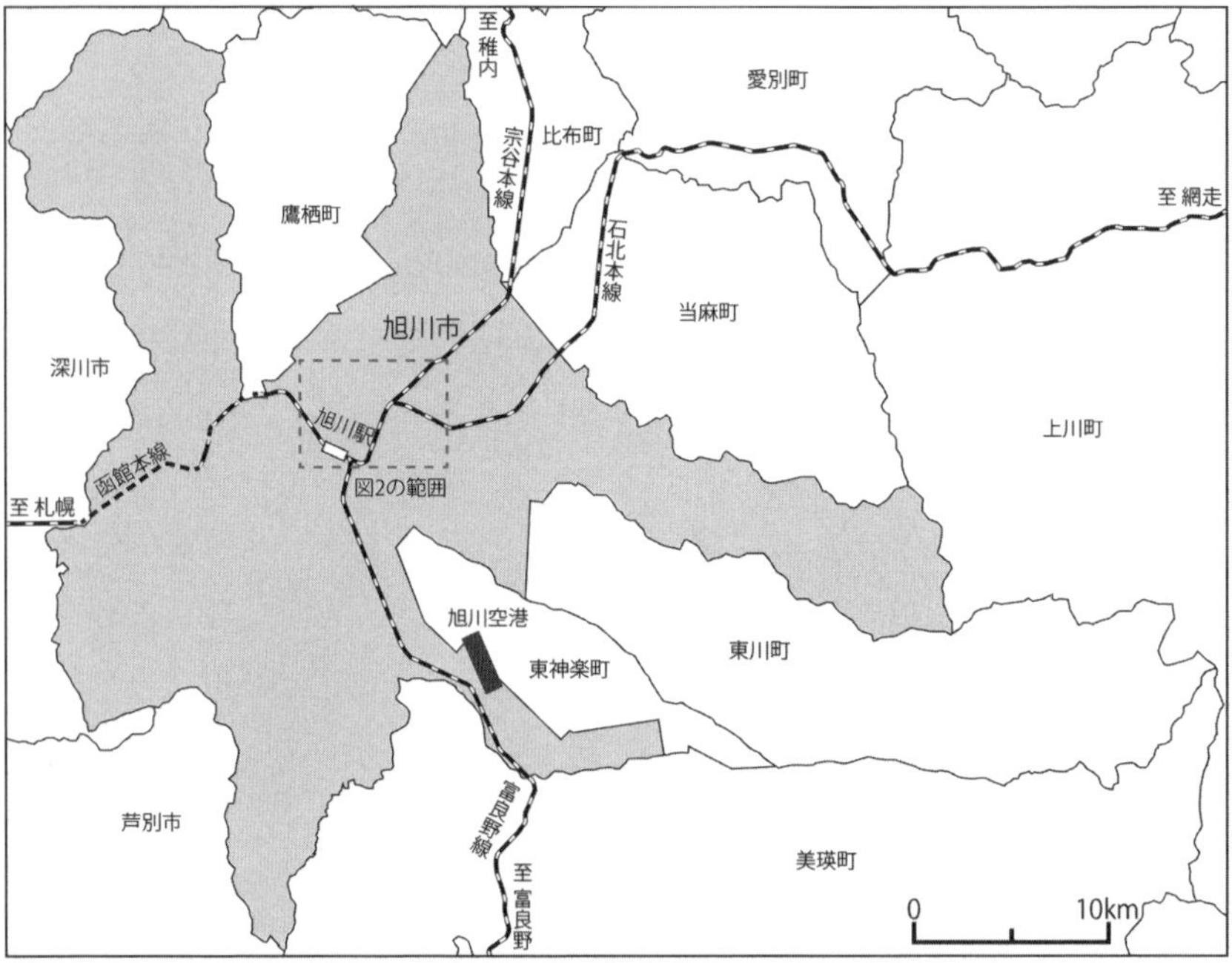

図１　旭川の範囲と周辺市町

川は32万９３０６人（２０２０年国勢調査、以下同様）の人口を有する北海道第2の都市である。北海道だけでなく東北地方を合わせても、札幌（１９７万３３９５人）と仙台（１０９万６７０４人）、いわき（33万２９３１）に次いで第4の都市であることからも、北日本を代表する都市といえよう。特に北海道においては、位置的にも機能的にも中心都市である。旭川には札幌方面と結ぶ函館本線や稚内など北側と繋がる宗谷本線、網走や北見など東側へと伸びる石北本線、そして富良野など南側へと通じる富良野線が集まっており、鉄道交通の拠点となっている（図１）。鉄道交通の拠点となっているということは、必然的に物資が集積する機能を備えてきたことを表している。

現在の旭川の形成は１８９１年に永山地区に屯田兵村《とんでんへいそん》が設けられ、１８９８年に北海道官設鉄道（現・ＪＲ北海道）の旭川駅が開設され、そして、１９０１年に当時の陸軍第七師団が札幌から移ってきたのに端を発する。第七師団に属する軍人は平時で１万人を超えていたとされ、それら軍人の家族を含めると数万人が旭川に居住していたことになる。第七師団が引き連れてきたのは軍人やその家族だけでなく、関連産業に従事する人々も旭川にやって来た。なかでも、軍関連施設や道路などを建設する大工や備品を作る職人は自分たちの技術を活かし、家具を製造していくことになる。それが、現在の旭川の主要産業である旭川家具産業の始まりであった。

このように、戦前に人材が集まり、また旭川が良質な木材の産地および集散地であったことから、旭川家具産業は拡大していった。同産業の特色は人材育成とデザイン性重視にあり、その特色を活かしてたびたびの需要低迷などの危機が乗り越えられてきた[1]。とりわけ、１９９０年代以降、家具の国際コンペティションを開催することで家具産業の拠点としての旭川のプレゼンスを高め、また、木工技能競技大会などを開催して若年層の職人の技術ならびに意識の向上が一層図られてきている。これらの点からも、旭川が「デザイン都市」の側面を有することが理解できる。

図2は旭川の中心市街地付近の地理院地図である。旭川駅を核として市街地が拡がっているが、その拡がりは石狩川など街中を流れる複数の河川を越える形で方々に及んでいる。ただし、図2の範囲からはわからないが、南側と西側には山地が迫っていることから、市街地は北側と東側への拡大が著しく、市域を越えて北側の鷹栖や当麻、東側の東神楽や東川に及んでいる。

地区によって向きの方角は異なるが、市街地の形態は基本的に直交する街路パターンで構成されており、旭川が明治期以降に計画的に建設されてきたことがわかる。特に、旭川駅の北側には中心業務地区（CBD）が拡がり、歓楽街（図2の③）などの商業地区や官公庁（④）などの業務地区が集まっている。中心市街地の北東部には工業団地や流通団地が位置している（⑦）。とりわけ永山地区には旭川家具の展示および情報発信拠点である旭川デザインセンターが立地するなど、旭川家具や木工関係の事業所が集積している。

また、この図2で目立つのは⑤の陸上自衛隊旭

図2　旭川の中心市街地

①平和通買物公園，②銀座商店街，③さんろく街（歓楽街），④官庁街，⑤陸上自衛隊旭川駐屯地，⑥日本製紙旭川工場，⑦流通団地・工業団地．地理院地図をベースマップに作成．

川駐屯地と⑥の日本製紙北海道工場（元は1940年に開設された国策パルプ工業旭川工場）であり、それぞれ古くから立地しており、旭川の都市形成を考えるうえでは重要な施設である。なお、1909時点の状況を示す旧版地形図を見ると、市街地の範囲は旭川駅北側の東西2㎞、南北1㎞の範囲に収まっている。ただし、石狩川を越えた北側には「練兵場」の文字が見え、その周囲に建物などが密集していることから、その辺りに第七師団が関連する施設が立地していたことがわかる。そして、市街地と第七師団駐屯地とを結ぶ道路沿いにも建物が集積している様子も伺える。その道路は石狩川を渡るが、その橋が旭橋である。1932年に創建された旭橋は第七師団駐屯地と旭川の中心部を結ぶ交通の要所であり、アーチ状の美しいフォルムをしていることからも、旭川の都市形成の象徴的な存在といえよう。

◆変貌する商業空間

前述のとおり、旭川の商業地区は旭川駅の北側に位置している。その中心となるのが、駅前から1㎞以上にわたって伸びる旭川平和通買物公園（以下、買物公園）（図2の①）である。買物公園は1972年に開設された全国初の歩行者専用道路であり、2022年で50周年を迎えた。戦前には旭川駅と第七師団駐屯地を結ぶ主要道路として師団通と呼ばれていたが、終戦後に平和通と改称された。戦後も幹線道路としての機能を果たしていたが、当時の五十嵐広三市長の発案により歩行者専用道路に転換された[2]。その結果として、複数のデパートなどの大型商業施設を中心に多くの店舗が集積する商業地区へと変貌を遂げた（写真1）。単に商業地区としての側面だけでなく、通りにはベンチなどのストリートファニチャーや噴水、緑道が設けられており、また、通りの北端にはロータリーが見られるなど、散歩するのにも楽しい空間となっている。また、所々には彫刻が置かれており、「彫刻のまち」旭川の一端も垣間見られる（写真1）。

ただし、商業を巡る外部環境の変化や買物公園自体の老朽化により、空き地や駐車場の増加、チェーン店の増加、そしてデパートの閉店・撤退や業態転換などが生じており、買い物客数や歩行者数の減少が問題となっている。旭川駅に直結する形で２０１５年にオープンしたイオンモール旭川駅前店が賑わっているのとは対照的な状況にある。その一方で、空きスペースに新たな店舗が建設され、通りをオープンテラスとしてイベントが開催されるなど、賑わいを取り戻す方策が採られつつある（カバー写真）。

なお、戦後長らく買物公園が旭川の買回り品の中心的な商業機能を果たしてきたが、戦前および戦後しばらくの間の中心は銀座商店街であった（図2の②）。１９１８年に旭川で最も古い第一市場が開設され、映画館やデパートが立地するなど日用品から買回り品までが購入できる商業地区であった。買物公園に商業の中心が移り、また、銀座商店街の老朽化が著しいが、第一市場をはじめ現存する多くの商店は現役であり、現在では昭和レトロな商業空間としての面白さが醸し出されている。また、歓楽街としての機能はさんろく街に集積しており（図2の③）、旭川におけるナイトエコノミーの牽引役となっている。

写真１　旭川平和通買物公園
2022 年 7 月小原撮影.

◆「適疎」とデザインの東川

旭川の東隣にあり、旭川都市圏内に位置する上川郡東川町は人口約８４００人の街である。旭川の中心部から東川へは車で約30分で訪問することができる。ここ数年、この東川が注目を浴びている。というのも、１９９０年代半ばからの約30年間にわたり、ほぼ毎年人口を増加させ、人口が約２割増えたからである。それとともに、経済面でも活性化が図られ、税収も増やしてきている。人口減少に喘ぐ地方都市が多いなかで、東川では何故人口が増えて活性化に成功しているのか興味深い。そこで、旭川都市圏に位置する同町について触れてみたい。とはいえ、人口増加の要因の分析については他稿に譲り[3]、本章では本書の趣旨に則り、都市としての東川の面白さを記す。

東川の人口増加の内訳をみると、転入者の増加、つまり社会増による人口増加であることがわかる（図３）。１９９０年代前半までは社会減であったことからも、１９９０年代半ば以降の転換が際立っている。この転入者増加の要因ならびに活性化の要因を探る意味でも、同町の特色をまとめつつ、その特色に対応する様々な施策を整理する（表１）。同町の特色は多岐にわたり、様々な特徴的な取り組み・施策が行われているが、先述のとおり、都市としての面白い部分について紹介する。

東川は自然環境に恵まれている点が特色として挙げられ、旭岳など大雪山国立公園の名所を巡る観光業や豊かな水資源を活用した農業（特に米作り）が盛んである。大雪山系を源水とする地下水の湧出量は多く、毎分約４６００ℓ湧き出ている[4]。それゆえ、東川の生活用水は井戸水で賄われており、上水道の整備が不要となっている。また、同町では木材資源を活用した家具などの木工製品の製造も盛んであり、旭川と同様に同町も「家具・クラフトの町」としての性格を有する。先に旭川市内の

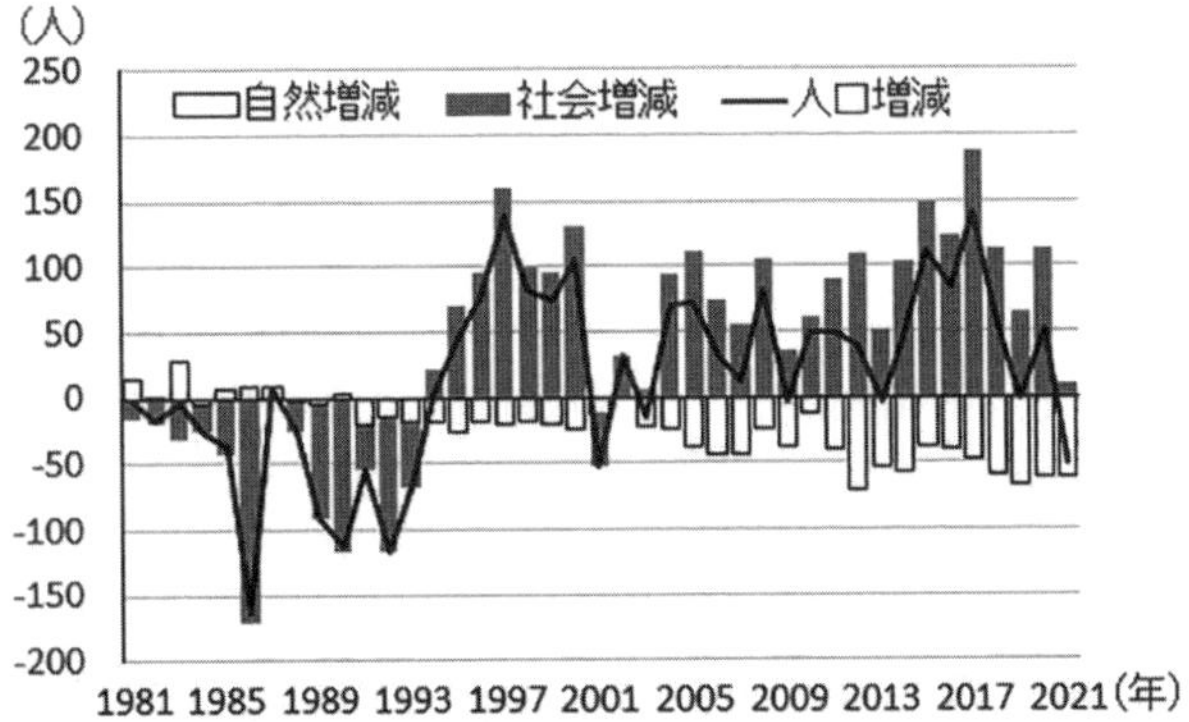

図３　東川町の人口増減

東川町役場資料より作成.

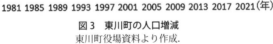

表1　東川の特色と主な産業・取り組み・施策

特　色		産業・取り組み・施策
自然環境	大雪山国立公園	観光業：旭岳・天人峡
	水資源	上水道設備なし
		農業：米作り（ゆめぴりか）
		酒造業：公設民営型酒蔵
	木材資源	木工・家具産業：旭川家具産地
景観・文化	写真	「写真の町」のまちづくり
		・国際写真フェスティバル
		・写真甲子園
		文化ギャラリーの設置
	デザイン	デザインミュージアム構想
		「織田コレクション」
		「椅子の日」制定
		ストリート・ファニチャー，オブジェ
	都市景観	景観条例の制定
		・東川風住宅設計指針
		景観住宅建築支援
		緑地の共同管理
生活環境	教育	「君の椅子」プロジェクト
		グラウンド・多目的広場・公園
		教育プログラム
		・食育　・国際教育
	子育て	子育て支援
		・移動支援・家事代行支援
		・昼食宅配
		・放課後見守りサービス
	生活補助	町民への支援・補助
		・薪ストーブ等設置補助
		・二世帯居住推進補助
	住環境	適疎
		宅地開発コントロール
		まちなか店舗
交流・連携	地域内交流	町内交流会
	外部との交流	アンテナショップ（東川ミーツ）
		移住施策
		・移住相談ツアー・イベント
		・起業家支援
		「ふるさと株主」
		企業連携（パートナー）
	国際交流	公立日本語学校の設置
		外国人介護人材育成事業
		外国人青年の招致

資料：中村（2022）および東川町役場資料より作成.

永山地区における旭川家具工場の集積について記したが、旭川家具産地の範囲は旭川市内に留まらず、当麻や東神楽とともに、この東川にも及んでいる。2022年9月時点において、旭川家具工業協同組合に加盟する41社のうちの11社は東川を所在としており[5]、また、同組合非会員の事業所も含めると、旭川家具の工場の3割ほどが東川にあることから、このようなものづくりの環境を求めて転入してくる者も多い[6]。

「家具・クラフトの町」としての性格はそれらの製造が盛んであることに留まらない。まちなかの各店舗には木彫看板が掲げられて特色ある景観が醸し出されている（写真2）。中心部だけでも20以上の看板が見られる。また、同町の文化施設を中心に東川産の家具や備品が設置されているだけでなく、椅子研究家である織田憲嗣氏収集による「織田コレクション」の家具も展示されており、家具・木工製品が都市景観の重要な要素となっている。さらに、東川で生まれた子どもに椅子を贈る「君の椅子」プロジェクトや中学校で使用した自身の椅子が贈られる「学びの椅子」など、子育てや教育などの生活環境面にも関連して「家具・クラフトの町」の取り組みがなされている。

都市景観の面では、２００２年には景観条例である「美しい東川の風景を守り育てる条例」が制定され、環境保全を重視した生活景観が目指されており、特に「東川風住宅設計指針」に基づく景観協定が締結されている区域（グリーンヴィレッジ）では、住民は個々の敷地の美観を維持することが求められている。また、宅地開発をコントロールすることで景観や居住環境の悪化、急激な人口増加、住民の社会属性の画一化などを防ぐ施策も採られている。なお、このような宅地開発コントロールに代表されるように、必ずしも人口や機能などの拡大を図るのではなく、適度な状態を目指す方針として、同町では「適疎」

写真２　東川の各種木彫看板
それぞれの看板が何の店舗・施設であるかわかるかな？　2022 年 9 月小原撮影.

との言葉で表している。適疎の主眼は良好な住環境など住民の豊かな生活を保つことに置かれており、このような同町の姿勢であるが故に、かえって同町への転入希望が増加するパラドックスが生じているといえよう。

このように、東川では産業や都市景観の面でデザインが重視されており、将来的にはデザインミュージアムの建設も目指されている。このような同町のデザイン重視の姿勢は１９８５年の「写真の町宣言」に起源があると考えてよい。以後、同町は「写真映りの良い町」をコンセプトにしたまちづくりが展開されている。「写真映りの良い」というのは外面的な美しさを求めるというだけでなく、住民が他者（特に外部からのまなざし）に「見られる」ことを意識した行動を希求するとともに、自分たちの生活を「見る」ことで、東川での望ましい生活環境（東川スタイル）を考える機会となっていると思われる。また、子育てや教育などの施策からも、自分たちの街に対する誇りを涵養する意識が読み取れる。

◆都市空間に表象される都市の性格とその変化

「デザイン都市」旭川の性格は都市圏全体に及んでいる。このような旭川の特徴は産業面に留まらず、都市空間にも表れる。家具・木工工場が集積し、旭川デザインセンターが立地する永山地区はもちろんのこと、中心市街地である買物公園では設置されている彫刻やストリートファニチャーにその性格が表象されている。また、都市圏郊外の東川においても木彫看板などを設置することで、都市の性格が強調されている。街をつぶさに歩くことで、意図的に、あるいは無意識に表象されるその都市の性格を伺うことができる。

同様に、まちを歩くことで、その都市の移り変わりを見ることができる。同じ場所を、時代を経て歩くことで気付くことができるのはもちろんのこと、現在の買物公園や銀座商店街で見られる都市景観からも、建物のデザインや老朽化の様子、店舗の種類や業種などを通じて、変化したもの、あるいは変化せずにとり残されているものを読み解くことができよう。これも都市を歩くことで得られる楽しみである。

（小原文明）

［注］

（1）旭川デザインセンター展示資料および同センターでの聞き取り調査より。
（2）旭川平和通商店街振興組合ウェブサイトより。
（3）中村稔彦（2022）『攻める自治体「東川町」——地域活性化の実践モデル』新評論などに詳しい。
（4）東川町役場資料より。
（5）旭川デザインセンターでの聞き取り調査および同組合のウェブサイトより。
（6）東川町役場での聞き取り調査より。

青森県 青森市

鉄道とともに歩んできた交通都市

◆青森と北海道

筆者は「青森」という響きに対し、妙に親近感を覚える。「青森出身です」と言われると、「私も北海道出身なんですよ！」とあたかも同郷者のように振舞ってしまう。

北海道の唯一の隣県は、青森県である。全国を見回してみると、隣県が一つなのは、北海道と沖縄県だけである。道民にとって、青森県だけが唯一の隣県なのである。古今東西、お隣というのは仲が悪い。ところが北海道民はそうではなく、むしろ「同胞」という意識が強いように思われる。それには、単に隣県という地理的関係だけではなく、文化的、経済的結びつきに裏打ちされた強く堅い絆がある。

もう少し筆者の思い出話にお付き合いいただきたい。筆者は、中学校3年生まで北海道を出たことがなかった。道外にはじめて足を踏み入れたのは、修学旅行で訪れた青森であった。筆者が住む札幌と青森では、植生が異なることに気がついた。北海道の針葉樹は、南部を除いてトドマツやエゾマツなどである。ところがトンネルを抜けると、一面のスギやヒバの林が車窓の先に広がっていた。「針葉樹の種類が違う！」という発見と感動は今も色あせることなく、脳裏に焼きついている。青森は筆者にとって、地理的な感動との出会いの地でもあった。本稿では、筆者の思い出を出発点に、青森について紹介したい。

◆日本一の豪雪都市

多くの県庁所在地は、人口や産業、文化・教育、歴史の点で、それ以外の都市を圧倒している場合が多い。ところが青森県は、青森、弘前《ひろさき》、八戸《はちのへ》の３つの主要都市が、ほどよい距離にあるというだけではなく、それぞれの都市がバランスよく機能分担している（表1）。

青森は県庁所在地であるという性格上、県庁や地銀の本社、各種団体の本部、大手企業の支店や営業所など、青森県の中枢管理機能を有した都市である。また、海峡に面する都市でもあり、交通の要衝としても名高い。一方で、製造業の立地は低調で、出荷額においては八戸の5分の1、弘前の半分以下となっている。

青森を特徴づけるものの一つとして、全国の県庁所在都市で唯一「特別豪雪地帯」に指定されている点があげられる(表2)。そのため、市内には豪雪を意識した街路や家屋によって構成される「雪国景観」が目に付く。信号は多くが縦向きである。除雪によって雪が路肩に寄せられるため街路は広い。家屋は、入口が二重になっていたり、ストーブ用の煙突や灯油タンクが付いていたり、雪下ろし用のハシゴが備えてあったりなど、明らかに関東以西とは異なる。ウィンタースポーツも盛んで、２００６年と２０１０年における冬季五輪のカーリングで活躍した「チーム青森」は記憶に新しい。また、２０１３年に世界最高齢の80歳でエベレストに登頂したスキー選手の三浦雄一郎氏の出身地でもある。

筆者は、雪が住民の生活にとって大きな足かせになることを身をもって知っている。容赦なく降り積もる雪の除雪（雪かき）は、骨の折れる重労働である。積雪が多くなると、

表１　青森県主要都市の比較

	人口（2020年）	年間小売販売額（2021年）	製造品出荷額（2021年）
青森市	27.5万人	3,093億円	1,176億円
弘前市	16.8万人	2,186億円	2,555億円
八戸市	22.3万人	2,800億円	5,232億円

資料：『国勢調査』,『経済センサス』より作成.

表２　累計積雪量（1992-2021年）

第１位	青森市	625cm
第２位	札幌市	477cm
第３位	山形市	294cm
第４位	富山市	264cm
第５位	秋田市	259cm

資料：気象庁 HP より作成.

鉄道が運休または遅延する。また道路は、道幅が狭くなるとともに、路面が凸凹になることで自動車のスピードが極端に落ち、大渋滞が発生する。

以上のように、青森は、世界的にも稀有な豪雪都市であり、そのことが良くも悪くも青森を特徴づける一つの個性になっている。

◆人口の高齢化・減少とコンパクトシティ

青森は、元市長である佐々木誠造氏が、日本で初めてコンパクトシティを施策に取り入れた都市として知られている。その背景は、全国の県庁所在都市のなかで、最も降雪が多く、毎年18〜59億円（2010〜21年度）が除雪費用として支出されるためである。青森にとって都市の拡大は、除雪費用の増大、ひいては財政悪化を招く。そのため、1999年の「都市計画マスタープラン」において、市街地を都市中心部からの三層に分けたコンパクトシティ政策(1)が明記され、市街地の拡大防止と既成市街地への人口誘導策を積極的に展開した。

青森がコンパクトシティを推進したのは、除雪費用だけではない。表3に示したように、青森は、東北各県の県庁所在都市のなかでも、特に人口減少と高齢化が進行している都市である。最も人口の多かった2000年から2020年までの人口増加率をみると、青森市の減少率が群を抜いて高い。また65歳以上の人口割合でも32・2％と最も多い。このまま人口減少に伴う歳入の減少と変わらぬ除雪における歳出が続くことは、青森の都市経営を脅かすことになる。青森のコンパクトシティ政策は、当政策の立役者でもある佐々木氏が6期目を目指した2009年の市長選

表3　各県庁所在都市の人口

	2020年の高齢化率	2000-20年の人口増加率
青森市	32.2%	-13.7%
盛岡市	28.4%	-4.3%
仙台市	24.3%	8.8%
秋田市	31.8%	-8.6%
山形市	29.9%	-3.0%
福島市	29.8%	-5.1%

資料：『国勢調査』より作成.

で前市長の鹿内《しかない》博氏に大差で敗れたこと、当政策の象徴でもあった複合商業施設「アウガ」が2017年に経営破綻したことなどにより、その勢いやイメージが弱まってしまったような印象を受ける。事実、2010〜20年における青森のDID面積は、3・0㎢（増加率は7・6％）増加している。青森市のコンパクトシティ政策について紙幅の関係上、これ以上の記述は避けるが、戦後一貫して拡大してきた人口や市街地を、少子高齢化や人口減少に合わせて、集約することの難しさを青森は提示している。

◆港町青森の誕生と県庁の設置

現在の県庁所在都市青森につながる歴史は、1625（寛永2）年に、弘前藩が米を東回り航路で運ぶための港町建設を江戸幕府から許可されたことからはじまる。(2) 江戸時代の青森は、陸奥湾に沿って細長い碁盤の目状の典型的な港町の町割りであった。この形状は、空襲による戦災復興を行った現在もほとんど変わっていない。市街地の範囲は、南は現在の新町通り付近、西はアウガ付近、そして東は堤川付近までであったと言われている（図1）。

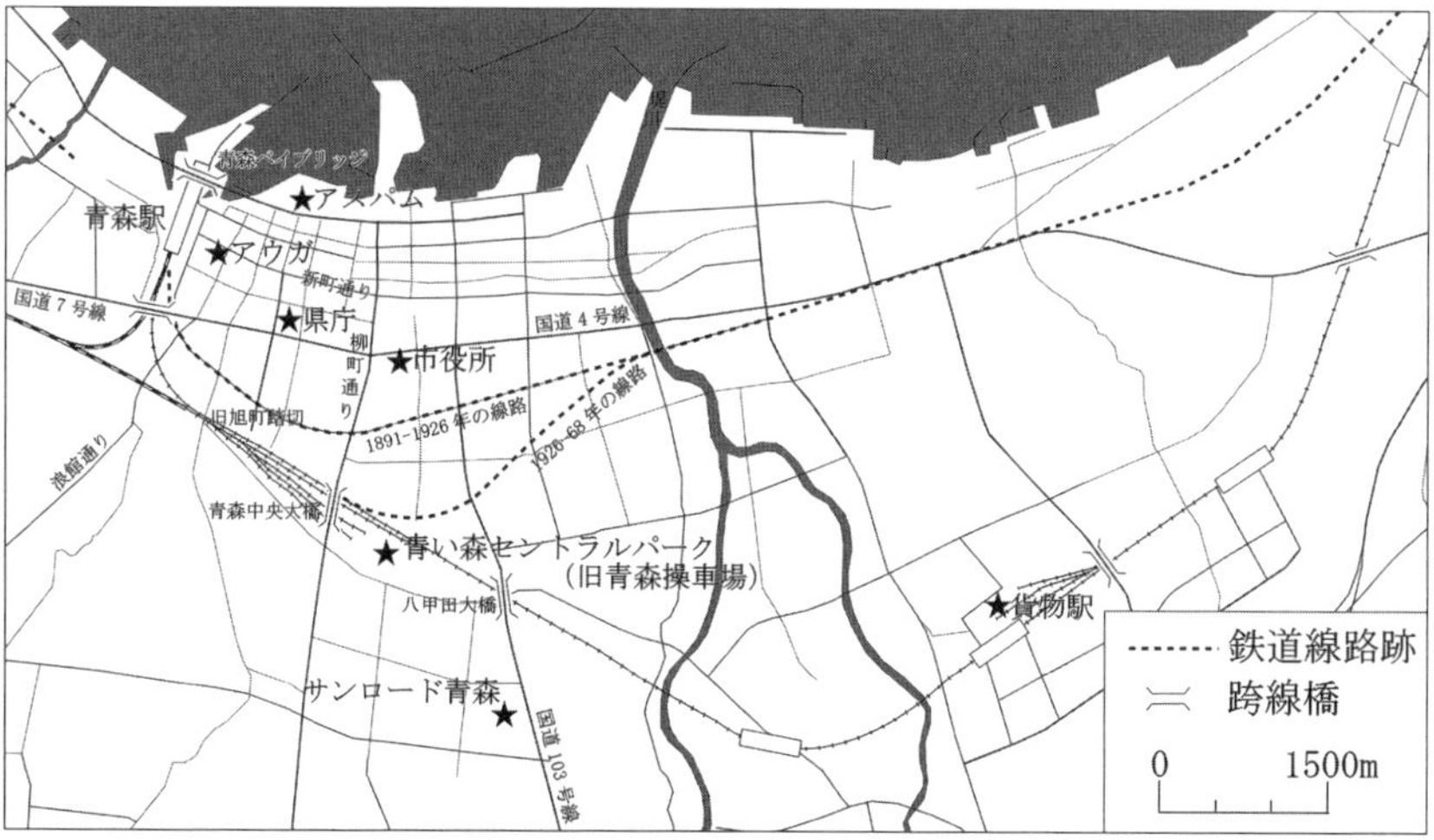

図1 青森の市街地と主要施設・地点

青森は、江戸などの南側の地域に物資を送ることのみに特化した港町ではなかった。北海道南部を領地とする松前藩は、自領内で米を作れなかったことから、米やわら製品、たばこなどを青森を通じて移入していた。また、ニシン漁などに従事するため、多くの人が青森（津軽半島を含む）を経由し、北海道に渡った。(3)

明治時代に入り、青森には県都の地位が付与された。ところで弘前藩の城下町でもなかった青森がどうして県庁所在地になったのだろうか。青森は、戊辰戦争最後の戦いとなる箱館戦争において、新政府軍が北海道に兵や物資を送る拠点となった。箱館戦争終結後も、北海道の支配と開拓にとって重要となることは、当時の政府や弘前藩内においてさえ強く認識されていた。その証左として、政府から派遣された野田豁通《ひろみち》（弘前県・大参事）が大蔵省に対し青森に県庁を置くよう嘆願している。それが功を奏したかは不明であるが、1871（明治4）年9月県庁が青森に移され、青森県が成立した。1873（明治6）年に、開拓使が青森と函館間に定期航路を開設し、その後、民間事業者や国鉄に引き継がれていく。青森が県庁所在地になった所以に、北海道との関係を垣間見ることができる。

◆鉄道交通都市の成立

1891（明治24）年、日本鉄道株式会社による青森〜東京間の鉄道が開業した。この鉄道開業が、現在の青森における市街地形成に大きな影響を及ぼす。確かに、明治期に入り青森〜函館には、定期航路が開設されていたが、北海道と本州各地を結ぶ航路は函館を起点としていた。ところが、鉄道が青森まで延びたことで、多くの人や貨物は、青森を経由することになる。つまり、北海道〜青森〜全国のネットワークが構築され、青森は一大中継地点の地位を獲得するのである。青森に到着した人や貨物は、一度青森駅で降ろされ、船に乗り（積み）換える。その際、人は渡船との待ち合わせのために、市街地で食事や買い物、宿泊をする。貨物は、人力で移動・積み込みが行われるため、運搬に関わる人員が大量に必要になる。鉄道の開通は、青森に多くの産業・雇用を生み、人口が増加していった。

第一次世界大戦期、世界的な船不足から、鉄道輸送の需要が増大する。鉄道によって次々と到着する貨物に対し、船への積み込みが追い付かない事態が生じた。そこで１９２５（大正14）年、青函連絡船による貨車航送が開始される。

貨車航送とは、港に可動橋を設置して、陸の線路と連絡船内の格納庫をレールでつなぐことで、貨車を船内に収納して輸送するシステムのことである（写真１）。この貨車航送の導入が、北海道と本州の間の貨物輸送能力を飛躍的に高めたばかりでなく、鉄道交通都市青森の形成に大きく寄与した。

◆鉄道による恩恵と制約

青函連絡船に載せられた貨車は、青森駅で行先ごとに再編成されるわけだが、青森駅では手狭であった。そこで、当時の市街地南縁に新た

写真１　青森ベイブリッジから撮影した青森港（上）と青森駅（下）
2022年8月西山撮影.

に青森操車場を設置し、東北本線も南側に移動させることになった。この青森操車場は、東北三大操車場とも言われ、ピークの１９７０年には、１日３００両の貨車を取り扱っていた。

青森市内には、操車場に低速で次々と到着する貨物列車の通過により踏切の遮断機が上がらない、いわゆる「開かずの踏切」がいくつも存在した。特に青森駅南側の旭町踏切や古川踏切・大野第一踏切では顕著であった。旭町踏切の元利用者からは「豪雨のなか、踏切が開くのをずぶ濡れで待った」「タクシーに乗車拒否された」「夕方、温泉の帰り湯冷めした」などといった思い出話が聞かれる。(4) この「開かずの踏切」は、市議会でもたびたび取り上げられ、１９７８年に地下道化される。

青森の市街地は北を陸奥《むつ》湾に、南と西を東北本線にそれぞれ挟まれている。そのため、市街地は東にしか拡大することができず、東西に長い市街地が形成された。それを如実に示すのが、ＤＩＤにおける人口密度である。図２は東北６県の県庁所在都市のＤＩＤ人口密度の推移を示したものである。１９６５年の青森における人口密度は、１万１８４４人／㎢である。これは当時の東京都区部の人口密度に匹敵する。このことからも、１９６０年代における青森の人口密度の高さがうかがえる。青森は、鉄道によって、自らの生活環境を制限されるという都市問題を抱えていたのだ。これはかつての工業都市における公害問題と似ているかもしれない。

１９６７年、東北本線の電化と複線化に伴い、路線はさらに南側に移動する。これは既存路線沿線の用地買収が困難だったことに加え、増え続ける人口と市街地拡大圧力に対する配慮である。(5) また、新規に敷

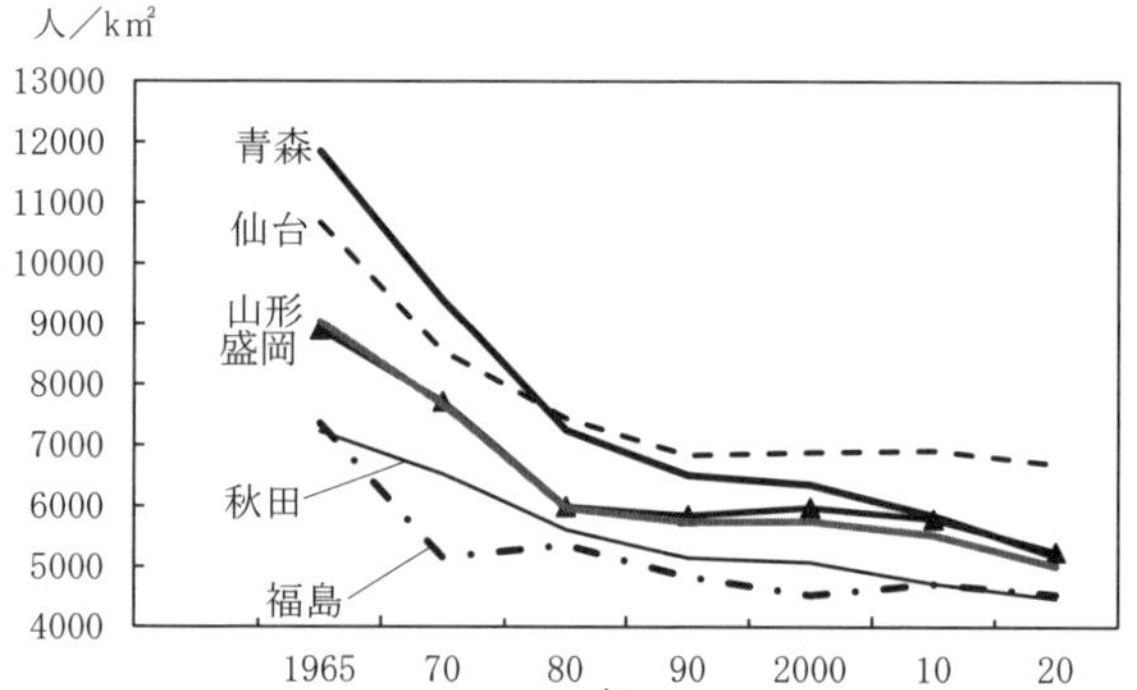

図２　各県庁所在都市における DID の人口密度の推移
『国勢調査』より作成.

いた路線は、多くの地点が立体交差になるよう工夫されている。おりしも、１９６７年は所得倍増計画が達成された年でもあるが、青森においても、モータリゼーションの進展、住宅開発ブームが到来した時期でもあった。

１９６５年以降、青森のＤＩＤにおける人口密度は急速に低下していった（図２）。このことは、モータリゼーションの進展とそれに伴う郊外へのスプロールの影響を反映している。それを可能にしたのが、東北本線複線化に伴う路線の変更と線路をまたぐ道路の立体交差化である。そのなかでも南部への市街地拡大の導火線になったのは、１９６９年に建設された国道１０３号線に架かる八甲田大橋であろう（写真２）。この架橋に伴い橋の南側において、田んぼが瞬く間に住宅地に変貌していったことに加え、青森初の郊外型の大型商業施設「サンロード青森」（１９７７年開店）がオープンした（写真３）。

また、南部の丘陵には、県住宅供給公社によって県内屈指の規模を誇る幸畑団地と戸山団地が開発された。その後も、青森中央大橋（八甲田大橋の西隣）などの建設が相次ぎ、卸売団地や中央卸売市場、流通団地なども南部に建設・移転していった。市街地拡大の動きは近年においても活発であり、土地区画整理事業による市街地開発が

写真 2　旧青森操車場と八甲田大橋
2022 年 6 月西山撮影.

写真 3　青森環状道路と国道 103 号線の交差点付近
2022 年 6 月西山撮影.

新青森駅周辺や青い森鉄道（旧東北本線）の外側で進行している。

かつての青森は、いわば鉄道が人口のダムの機能をはたし、全国屈指のコンパクトシティが形成されていた。ところが、増え続ける人口と交通体系の変化といった時代の趨勢に対応するかたちで、跨線橋や地下道を建設し、結果的に他の地方都市同様、郊外へのスプロールが進展してしまった。とはいえ、鉄道による栄光の裏で、その負の側面を乗り越えようとする努力や工夫が随所にみられる。青森は、鉄道による恩恵と制約を受けながら成長してきた都市であり、それが都市構造やインフラ、さらには市民の意識に深く刻まれている。青森は紛れもない世界屈指の鉄道交通都市である。

◆青函トンネル開通後の青森

１９７４年のオイルショックを契機として、日本経済が緩やかな成長へと転換するなか、鉄道輸送もまた転換を余儀なくされていく。青函連絡船の人員輸送に関しては１９７１年の４９８・６万人を、貨物輸送では８５５・３万トンをピークに、それぞれ急速に減少していく。青函連絡船の廃止は、まさに水面下で進んでいた青函トンネルの掘削作業により秒読みを迎えていた。その一方で、交通体系の大きな変化も鉄道交通都市青森に暗い影を落としはじめていた。長距離の旅客輸送に関しては空路が、貨物輸送に関してはカーフェリーが主流になりつつあったからである。

そうした百年に一度の交通体系の大変革のなか、青函連絡船は１９８８年に82年の歴史に幕を閉じ、北海道と青森は、新たに津軽海峡線を経由して鉄路で結ばれることになる。青函トンネルは、１９５４年の洞爺丸事故をきっかけに早期着工の動きが強まり、１９７１年に着工した。しかし、建設の間、時代は鉄道から自動車や航空機へと移ろい、利用実績だけみると、旅客・貨物ともにピーク時の半分以下に甘んじている。

2010年12月、東北新幹線が青森まで延伸し、青森は新たなステージを迎えている。1982年に盛岡まで開通していた東北新幹線が、30年を経てようやく青森に到達した。青函連絡船の廃止以降、経済の低迷などと相まって、鉄道に関して明るいニュースがなかった青森市民にとって、新幹線の延伸は大きな希望、そして悲願だったに違いない[6]。

歓喜も冷めやらぬ2016年、新幹線は海峡を越え、北海道まで延伸された。当時の青森市民の反応について、櫛引（2020）では「『函館に全部持って行かれる』という悲鳴にも似た嘆息が、市内にあふれ、『何をしても無駄』という敗北感にあふれた状況が生じた」と回想している。こうした反応の裏には、長い年月をかけて形成された「本州最北の一大終着駅としての市民のプライドや自負」があったものと推察される。そして、それは青森市民のプライドを傷つけたばかりでなく、「経済活動の停滞」が脳裏をよぎったのかもしれない。

今後、北海道新幹線はさらに札幌まで延伸される。確かに、青函連絡船の時代のように、黙っていても鉄道から人や貨物は降りてこない。今後の青森に必要なことは、新幹線で通過する人々に対して、どうしたら青森に立ち寄ってもらえるのかを、10年以上のスパンで考え、実行していくことではないだろうか。青森の観光資源や魅力は、ねぶただけではない。八甲田やそれに付随する温泉や景勝地、豊かな海産物、そして何と言っても日本一の豪雪がある。また、一つの都市で新幹線、フェリー、旅客機に乗れる場所は、そう多くはない。紙面には書ききれない魅力がまだまだ埋没しているはずである。

青森は、本州最北、海峡に位置する都市であることは、これからも変わらない。青森市民の一人一人が、そうした固有の資源である青森の地理的優位性（位置、気候、地形、食）に気がつき、それを活かすために何を考え、どう行動するか。それが世界屈指の鉄道交通都市・青森の名を再び世界に轟かせる鍵になるだろう。

（西山弘泰）

[注]

（１）青森市の「都市計画マスタープラン」によると、インナーは概ね昭和40年代までに都市化した既成市街地、ミッドはインナーから青森環状道路、そしてアウターは青森環状道路の外側と定義している。なお、当政策の経過については、櫛引素夫（２０１６）「コンパクトシティ政策と郊外の空き家問題—青森市の事例からの論点整理」青森大学付属総合研究所紀要17—2、26—42頁、に詳しい。

（２）青森の青函連絡船の記述の一部については、青森市中学校社会科副読本編集委員会編（２０２０）『魅力発見!青森学—中学生版』青森市教育委員会、を参考にした。その他、青森市史編集委員会編（２０１４）『新青森市史 通史編第三巻 近代』、『新青森市史 通史編第四巻 現代』青森市、も同時に参考にした。

（３）江戸期以降の北海道南部と青森の往来の歴史については、櫛引素夫（２０２２）「「青函圏」の足跡と北海道新幹線延伸の行方」『青函〝考〟路』２０２２年号、42—53頁、を参考にした。

（４）青森市人権男女共同参画課（２０１３）『アコール歴史散歩—歴史の中にヒントをみつけよう!』青森市。

（５）中園 裕（２０１１）「「青函圏」の終焉、それから…」青森の暮らし３７２、56—57頁。

（６）整備新幹線建設や青森延伸までの経緯については、櫛引素夫（２０２０）『フォーラム新幹線学２０２０ 新幹線は地域をどう変えるのか』古今書院、に詳しい。

秋田県　秋田市　6号酵母、酒米、夜の盛り場

◆キッチュな野外広告？

2022年8月のはじめ、筆者は秋田の夜の盛り場である川反《かわばた》にいた。3年ぶりに秋田竿燈《かんとう》まつりが開催され、秋田魁《さきがけ》新報によると開催期間の人出は78万2千人。約130万人だった2017〜2019年に比べ4割減となったものの、238本の竿燈が秋田の夏の夜をいろどった。「差し手」と呼ばれる演者が10mを超える高い竿燈を手や頭、肩や腰にのせると観客から大きな拍手がおくられた。午後9時を過ぎると祭りは終了し、ゆっくりと竿燈やトラックを装飾した屋台などが引き上げていく。

ここ川反は市内を流れる旭川に沿ってできた花街をルーツにしている。もともと市内の米町に花街と遊廓があったが、1886（明治19）年4月の秋田大火（俵屋火事）でそれらが焼失した後に、花街は川反、遊廓は鉄砲町に移された(1)。戦後の川反は料亭やキャバレー、バーなどで大いににぎわったが、最も活況を呈していたのが昭和40年代であり、秋田市内の料飲店の90％がここにひしめきあい、年商は20億円であったという(2)。現在では閉店した料亭も多く、取り壊されたビルの跡地が駐車場となっている。いくつかの飲み屋横丁や路地があるものの往時のにぎわいはみられないようだ。

夜の川反に「純米酒　新政　アラマサ」のアーチ型屋外広告が浮びあがる（写真1）。その奥には竿燈

とスナックなどが入居する飲み屋ビルがみえる。新政は川反の南はずれにあって日本酒を醸造する新政酒造株式会社とそこで醸される日本酒のことである。

　このような酒造会社の屋外広告は、たとえば地方都市の駅前ビルの屋外広告塔や幹線道路沿いの野立看板などでもしばしば目にすることができる。現象学的地理学を世に知らしめたエドワード・レルフはその著書『場所の現象学―没場所性を越えて―』（ちくま学芸文庫）で、都市の郊外に立つ屋外広告とその景観を取り上げ、系統性がみられない人為的構築物の混ぜ合わせであり、場所の破壊につながるものとしてそれらを批判した。たしかに屋外広告は周囲の景観にそぐわない「没場所的なもの」かもしれないが、鉄骨が少し錆びつき、やや時代遅れにもみえるようなこの新政の看板が強く筆者を刺激する。今、秋田にいるのだと。レルフにいわせると甘い郷愁に反応してしまう、そのような姿勢こそがキッチュなものかもしれないのだが…。本稿では川反からはじまり、そこにある日本酒酒蔵、戦前にそこで発見された酵母、さらには同じ秋田市内であるものの「理想郷」ともいわれる山間部で酒米を栽培している集落についてみていきたいと思う。

　さらに付け加えるのであれば、本書で筆者が執筆した秋田市、塩尻市、東京都赤羽・蒲田の都市記述は、他の章のそれと大きく異なる。筆者が関心を持つのはアルコールの消費・生産と都市、そしてそれらと私

写真１　新政のアーチ型野外広告
秋田市川反地区にて，2022 年 8 月 3 日山口撮影.

たちの身体や経験とのかかわりについてである。それらを十全に描きききることは不可能だが、その一端を描出するささやかな試みとしたい。

◆新政という日本酒

新政が特筆される点は数多くあり、『The World of ARAMASA―新政酒造の流儀―』（三才ブックス）でも美しい写真とともにそれらが丁寧に解説されている。杉材の木桶を用いた伝統的な仕込みを行うこと、使用する酒米が秋田県産であること、アルコール度数が高くない、いわゆる低アルコールのラインナップがあること、醸造用アルコールや乳酸を添加しない純米の生酛《きもと》造りであること、などである。

生酛造りとは江戸時代に完成されたもので、醸造用の乳酸アンプルに頼ることなく、酒蔵に存在する自然乳酸菌に乳酸発酵を行わせることにより、酒に害を及ぼす雑菌を淘汰する日本酒づくりの製法である。半切《はんぎり》と呼ばれる浅い桶で酒米と麹、水をまぜて摺りつぶす工程があるため手間がかかり、温度管理が難しい。(3) 生酛は桶に米を入れて摺りつぶし、米を糊化させ、それを酒母《しゅぼ》タンクに入れる。ちなみに山廃酛《やまはいもと》は米を徹底的に摺りつぶすことなく、蒸米を酒母タンクに入れ、十分に櫂《かい》入れをすることで米を粉砕する。半切桶で米を摺りつぶす作業を山卸《やまおろ》しといい、その作業をなくしたものが山卸し廃止酛すなわち山廃酛といわれるようになった。これらは新政のユニークさだと思うのだが、あと2つほど重要な点がある。使用する酵母と、一升瓶から四合瓶へのシフトである。

まず酵母について、蔵元であり、代表取締役社長である佐藤祐輔がわかりやすく説明してくれている。(4) 1930（昭和5）年にこの酒蔵のもろみから新規の酵母が採取された。この酵母は低温に対する強い耐性があり、比較的酸を生成しないなどの特徴があった。醸された日本酒も香りは穏やかで淡麗にしてソフトな酒質であった。この酵母が純粋培養され、１９３５年に日本醸造協会から「きょうかい６号」酵母として発売された。この酵母は寒冷地でもよく発酵したことから東北や北陸、信州といった地域が酒どころとして台頭するきっかけをつくったといわれる。「きょうかい６号」酵母が頒布されて以降、それ以前の「きょうかい1〜5号」酵母は次第に頒布されなくなり、現役の酵母のなかで「きょうかい６号」が最古のものとなっている。

　この酵母以降の新たな酵母も遺伝学的にはほとんど同一のものであり、「きょうかい６号」酵母の自然変異あるいは人為的変異により生み出されたものである。簡単に述べると戦後、鑑評会において抜群の成績をおさめた信州諏訪の「真澄《ますみ》」から吟醸香の高い「きょうかい７号」酵母が生まれた。「きょうかい８号」酵母は「きょうかい６号」酵母を変異させアルコール耐性を高めたものである。熊本酵母ともよばれる「きょうかい９号」酵母は発酵力、香気ともに優れている。分離蔵は不明だが、低酸性の酵母が「きょうかい10号」である。新政は現在もその発祥蔵としてレトロな「きょうかい６号」酵母を使っている。

　次に、一升瓶から四合瓶へのシフトについてである。新政のウェブサイトにもあるが、日本酒は酸化を防いで保管される必要があり、とりわけ火入れをしていない生酒や吟醸酒などはそうである。こうした日本酒は開栓前後にかかわりなく冷蔵庫で保管し、開栓後はすみやかに飲み切ることが推奨される。ゆえに新政は酒質管理の観点からほとんどの酒を四合瓶で提供している。蔵元の佐藤によると飲食店であっても冷蔵庫で一升瓶を管理すると空寸が多くなっていく一方で場所をとってしまい、何よりも鮮度が落ちるという。四合瓶を無駄なく冷蔵庫に入れて管理し、口開けの回数を増やした方がサービスも向上する。ただし一升瓶と比べると四合瓶のほうがやや割高になり、酒販店からの反発もあったようだ。また新政は２０１２年からすべてを純米酒にし、醸造用アルコールなどを添加したものを廃止した。ここでも地元のスーパーマーケットや酒販店から値上げへの強い反発があったという。

鮮度や酒質を向上させるための四合瓶化だが、意図せざる結果なのか自家消費の場合は冷蔵庫に入れやすく、保管しやすいという利点もある。個人的にも冷蔵庫の扉に複数本が入り、いくつかの種類を楽しむことができる四合瓶のメリットは大きい。他方で火入れの有無にかかわらず、開栓した一升瓶で日本酒の変化を楽しむこともおもしろい。いずれにせよ、筆者の日本酒の消費もかつては一升瓶だったが、酒量の減少もあり、四合瓶のそれに徐々にシフトしてきているようだ。

◆秋田市鵜養

川反から車で30〜40分ほど。秋田市河辺岩見に鵜養《うやしない》という集落がある（図1）。人口は100人弱で世帯数は50足らず。大又川と小又川にはさまれ、山々に囲まれた小盆地であり、岨谷《そうや》峡や伏伸《ふのし》の滝など流れる水の美しさに目を奪われる。この川は下流で岩見川となり、雄物川に合流する。

なぜ、新政は鵜養に注目したのか。建築家の池田武邦による『池田塾活動報告書1996〜1997』（財団法人秋田テクノポリス開発機構）に、鵜養は「理想郷」として描かれている。ここより上流に人が住んでおらず汚水が流入しないこと、ダムのような巨大な人工構造物がないこと、現在では少なくなりつつあるが茅葺きの日

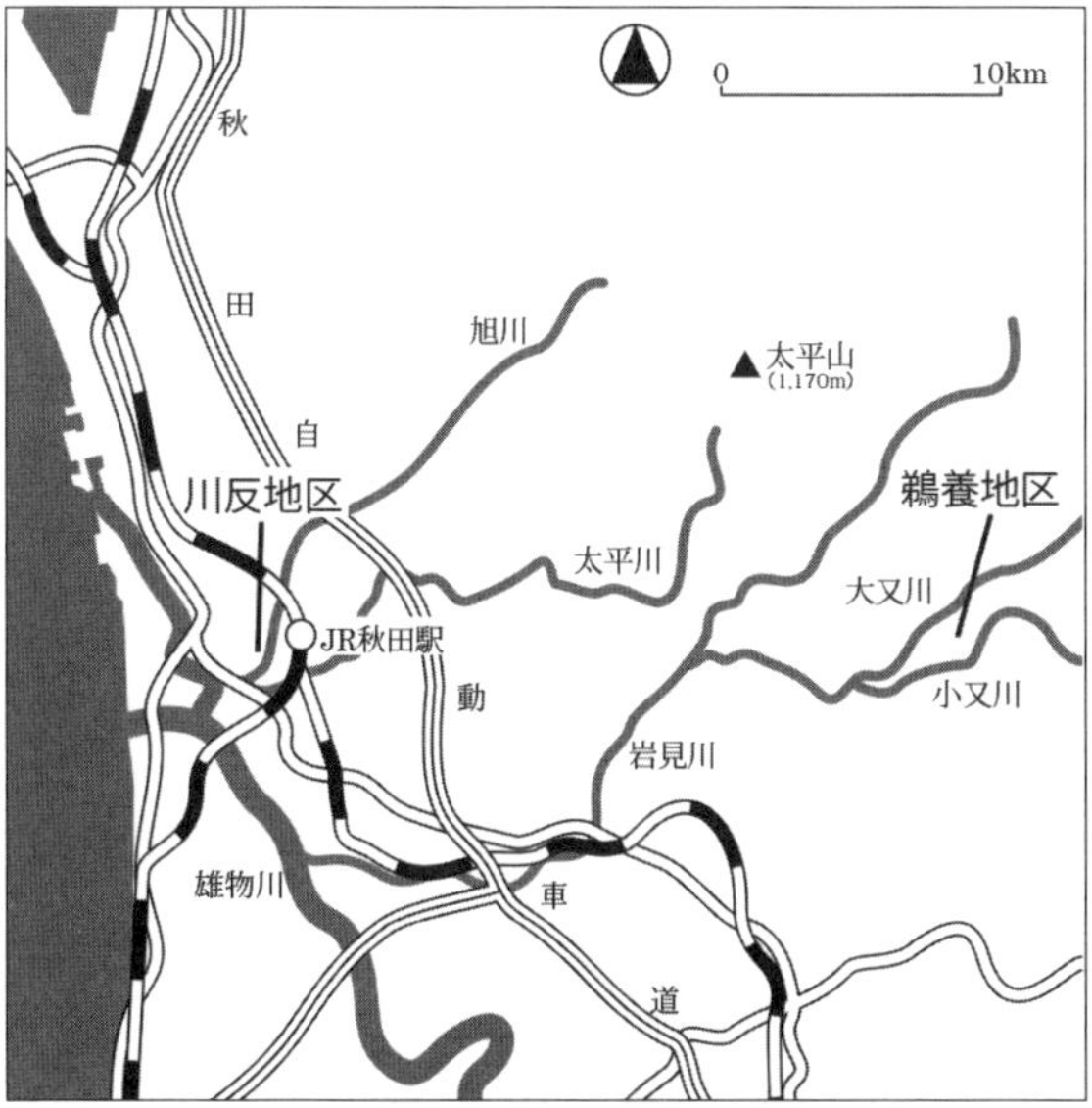

図1　秋田市中心部と鵜養の位置

本家屋が残っていること、などがその理由である。佐藤もこの地に感激し、２０１５年から酒米の契約栽培を始めた。その後、前杜氏（製造部門長）の古関弘が原料部門長として、鵜養での無肥料・無農薬での酒米栽培を進めていく。２０２１年の時点で23町歩の無肥料・無農薬田がある。また大又川の右岸に約10町歩の耕作放棄地があり、それを復田させる県営事業にも採択されたという。栽培している酒米の種類は秋田酒こまち、陸羽１３２号（通称愛亀《あいかめ》）、美郷錦《みさとにしき》である（図２）。とりわけ愛亀は明治・大正期の三大品種の二つである亀の尾と愛国を掛け合わせたものであり、かつて鵜養でもさかんに作付けされたことから、主力品種として作付けの増大が予定されている。

これらの酒米について説明すると、秋田酒こまちは２００４年に秋田県で開発され、圧倒的な透明感を誇る奇跡の酒米である。先祖に有名な酒米をもたず、二世代前に五百万石があるぐらいという珍しい血統でもある。美郷錦は２００２年に秋田県で誕生し、美山錦と山田錦との交配種である。高精白に向いているため、新政では精米歩合30～50％でおもに使用されている。

図２　鵜養における酒米の作付け

馬渕信彦監修（2021）『The World of ARAMASA ―新政酒造の流儀―』三才ブックス所収の地図を参照．

愛亀は大正期の１９２１年に秋田県で誕生し、亀の尾よりも収量が多く、冷害にも強かった。東北地方での栽培が奨励され、農家でもあった宮沢賢治の詩にも取り上げられていることで有名である。

筆者も鵜養を歩いてみたが、集落内にはりめぐらされた水路に大又川から取水された清らかな水が流れ、それが田にいきわたる。その水音、セミの声、アブの羽音、ネコの声など鵜養のサウンドスケープが心地良い。川反とは好対照である。この水路のことを鵜養では堰《せき》といい、堰普請《せきぶし》と呼ばれる毎年の町内会での清掃や草刈りで大切に維持されている。秋田県が２００８年に募集した景観百選「秋田え～どご１００」にも、この「鵜養集落の堰」が登録されている。

堰に沿って歩いていくとまだ青々しい稲が栽培されている（写真２）。愛亀である。手前にみえる堰のすぐ奥にある小さな看板に「新政酒造酒米栽培圃場」とあり、面積が32アール、栽培責任者には古関さんの名前が見え、無農薬栽培と明記されている。写真２ではわかりづらいものの、水田のなかには雑草もみられ、それを駆逐しない栽培であることがわかる。

◆ふたたび川反界隈へ

鵜養から秋田市内に戻り、友人の店を訪れた。正確には、川反の東に位置する秋田市中通５丁目の南大通り沿いである。このあたりには川反の家賃の高さを避けて立地した、カフェレストランやバル、

写真２　鵜養の自社管理水田で栽培される愛亀
写真３とも，2022 年８月３日山口撮影.

ワインバーなどがみられる。

友人の店の名は「鳥天狗」。店主の甲野隆紀さんとはかれこれ8年ぐらいの付き合いになろうか。もともと甲野さんは東京・豊島区に同名の店を出していたが、2015年にお連れ合いの出身である秋田に移り住んだ。ここでは様々に調理がなされた、比内地鶏を含む、鶏料理のコースを堪能することができる。それに合わせるのは、新政など秋田ほかの極めつきの日本酒や自然派ワインである。山口さん、これ飲んだことがありますかね、と出してくれたのが一升瓶の新政である（写真3）。新政グリーンラベルともいわれるが、もちろん見たことも、飲んだこともない。精米歩合や日本酒度などは不明で普通酒の扱いである。甲野さんいわく、秋田のスーパーマーケットで販売されており、2000円しない、とのこと（だが、なかなかお目にかかれない）。新政はおしゃれな四合瓶にシフトして東京をターゲットにして秋田を捨てたとかいう人もいますが、地元のことも考えているんですね、と甲野さん。口開けでないにもかかわらず栓を抜くとガス感があり、口に含むと何ともいえずうまい。比内地鶏の希少部位との相性も大変よく、杯を重ねてしまう。

写真3　一升瓶の新政

これまで筆者は新政の日本酒に関する説明の多さに少々の暑苦しさを感じていたが、それはそれで重要であり、理由があるとあらためて考え直した。新政のポリシーとは、先にレルフが述べた人間と環境との豊かな関係が資本システムのうねりにより、破壊され、忘却されることへの畏怖とも関係する。佐藤もいうように、フランスのワイン産地で重視されるテロワールなどは日本酒では大昔からやってきたことである。新政は生《き》酛《もと》造り、木桶仕込み、愛亀の使用…といった「伝統的なもの」を再評価し、実際に現在、それを実践した酒造りをしているところが注目に値するのであろう。秋田においてもＮＥＸＴ５と呼ばれる新政を含む５つの酒蔵が連携し、日本酒業界に大きなインパクトを与えた。酒米をつくる農家も研究会をつくり、品質を向上させている。(5) クラフトサケをつくる醸造所も大変面白い。(6) 日本酒を楽しむ者としては、このようないくつもの多様な動きが重なり、うねりとなることを願ってやまない。

（山口　晋）

［注］

(1) 加藤（２００５）は松川二郎著『全国花街めぐり』の秋田に関する記述を引用しつつ、芸妓を主体とする花街と娼妓をそれとする遊廓が明確に区別されていることを示す。この区別は明治期以降の取締規則と大きくかかわり、一部を除いて花街が必ずしも遊廓ではないことを明らかにする。加藤政洋（２００５）『花街―異空間の都市史―』朝日選書。

(2) 黒川一男（１９９５）『川反いまむかし―紅燈柳影抄―』無明舎出版。

(3) 一志治夫（２０１８）『美酒復権―秋田の若手蔵元集団「ＮＥＸＴ５」の挑戦―』プレジデント社。

(4) 佐藤祐輔（２０１２）「秋田の生んだ生物遺産「きょうかい６号」の可能性を探る」成形加工24―4、１９６―１９９頁。

(5) 例えば、南秋田郡大潟村の松橋ファームは秋田酒こまちや改良信交といった酒米を栽培し、それを一白水成を醸す五城目町の福禄寿酒造で委託醸造し、「農醸」というブランドの日本酒をつくっている。

(6) クラフトサケとは日本酒の製造技術をベースとしたお酒、またはそこに副原料を入れることで新しい味わいを目指した新ジャンルのお酒であり、秋田では男鹿市の稲とアガベ醸造所の取り組みが特筆される。

［付記］２０２３年７月の秋田豪雨災害にあわれたすべての皆様に心よりお見舞い申し上げます。

栃木県 宇都宮市　日本に類を見ない石のまち

◆宇都宮って何もないところ？

地方都市の活性化を一つの研究テーマにしている筆者は、しばしば講義やゼミなどで、宇都宮の魅力について語ったり、学生に意見を求めたりする場面が多い。そのとき決まって学生から出るのは「宇都宮には何もない」という発言である。これは学生に限ったことではなく、宇都宮市民、いや栃木県民の口癖のようにも思える。自嘲気味に語る「宇都宮／栃木には何もない」という言葉の裏には、他県に対する謙遜があるのかもしれない。もしかすると、こうした「我がまちには何もない／魅力がない」という意識や言葉は、戦後、東京一極集中が進むなかで、東京などの大都市以外の人びとに染みついたクセのようにも感じられる。

本書は、取り上げる内容やテーマについてルールが定まっているわけではなく、筆者に一任されている。つまり、多少論拠に乏しくとも、好きなことや筆者の思いを書かせてもらえるため、大変ありがたい。筆者は地方都市に焦点を絞り、各都市に埋め込まれたバナキュラー（土着的）な魅力を発見し、情熱と愛情をもって紹介していきたい。

◆なぜ宇都宮には魅力がないのか?

宇都宮は「通過する場所」というイメージをお持ちの読者も多いかもしれない。遠方の地域では、北関東3県の位置があいまいな人も多い。南には巨大都市東京が、北には観光地として有名な日光や那須がある。「餃子のまち」として全国的に知られているが、概して印象が薄く、存在感に欠ける都市と認識されている。

宇都宮の人はどうして自分たちのまちを自慢しようとしないのだろうか。その答えは「恵まれているから」であると筆者は考える。全国の自治体の財政力指数をみると、東京都を除く46道府県の県庁所在都市のなかで、名古屋と並んでトップなのが宇都宮である。また栃木県のデータではあるが、一人当たりの県民所得は東京、愛知に次いで全国3位である。さらに東洋経済新報社が毎年発表している「住みよさランキング」において近年3位以内を維持している(表1)。

これらのデータからも、宇都宮は全国的にトップクラスの豊かな都市であることがわかる。そのほか、近世以降大きな災害に見舞われていない、大部分が平野で地形的制約を受けづらいなど、人間が生活を営むうえで好条件がそろっている。そのため、あえて魅力をPRしたり、あくせく働いたりしなくてもそれなりに豊かに暮らしていける。こうしたありふれた豊かさは、数値やかたちには表せないため、他と比較するのが難しい。

表1　宇都宮の経済指標

	数値	年次	備考
製造品出荷額	18,399億円	2021年	全国20位
年間小売販売額	6,652億円	2021年	全国20位
財政力指数	0.98	2021年度	県庁所在都市1位
勤労者世帯1カ月実収入	56.2万円	2020年	県庁所在都市17位
一人当たり県民所得	347.9万円	2018年度	47都道府県中3位

資料:『経済センサス』,『家計調査』,『総務省資料』,『内閣府資料』により作成.

◆常に地理的優位性を武器に繁栄している都市

どうして宇都宮は豊かなのか。それは古代より脈々と続く地理的優位性ではないだろうか。優位性とは、常にボーダーラインに接しているという点である。まず地形的には、「ブラタモリ＃宇都宮」においてタモリが指摘したように、平野と山地・丘陵地の境目に位置する。次に地政学的には、東北地方との境目、すなわち陸奥国と対峙する最前線として重要な位置を占めていた。

政治の中心が江戸（東京）に移ってからは、宇都宮の地理的優位性はさらに高まることになる。江戸時代、宇都宮は北の守りとして重要視され、城主は、本多氏をはじめ奥平氏や松平氏など歴代徳川の譜代大名が務めている。また、物流においては、東北地方から送られてくる物資の中継地点として商業も隆盛した。明治～昭和初期には、宇都宮の北西部に首都防衛の要として陸軍第14師団が駐屯し、軍都として栄えた。

現在の宇都宮の豊かさをもたらしたのは、戦中の疎開工場や1960年代から大規模工業団地の立地が進み、工業都市に変容したからである。それも「東京から100㎞圏内」という立地が大きく影響している。たとえば、1944年に疎開工場として宇都宮に事業所を構えた三豊製作所（現・㈱ミツトヨ）は、創業者の沼田惠範が東京から100㎞の円を地図に描いた時に、宇都宮が目に留まったことがきっかけになったという。そのほか、戦前に疎開工場として宇都宮に工場を構えた企業は、中島飛行機（現・㈱SUBARU）や日本製鋼（現・㈱日本製鋼所）などがあげられる。

戦後、軍隊が解体し、宇都宮は主要な産業を失うことになる。そこで目を付けたのが工場の誘致であった。1960年代に入ると、東京などの大都市に事業所を構える企業では、高度経済成長を背景に設備投資が進み、工場の新設も相次いだ。そうしたなか、宇都宮の経済界は軍隊に代わる新たな産業の立地を模索していた。そこで開発が進んでいない北東部に広がる台地を収用し、304haの広さを有する宇都宮工業団地を1970年に造成した。さらに、東縁部に位置する清原地区の台地部（旧陸軍宇都宮飛行場跡）には、内陸工業団地としては最大規模を誇る清原工業団地を1976年に完成させるなど、工業団地の建設に積極的に取り組み、軍都から工業都市へと脱皮を図った。

以上のように、戦後の宇都宮は工業都市として発展し、それが市民の安定した雇用や豊かな財政の基盤となっている。工業団地を造成し工場誘致に奔走した先人たちの努力があったことは言うまでもない。しかしながら、北関東随一の工業都市形成の素地は、以下の条件が揃っていたためと考えられる。

①東京への輸送が至便：東京から100km圏かつ平野の内側であった。
②土地の取得が容易：丘陵地や台地が多く、手つかずの安価で広大な土地（山林や荒れ地、旧軍用地）が多かった。
③豊富な工業用水と電力：北部山岳地帯から流れ込む豊富な水が得られた。
④幹線交通：東京から東北方面に向かう国土軸（東北本線、東北自動車道、国道4号線）に位置していた。
⑤豊富な労働力：周辺農村部から安価で豊富な労働力が得られた。

◆カロリー摂取過多の生活習慣病都市

2020年の宇都宮における人口は51万9026人と、2015年からわずかではあるが増加している。宇都宮の中心部は、東西に広がっているのが特徴といえる。中心市街地の中央に二荒山《ふたあらやま》神社が鎮座し、その西側に東武宇都宮駅を中心とする繁華街、東側にJR宇都宮駅を中心とする業務地区が形成されている（図1、写真1）。

宇都宮の繁栄とは裏腹に、郊外道路の整備が進み中心市街地のスポンジ化が顕著にみられる典型的な都市といえる。中心部では行政機関や大規模な事業所、分譲マンション周辺には利用者や職員用の駐車場が虫食い状に広がっている（写真2）。また、中心市街地周辺の老朽住宅を多く抱える地区では、高齢化や空き家の増加が目立つ。その一方で、郊外では商業施設と住宅地の開発が活発に展開され、人口の郊外流出に歯止めがかからない。特に宇都宮では市街地を約30㎞で囲む宇都宮環状線（宮環《みやかん》）という高規格道路が当市の新たな中心軸を形成しつつある。あるディベロッパーの開発担当者の話では「宮環と中心部から郊外に延びる幹線道路との交差点付近が最も人気で、高額なエリアです」という。つまり、中心部やそれに近い地域よりも、道路交通に優れた郊外の方が居住地として便利で価値が高いのである。

都市は本来、中心部に商業施設や各種公共施設、病院などの施設が高密度に集積し、利便性の高いエリ

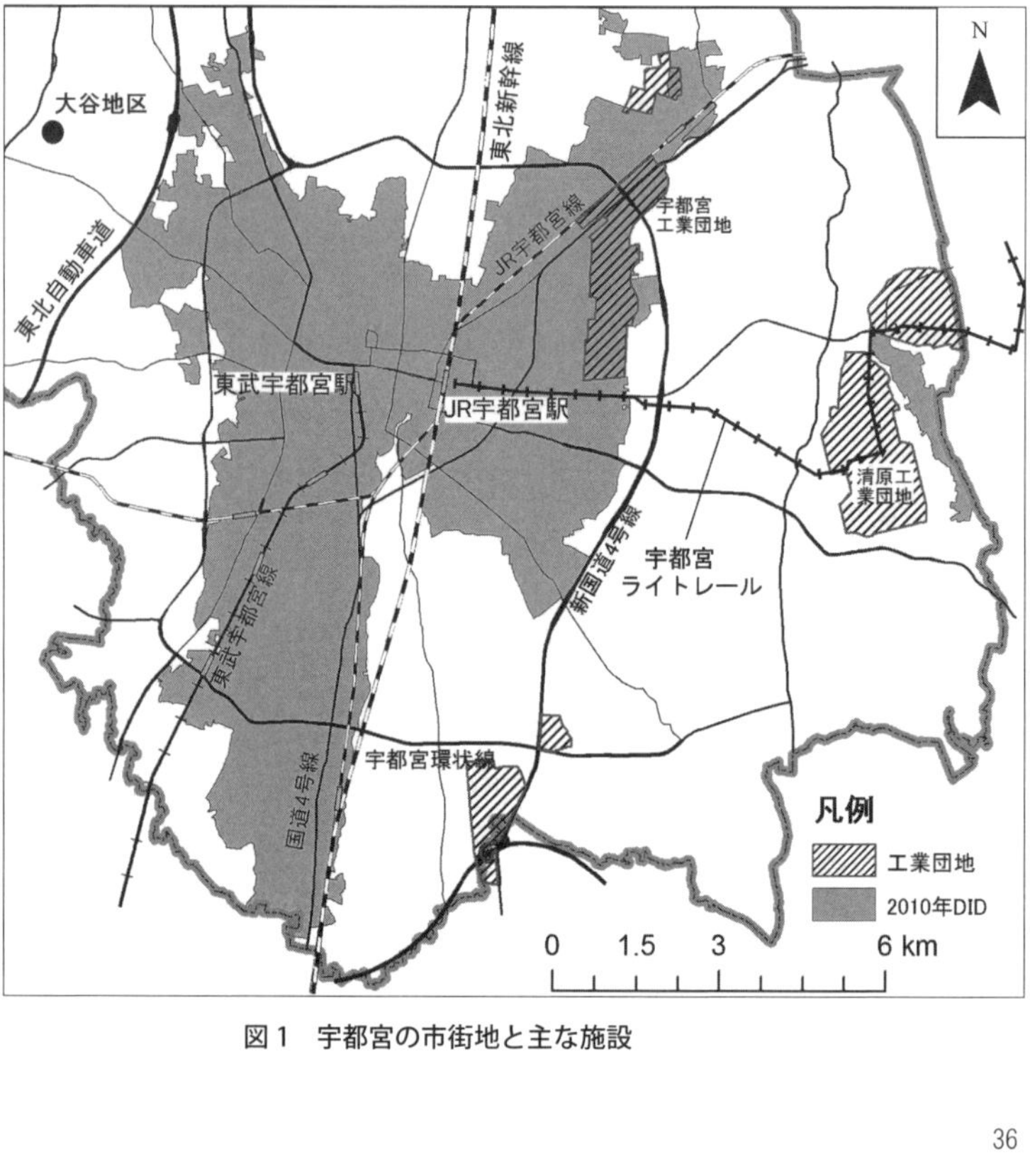

図1　宇都宮の市街地と主な施設

アのはずである。ところがクルマ社会が進展するなかで、施設の更新、大規模化のために、地価が安い郊外に新たな用地を求めるのは必然である。郊外に施設が増えると交通量も多くなる。そうすると道路拡張や新設が行われ、より郊外の利便性が高まり人口が増加する。宇都宮は豊かな都市である一方、都市の肥満化という健康上のリスクを抱えた都市でもある。これは上記の豊かな産業立地とそれによる雇用、どこまでも開発可能な広い土地という、宇都宮の地理的優位性がもたらす負の側面といえよう。

２０２３年８月。生活習慣病を患う宇都宮に治療のメスが入れられた。構想から30年以上。政治に利用されるなど紆余曲折を経て、宇都宮ライトレールがついに開通した。筆者は喜びのあまり、開通から３週間で４回も乗車してしまった。６８４億円という多額の建設費を費やしたことに加え、採算性の問題、さらなる渋滞の悪化が懸念されているが、この交通体系の再編による行き過ぎたクルマ依存社会の緩和やコンパクトシティの実現が期待される。これをさらにＪＲ宇都宮駅西口方面に延伸させ、東武宇都宮線との相互乗り入れや、以下で紹介する大谷《おおや》方面に延伸することができれば、中心市街地再生や観光活性化に大きく寄与する

写真１　JR 宇都宮駅から大通りを望む
2019 年 10 月西山撮影.

写真２　東武宇都宮駅周辺には駐車場が目立つ
2021 年 9 月西山撮影.

ものと思われる。人口減少社会において、歴史上路面電車が存在しない都市に、それを新設しようとする当事業は、導入を検討する世界中の都市から注目を集めている。「宇都宮ライトレールは日本の地方都市の行方を占う試金石である」と言っても過言ではないだろう。

◆宇都宮の宝、大谷石

筆者は、宇都宮が最も誇るべきものは、宇都宮で産出される大谷石や、それが生んだ景観、文化だと考えている。そもそも大谷石とは、宇都宮市大谷地区周辺で産出される流紋岩質角礫凝灰岩の総称で、南北に約10㎞、東西に約5㎞の帯状に分布する。約1500万年前、日本列島の大部分が浅い海だった時代に、火山もしくは海底火山噴出物が海中に堆積し、時間をかけて固結したもので、色は淡緑～淡灰を呈している。大谷石の外観は「ミソ」と呼ばれる茶色い粘土状の斑点が混じっているのが特徴である。

大谷石は、熱に強く、軽くて加工しやすいなどの利点を持つことから、土木・建築用材として利用されてきた。一方で、風化しやすく比較的脆いという欠点もある。採掘方法は、地面をそのまま下に掘り進める露天掘りと、地下に掘り進める坑内掘りがあり、現在では後者が主流となっている。

大谷石の本格的な採掘・利用は、江戸中期以降であり、防火対策として店蔵の外壁や民家の屋根（石ぶきの屋根）などに利用された。とはいうものの、当時は農家が農閑期に小規模に採掘する程度であったこと、人馬による輸送が中心で大量輸送が難しかったことなどから、宇都宮や産出地周辺での利用に限られていた。大谷石の採掘が組織的に展開され、大量に輸送されるようになるのは、明治期になってからである。1896年に宇都宮中心部と大谷の間に人車軌道が建設され、大量の石材を市内中心部に輸送することが可能となった。1913年には、軽便《けいべん》鉄道が敷かれるなど、高速大量輸送体制が整備された。また

1960年代ごろから段階的に手掘りから機械掘りに移行し、より大量の石材を産出できるようになったことで、1970年前後の住宅開発ブームと相まって産出はピークを迎える。その後、コンクリートの普及や建築基準法の改正などにより需要が減退し、近年の採掘量は最盛期の200分の1ほどまでに減少している（図2）。採掘業者も120社ほどあったが、2023年9月時点で5社である。

◆近代東京を築いた大谷石

「大谷石が石材として全国的に知られるようになるのは、建築家のフランク・ロイド・ライトが設計を担当した旧帝国ホテルに主要建材として利用されたから」というのが一般的な見方である。しかしながら、筆者はそれも一つの理由であるとしながらも、主な理由は、①1910年代以降、東京で郊外開発が進み擁壁に使う石材が大量に必要になったこと、②大谷石の採掘地である大谷は、東京に安価な石材を大量に供給できたことであると考えている。

供給側の大谷周辺は平地と丘陵地の逆目にあたり、地形の制約を受けることなく、広い範囲で大量の採掘が可能であった。そして採掘された石材は、東京方面に鉄道を使って平野をほぼ一直線に、緩やかに下りながら運ぶことができる。大谷石の名を高めたのも、宇都宮の地理的優位性だった。

既知のように東京の西側地域は広く台地・丘陵地になっており、それらの地域に宅地を造成しようとすると擁壁が必要にな

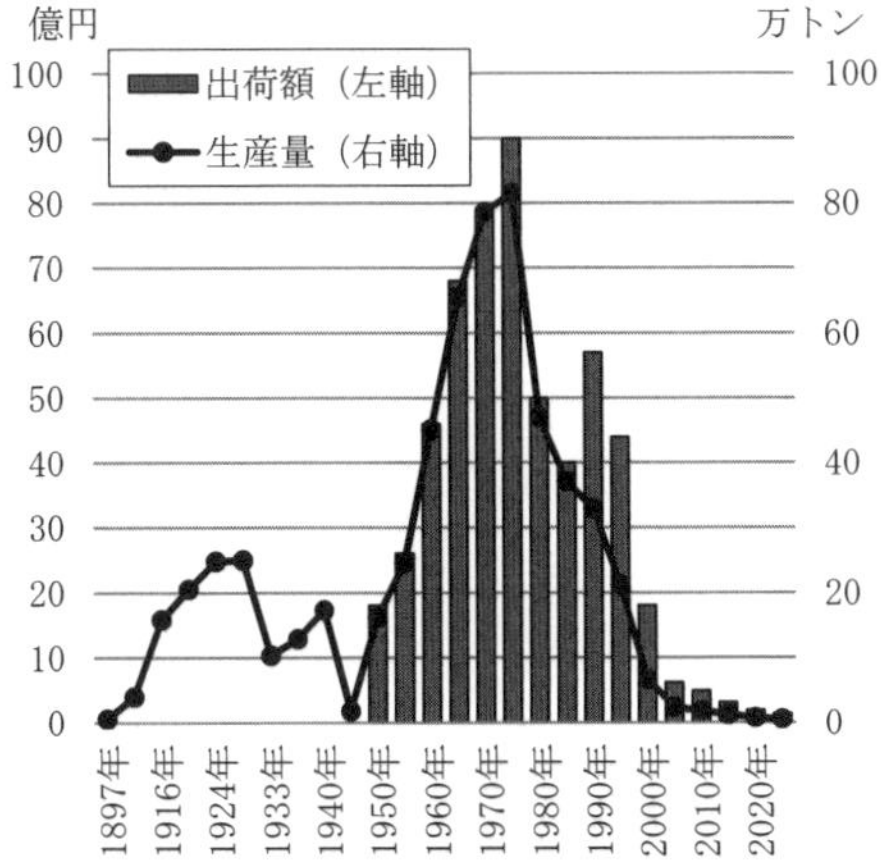

図2　大谷石の採掘量と出荷額の推移
大谷石材協同組合提供資料より作成.

る。擁壁用の石材需要が一気に高まったのである。筆者は時おり東京の西側の地域を散策するが、１９７０年代以前に開発された住宅地には、今でも大谷石の擁壁や塀がかなりみられる。近代東京は大谷石によって築かれている。

◆日本で類を見ない石の都市

先述のように宇都宮では江戸時代から防火対策として大谷石が蔵や屋根に利用され、独特の景観が生み出されてきた。江戸中期の地理学者、古川古松軒《ふるかわこしょうけん》が１７８８（天明８）年に東北・北海道巡見の際に綴った『東遊雑記』には、宇都宮に立ち寄った際の記述がみられる。そこには「この辺は石の柔らかなるありて、それを瓦の如く削りなして、堂塔の屋根に葺くなり、他の国にはなき石なり」とある。この記述からも、かねてより、大谷石が宇都宮で広く利用されていたことがわかる。

コンクリートや擬岩《ぎがん》の普及によって、土木構造材、建築用材への利用が減り、建て替えなどで大谷石の景観は少しずつ失われているが、市内では至る所で蔵や塀、土留めを中心に、大谷石の景観が広がっている。宇都宮における大谷石の利用例は、主に蔵、塀、土留め・擁壁が中心であるが、住宅、建物の基礎、事務所、工場、寺院や教会、車庫、物置、屋根、道路、階段、神社の鳥居、モニュメントなども多くみられる（写真３）。近年では、ブロック状のものを積むよりも、板状のものを内外装材として貼る用例が主流になっ

写真３　大谷石建造物
上）中心部の松が峰教会，下）屏風岩石材の石蔵
2018 年 9 月西山撮影.

ており、県外の飲食店などでも多く目にすることができる。

大谷石が地域資源として着目されるようになったのは、近年になってからである。それまで宇都宮の人々は、大谷石を特別なものとみなしていなかった。そんななか、２０００年と２００５年に栃木県建築士会宇都宮支部の有志が、市内中心部において石蔵の分布調査を行った（図３）[1]。その結果、約４００棟存在することが明らかとなると同時に、大谷石がかけがえのない地域資源であること、それを活かしたまちづくりを行うことの必要性を考える端緒を開いた。

その他、課税関連資料を用いて石造建築物の数を明らかにした井上（２０１５）によると、宇都宮全域には９０９１棟の石造建築物が存在するという[2]。このように同一の石材が広域かつ高密度に都市を覆っている例は、日本において唯一無二である。行政の各種施策、事業者や市民団体の努力によって宇都宮市民に少しずつ大谷石の偉大さ尊さが浸透しているようにも感じる。これからは、市民がその価値を他県の人々にもっと自慢するように

図３　宇都宮中心部の主な大谷石建築物の分布
NPO 法人宇都宮まちづくり推進機構（2019）『石の街うつのみや』下野新聞社．より作成．

なってほしい。

◆知り、人とかかわることで育まれる都市への愛情

都市は人間の営みが蓄積された知の集合体である。特に開発のペースが緩やかな地方都市では、その土地に根差した文化や歴史、産業、景観といった無数の原石が埋め込まれている。研究者として、それを発掘し、磨き上げることほど楽しいことはない。小さな都市であろうと、そこには必ず先人たちが残した痕跡が隠されている。その痕跡を知りもせず、どうして「自分たちのまちには何もない」といえるのだろうか。そう卑下するのは、「自分は無能で魅力がない」という感覚と同じである。努力もしないで自分はダメだと決めつけている。これでは都市が発展するはずもないし、そこでの暮らしが幸福であるはずがない。

宇都宮には、2012年から3年間の空白を経て計9年暮らしているが、愛着は年々増すばかりである。宇都宮についてもっと知りたい、宇都宮の独自性、魅力を他の地域の人に話し自慢したい。こうした意識の変化は、宇都宮について知ること、そして当地の人々との深く濃密なかかわりから醸し出されるものだと考える。まちづくりや豊かな暮らしの原点は、そのまちや人を知ることである。そのまちは何が魅力なのか。何が他と異なるのか。魅力的な人は誰か。以上の探究は地理学の至上命題でもある。

（西山弘泰）

［注］

（1）図3に示された主な大谷石建築物は、栃木県建築士会宇都宮支部が調査した結果をもとにＮＰＯ法人宇都宮まちづくり推進機構などが独自に調査したものを加えたものである。

（2）井上俊邦（２０１５）「歴史的建造物の保存・活用とその方策に関する調査研究―大谷石建造物を事例に」市政研究うつのみや 11、27―36頁。

埼玉県 富士見市 多様性に富んだミニ開発都市

◆2つのカルチャーショック

筆者は、北海道札幌市で生まれ育った。広く直線の街路と整然と区画された街区。北海道ではおなじみの風景である。東京の大学に進学するまで、それが当たり前の街区形態だと思っていた。ところが北海道以外では、必ずしもそれが当てはまらない。

もう一つ、カルチャーショックを受けたのは、戸建住宅の敷地面積が狭いことである。東京下町地域ならば地方出身者でも想像がつく。ところが、そうした光景が東京都心から30㎞近く離れた郊外に存在する。郊外の住宅地は、庭付き一戸建てと相場は決まっているはずだ。

本稿では、街路形態が一様ではなく、小規模な住宅が密集した都市の事例として、埼玉県富士見市を取り上げる。そして、なぜそのような都市が形成されたのかを、農家（土地所有者）、建売業者（ディベロッパー）、居住者（住宅購入者）それぞれの視点から紐解いていく。

◆郊外住宅地は大規模住宅地ばかりではない！

筆者が学部生だった２０００年代前半は、都市地理学の主な研究テーマとして郊外住宅地の高齢化が注目されており、その事例として扱われているのは、土地区画整理事業や大手ディベロッパーが開発する10haを超えるような大規模住宅地であった。しかしながら、大都市圏郊外の空中写真をみてみると、大規模住宅地ばかりではなく、むしろ小規模な住宅地が連担した地域（以下、ミニ開発住宅地）の方が多いように感じられた。「そうした住宅地にはどのような人々が住み、またどのような経過や理由で住宅地が形成されたのか？」という素朴な疑問から、ミニ開発住宅地の研究に取り組むようになった。

さて、読者の方々は、埼玉県富士見市をご存じだろうか。本書の中でも、最も知られていない、地味な都市であろう。有名なランドマークや歴史的遺構があるわけではない、東京都心から北西方向に25kmほどの地点に位置する都市である。市内には、東武東上線みずほ台駅、鶴瀬駅、ふじみ野駅の３駅があり、都心ターミナル駅である池袋駅まで25～30分でアクセスできる（図１）。

１９６０年の富士見市（このころは富士見村）は、人口１万人ほどの純農村地域であった（図２）。住宅都市としての萌芽は、１９６２年の日本住宅公団鶴瀬第二団地の造成である。これが契機となり、東京

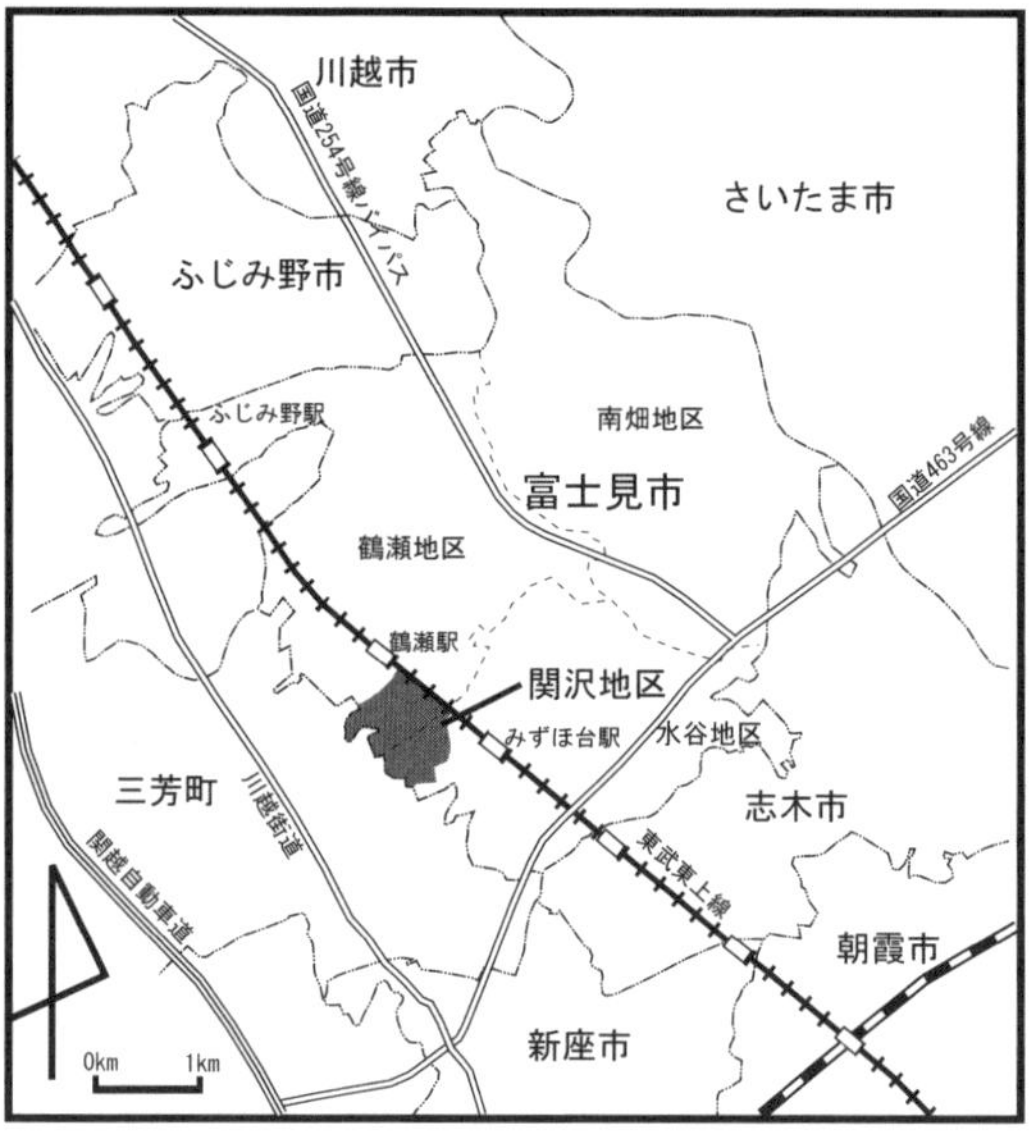

図１　富士見市の範囲と周辺自治体

近郊のベッドタウンとして認知され、鶴瀬駅周辺において住宅地開発が進んだ。その一方、急激な都市の拡大と人口増加は、秩序ある市街地形成の妨げとなる。Googleマップなどをみると、富士見市のかなり広い範囲において、非計画的な街路形態になっていることがわかる。

富士見市のもう一つの特徴は、他の距離帯の都市に比べ、戸建住宅の敷地面積が狭いことである。図3は埼玉県・東京都・千葉県・神奈川県内の戸建住宅における敷地面積１００㎡未満の割合を示したもので、富士見市が目立って高いことがわかる。なお、敷地面積１００㎡未満の戸建住宅の割合は、都市計画などの分野においてミニ開発の多寡の指標とされることが多い。

これまで富士見市の住まいの特徴について述べてきたが、簡単に当市の産業などについても紹介したい。富士見市は、昼夜間人口比率が75・4％（２０２０年国勢調査）と、埼玉県の市町村で最も低い。つまり、市内に就業場所が少なく、居住者は他都市に通勤・通学している。それとは逆に、西側に隣接する三芳《みよし》町

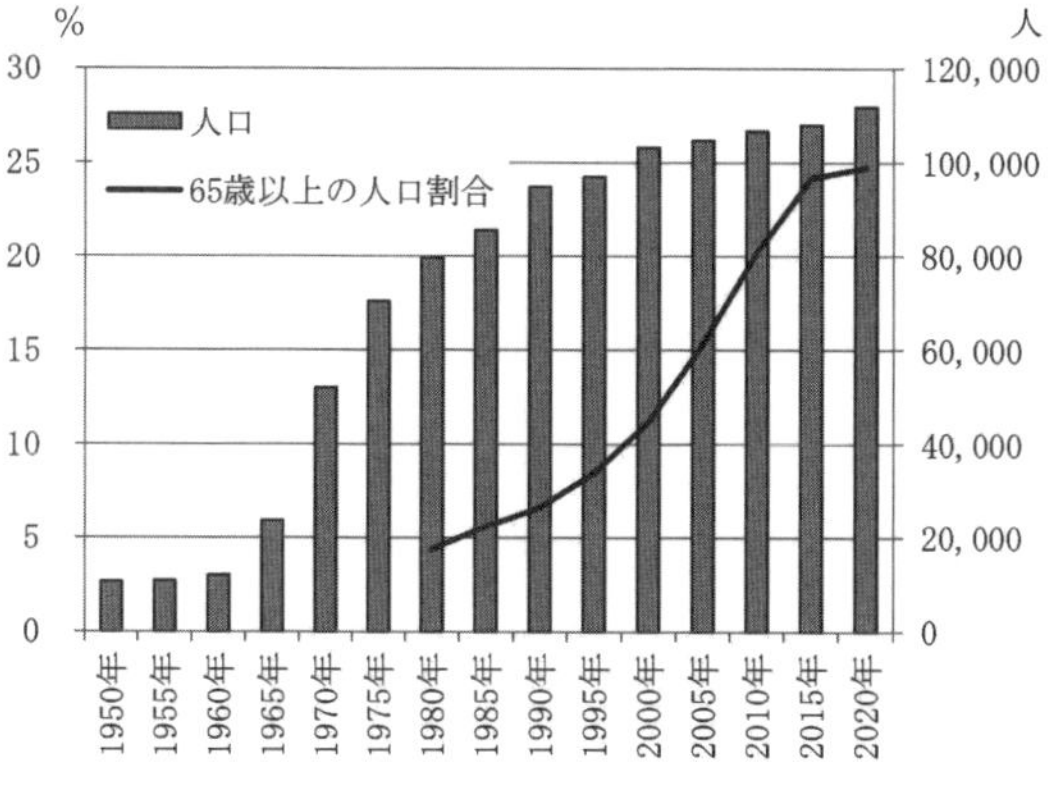

図 2　富士見市の人口と 65 歳以上の割合の推移
国勢調査より作成.

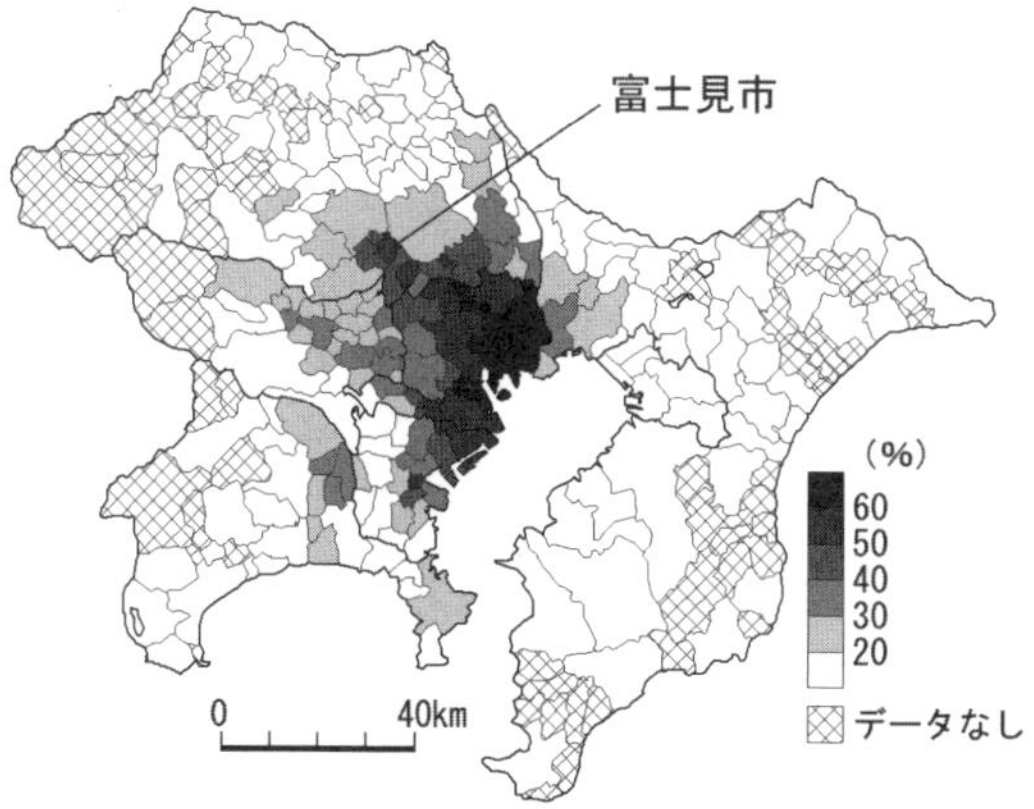

図 3　市町村別の敷地面積 100㎡未満の戸建て住宅の割合
2003 年住宅土地統計調査より作成.

は、物流施設や工場が多く立地し、昼夜間人口比率が県内の自治体で最も高い１１４・３％である。富士見市は、市域東部に広がる荒川低地部において稲作が盛んであったこと、主要な道路網が整備されていなかったことなどから、工場や物流施設はほとんど立地しなかった。他方で、西部の台地部では、先述のように10年ほどの間に住宅が張り付き、三芳町のような物流施設や工場の立地が難しかったものと思われる。その結果として、２０２０年の製造品出荷額は１８６億円（県内ワースト8位）と下位に甘んじている（工業統計調査）。一方、小売業に関しては、市域のほぼ中央部に埼玉県内で2番目の店舗面積を誇る大規模商業施設「ららぽーと富士見」が２０１５年にオープンした。その影響により、小売業の年間商品販売額は４４１・４億円（２０１３年）から８６９・８億円（２０１６年）に倍増した（商業統計）。

以上のことからも、富士見市は東京大都市圏郊外の典型的ベッドタウンであるといえる。ただ、一般的にイメージされる郊外の風景とは一線を画する、特色ある都市であることを以下で示していきたい。

◆多様な用途からなるカオスな住宅地

ここからはミニ開発住宅地によって形成された富士見市の典型例として、関沢地区を紹介する。(1) 関沢地区は、東武東上線みずほ台駅または鶴瀬駅が最寄りとなり、両駅へは徒歩5分から15分程度の範囲に位置

写真１　関沢地区北縁の県道
県道は歩道と車道の区別がない片側１車線道路だが，中規模スーパーマーケットやレンタルビデオ店，ファミリーレストランなど日常用品が揃う．2022 年西山撮影．

している（図1）。地区中央を東西に富士見江川が流れ、そこが関沢2丁目と3丁目の境界をなしている。北縁には片側1車線の県道が貫いていて、ロードサイド型の店舗が点在する（写真1）。

図4は関沢地区の道路、土地利用、建物の種類を分類したものである。道路は、狭隘かつ規則性がなく、行き止まりも多い。土地利用は、建物用地が大部分を占めるが、駐車場や農地、林地、公園なども混在している（写真2）。建物は、北部のロードサイドでは、商店や飲食店・事務所、それ以外の場所では戸建住宅に共同住宅が混在している。共同住宅は、低層のものが多いが、5階建て以上の分譲マンションも複数立地する。建物が密集し、建物用途が多様な

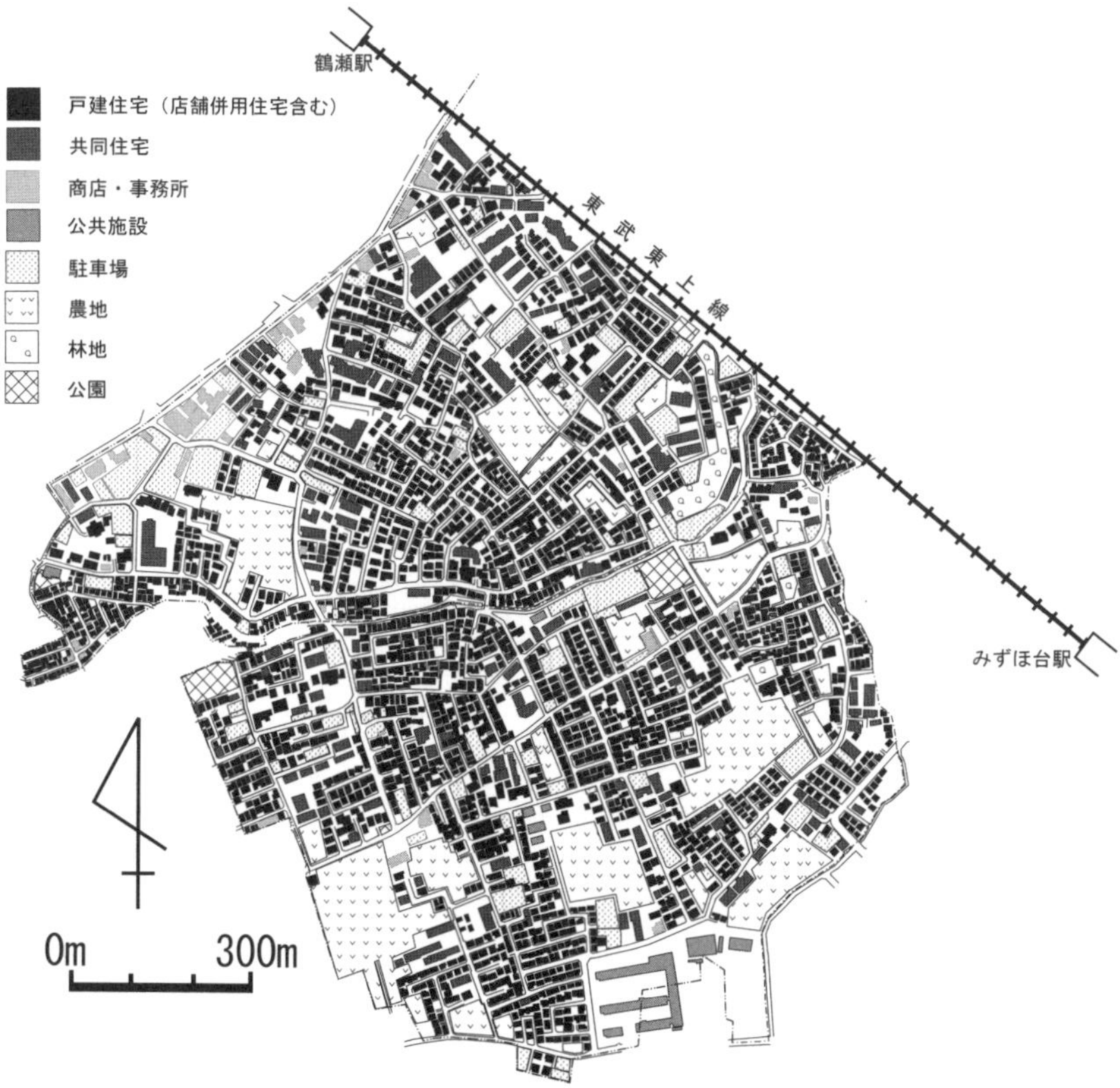

図4　関沢地区の土地利用と建物用途（2007年）
出典：西山（2010）

直接的な理由としては、当地域の都市計画法における用途地域が影響しているものと思われる(2)。

さらに建物の建設年代も多様である。後で詳述するが、大規模住宅地のように同年代に一斉に建物が建つのでなく、1960年代から徐々に住宅地に変化していくことから、築年数が50年を超える住宅もあれば、5年以内に開発された住宅群もみられる（写真3）。

このように関沢地区は、住宅地としての機能が卓越しているが、街路、土地利用、建物用途と建築年代に規則性がなく多様である。

◆ミニ開発住宅地形成の基盤

ここからは、どうして富士見市においてミニ開発が多くなってしまっ

写真２　関沢地区の様子①

関沢地区は農家が経営する比較的広い駐車場が点在する（左）．また農地もいくつか残されており（右）, 作物が栽培されている．2022 年西山撮影.

写真３　関沢地区の様子②

左の写真は 2010 年以降開発されたミニ開発．近年東京都心の住宅価格高騰の影響もあり建売住宅の価格も高くなっているという．また，新たにマンション建設もみられる．右の写真は 1960 年代に開発されたミニ開発．敷地面積が 50㎡未満と狭いが，3 階建てや隣地を買い足して建替えを行っている．2022 年西山撮影.

たのかを解明していく。筆者は、その基盤は富士見市の地形と鉄道路線周辺の土地所有形態であると考えている。

先述のように富士見市は、東半分が荒川の低地、西半分が台地となっている。そして東武東上線は台地と低地の境目を平行する経路をとっている。低地部は、稲作地帯であったことや鉄道駅から離れていたことからほとんど都市化しなかった。一方、台地部は耕地整理などが実施されることもなく、昔ながらの規則性がないあぜ道と畑地が残され、それらがほぼ形状を変えることなく住宅地へと変貌していった。これが、規則性のない街区形成の基礎になった。

台地部の土地所有形態にも特徴がある。東武東上線より西側の土地は、5㎞ほど東の南畑地区をはじめ、東武東上線より東側の農家が多くの土地を所有していた[3]。しかも、1000~5000㎡と小規模に多くの所有者が分散所有しているのも特徴である[4]。紙幅の関係上お示しできないが、1960年の航空写真をみると、関沢地区にはほとんど農家の家屋がない。畑作地であり、母屋から遠く離れた東武東上線より西側の農地は、農家にとって営農上、それほど重要な土地ではなかったと思われる。

◆ミニ開発住宅地形成のメカニズム

1965年ごろから、富士見市には都市化の波が押し寄せる。富士見市の人口増加率は1965~1970年が最も多いことからも、この時期に住宅地開発が活発であったといえる。筆者は、ミニ開発住宅地の形成は、①土地を売却・活用し現金収入を得たい土地所有者（農家）、②土地を確保し建売住宅を建設したい業者（建売業者）、そして③手ごろな住宅を確保したい購入者（居住者）の売買戦略が合致した産物であると考えている。

なお、以下の内容は、筆者が２００７年から２０１１年まで富士見市を対象に行った各種調査(5)をもとにしている。

【農家の土地切り売り戦略】まず、農家の土地売却行動をみていこう。先述のように関沢地区などの東武東上線周辺（特に沿線西側）の土地は、遠方の農家が小規模に所有している場合も少なくなかった。営農上あまり重要でない農地が、都市化に伴って高値で売却できれば、農家にとって大きな現金収入となる。１９６５年ごろ、農家が土地を売却すると母屋を建替えていた。また、耕運機などの農業用機械の購入にも充てたという。

１９７０年になっても、農家の土地売却は続く。このころになると売却によって得られた現金で、貸家やアパート、商店などを建設し、不動産経営に参入する動きがみられる。しかし、土地が売れるからといって、見境なく土地を売却したわけではない。農家にとって土地は財産であり、生業の糧である。母屋やアパートなどの建設のために資金が必要になったとしても、土地を必要以上には売却せず、土地は必要な分だけ切り売りする。そして各農家の意思決定によって土地が手放された結果、虫食い状の宅地開発が進行することになる。

１９８０年以降、農外収入が安定することにより、農家は相続以外で土地を売却しなくなる(6)。その一方、税金対策として畑を月極駐車場に変えるたり、金融機関からの借入金によって賃貸アパートやマンションを建設するようになり、関沢地区の土地利用はより混とんとしていく。

【建売業者の切り詰め戦略】次に、関沢地区の住宅地開発を担った建売業者の動きを紹介する。関沢地区における住宅地開発は、１９６５年ごろから展開されるようになる。建売業者は、農家や仲介業者から土地を取得し、建売住宅を建設・販売する（農家が自ら建売業者になる場合もある）。業者の顔ぶれは時期によって変遷するが、概して富士見市や東武東上線沿線（特に東京都練馬区や板橋区）の中小企業である。

取得した1000〜5000㎡ほどの土地に、狭小の建売住宅を建設する。農家から切り売りされる小規模な開発用地は、事業資金が限られている中小建売業者にとって、手ごろな広さ・価格である。また、すでに農道や他の業者が引いた道路があること、大規模な整地が必要ないことも、中小建売業者にとって魅力となる。

造成にあたって、道路などの公共負担を極限まで切り詰めるため、道路は法律で定められた最低限の広さ、延長となる。図5は2007年ごろに関沢地区で販売された住宅地の区画を示したものである。長方形の敷地の中央に4mの行き止まり道路を敷き、その周辺に住宅を建設している。大規模開発住宅地の場合、比較的安価で広大な土地を取得・造成し、土地価格の値上がり分で利益を出す。一方、ミニ開発の場合は、建売住宅を建設・販売することによって利益をあげる。そのため、限られた用地のなかに、できるだけ多くの建売住宅を建設することが利益の最大化につながる。

以上のように、公共負担を切り詰め、できるだけ小分けにして建売住宅を販売するという中小事業者の販売戦略が、狭隘道路や行き止まり道路、敷地規模の小さな住宅を生む要因になっている。

【若年ファミリー世帯の仮の住まい】　1960年後半になると、第一次ベビーブーム世代が住宅取得期に入り始め、住宅需要が増大する。現在のように、ファミリー世帯向けの賃貸アパートやマンションが豊富なわけでもない。長期かつ低金利の住宅ローンも未整備である。手ごろな価格で購入できる建売住宅は、貯蓄が限られている若年ファミリー世帯にとって魅力的であった。

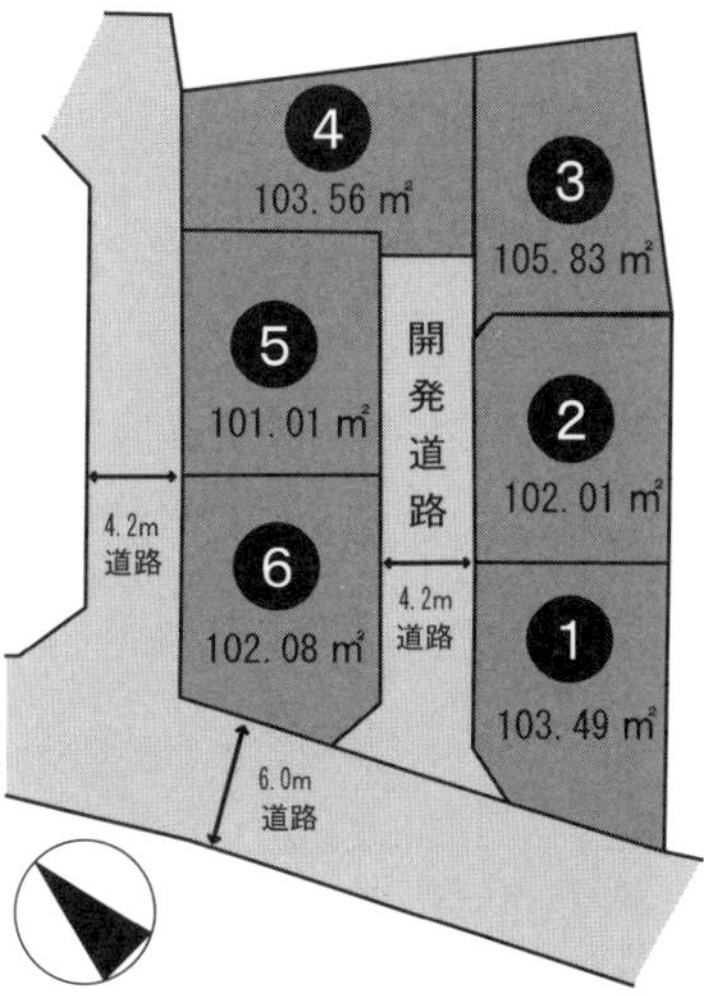

図5　2007年に関沢地区で販売された建売住宅の配置図
『不動産業者の住宅広告より作成..

図６は、関沢地区において１９６７年ごろ開発された建売住宅群における居住者の年齢構成を示したものである。１９７０年の人口構成をみると25～29歳が最も多く、住宅取得年齢がかなり若かったことが推察できる。さらに注目すべきは１９７５年の人口構成である。１９７０年とピークが変わっていないことに気がつくだろうか。これは居住者が入れ替わったことを示している。すなわち１９７０年の居住者の多くは、１９７５年までの間に家屋を売却し、新たに若年ファミリー世帯が転入してきたのである。

以上のように、関沢地区を含めた富士見市の狭小住宅は、手ごろな住まいを求める若年ファミリー世帯の仮の住まいとして機能していた。１９７５年ごろから、１００㎡を超える戸建住宅が主流になっていく過程で、居住者の入れ替わりも少なくなっていく。

◆多様性が魅力のミニ開発住宅地

富士見市関沢地区は、開発が始まってから50年以上が経過し、駅に近く、便利で落ち着いた住宅地へと変化している。また、１９８０年以降もコンスタントに住宅地開発が行われたため、一定の若年層の流入もみられる。[7] 狭隘道路によって、外部からの通過交通が遮断され、静かで安全な住環境が創出されている。地元不動産業者の話によると、駅が近いことに加え、周辺に商業施設も多く立地し、生活に便利な住宅地として人気があるという。また、敷地が狭い分、住まいに多額の費用を費やしたくない若年世代にとっては、

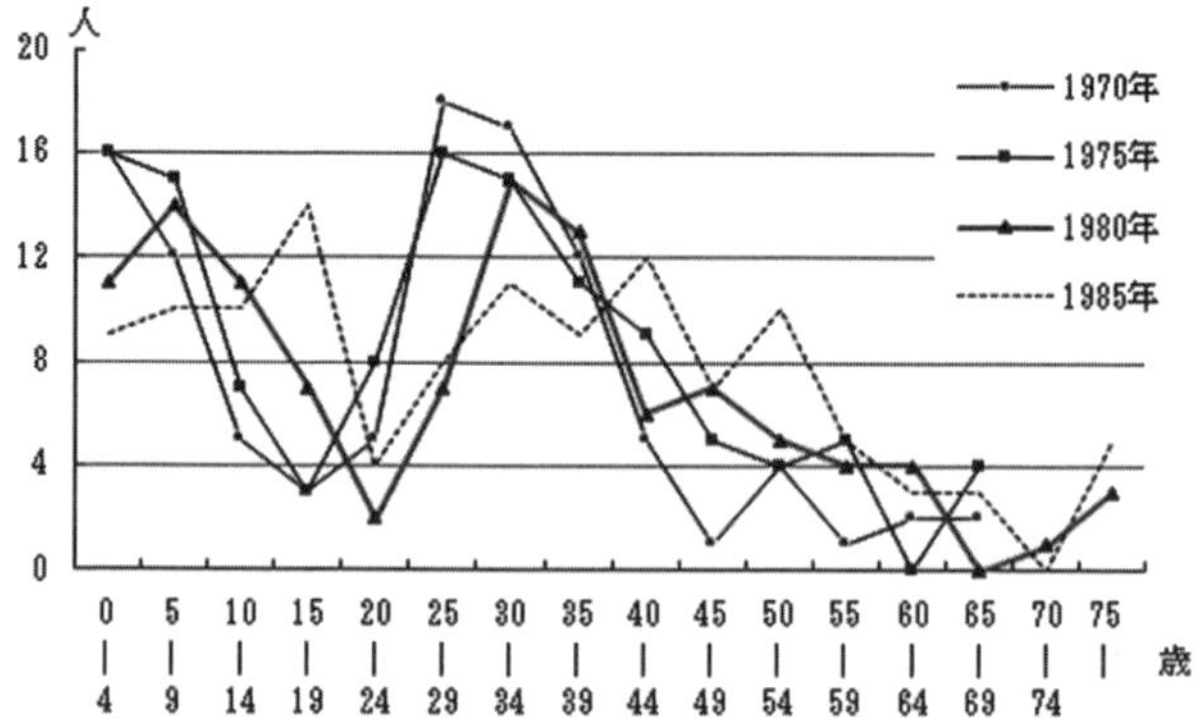

図６　関沢地区の某建売住宅群の年齢別人口構成の推移
1970・75 年は 65-69 歳の区分に 65 歳以上がまとめられている．国勢調査より作成．

手ごろな値段で住宅を購入できる。そのため敷地面積が多少狭くても、更地になれば買い手がつくという。

富士見市にみられるような蚕食状のミニ開発住宅地は、良好な住環境の形成を阻む存在として、評価されてこなかった。しかしながら、多くの大規模住宅地で高齢化による住宅地の持続性が問われるなか、関沢地区においては、世代間のバトンが受け継がれつつある。それは無秩序でありながらも、地域内での多様性が維持されてきたからではないだろうか。ミニ開発住宅地は、これからの住まいや住環境のあり方を示唆してくれている。

（西山弘泰）

[注]

（1）富士見市関沢地区の概要や居住者と特性について以下の文献に詳しい。西山弘泰（２０１０）「住民の転出入からみた首都圏郊外小規模開発住宅地の特性—埼玉県富士見市関沢地区を事例に」地理学評論83、３８４—４０１頁。

（2）北部のロードサイド沿いは、近隣商業地域（建ぺい率80％、容積率２００％）であり、それ以外は第1種中高層住居専用地域（建ぺい率60％、容積率２００％）となっているため、比較的規制が緩やかである。

（3）富士見市教育委員会（１９９４）『富士見市史 通史編 下巻』富士見市。

（4）富士見市農業委員会の「農家名寄せ台帳」の閲覧による。

（5）筆者は、農家名寄せ台帳（富士見市の全農家の土地所有やその売買情報を記載したもの）や土地・家屋課税台帳、建築確認申請、住宅地図、電話帳などの資料を用いて、関沢地区を中心とした約50年間の土地と建物の所有者情報をデータベース化した。その他、鶴瀬駅周辺の農家や不動産会社などにも詳細な聞き取り調査を行った。以下の内容は、主にこれらから得た情報に基づいている。

（6）農家（土地所有者）の土地利用に関する意思決定について以下の文献に詳しい。堤 純（１９９５）「前橋市の市街地周辺における土地利用の転換過程—土地所有者の土地利用に関する意思決定を中心に」地理学評論68、７２１—７４０頁。

（7）２０２０年の国勢調査の結果によると、関沢地区における65歳以上の割合は26・3％で、埼玉県全体の27・０％よりも低い。たとえば、同じ東武東上線沿線に立地する鳩山ニュータウンの鳩ヶ丘地区では、65歳以上の割合が5割を超えるなど、高齢化が著しい。

千葉県 木更津市 快適でリーズナブルな郊外ライフ

◆4年連続地価下落率全国1位からのV字回復

２０１８年2月、初めて千葉県の木更津《きさらづ》を訪れた際、木更津駅前でいきなり驚かされた。かつて百貨店のそごうが立地した場所に、今はスパークルシティ木更津という商業施設が立地するが、地下1階から地上9階までの10フロアのうち4フロアが空いており、使用する3フロアもハローワーク、市議会、市役所と公共施設で埋めている状況なのである。

木更津市と神奈川県の川崎市を結ぶ東京湾アクアライン（以後、アクアラインとする）は、１９９８年に開通するものの、当初は通行料が4千円と高額であり、利用者は予測値2万5千台の半数を下まわった。これにより木更津市では住宅地開発や企業誘致などが予定通りには進まず、２０００年から4年連続で地価の下落率が全国1位を記録するなど、地域経済は停滞した。中心市街地では先述のそごうなど閉店する店舗が相次いでいわゆるシャッター街化し、現在もその傷跡が残されている。

一方、２００９年に森田健作氏が千葉県知事に就任し、ＥＴＣを搭載する普通車のアクアラインの通行料を８００円とする社会実験が実施されるとその利用者は急増し、２０１６年には4万5千台を記録した。これに合わさるように、１９９０年から２００５年にかけて緩やかに減少傾向にあった木更津市の人口数も、2005年から2020年にかけては増加傾向にある。またアウトレットとして国内最大規模を誇る三井アウトレットパーク木更津が2012年に、全国屈指の規模を誇るイオンモール木更津が2014年に開業するなど多数の大型店が立地し、木更津市の商業環境は向上している。工場などの企業誘致も進むなど、木更津の地域経済はV字回復の傾向にある。

本章では著者の研究成果[1]をもとに、近年に活気のみられる木更津市の面白さに迫ってみる。図1は木更津の概要である。

◆快適なバス通勤とリーズナブルなマイホームで人口回復

2000年ころから、東京大都市圏では人口が都心で増加する、いわゆる「都心回帰」の状況が続き、2000年から2015年の間は千代田区、中央区、港区といった都心の区で増減率が高い。一方で郊外では増加・減少する地域がそれぞれ存在し、木更津市は9%の増加であるのに対し、近隣の君津《きみつ》市は7%、富津《ふっつ》市は14%の減少である。木更津市の人口は、2005年から2015年にかけては1万人以上増加しており、とくに2005年時点で20~39歳であった若い年代の増加が顕著である。東京大都市圏郊外では、人口が増加する地域と減少する地域のどちらも存在するため、その背景にはそれぞれ地域的な事情があると考えられる。

木更津市で人口が増加している理由の一つは、2005年以降、ア

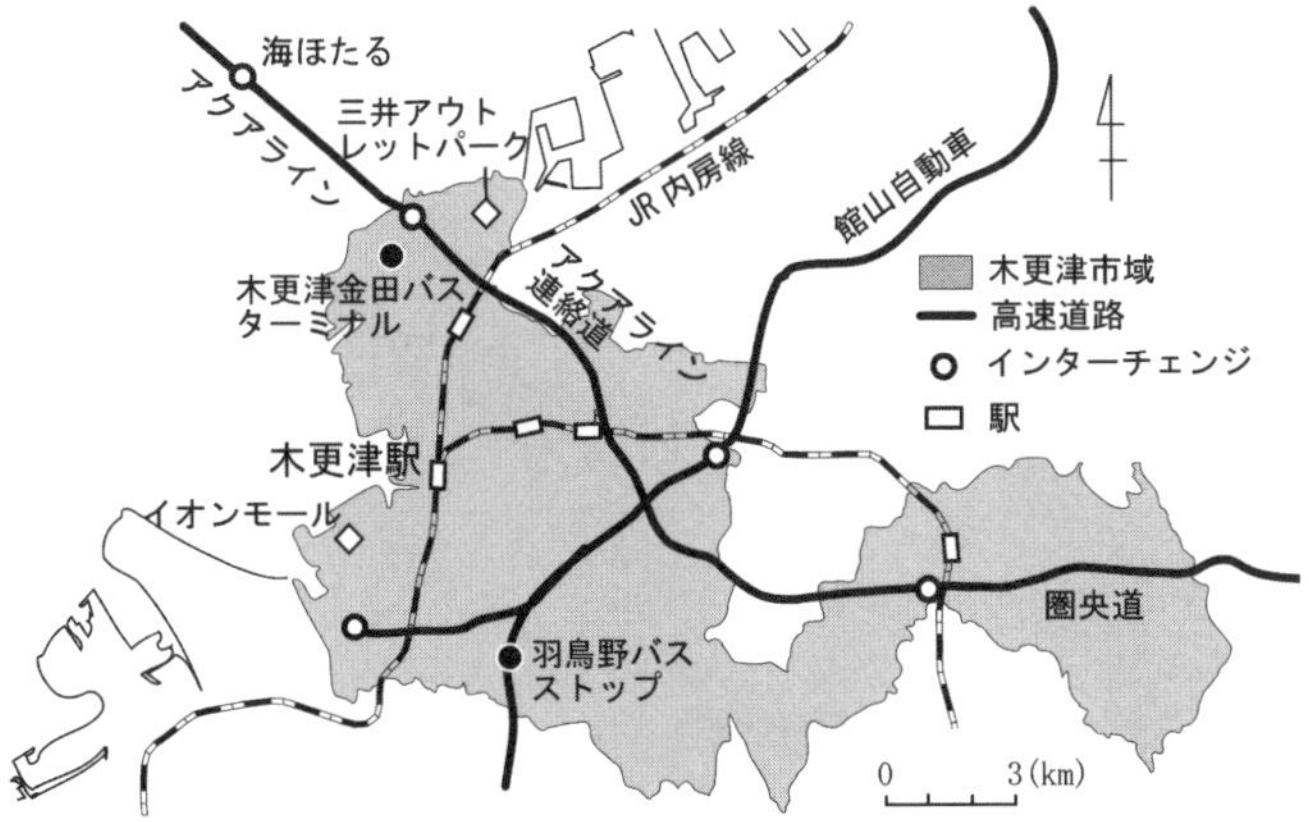

図1　木更津市の概要（牛垣ほか，2020より）

クアラインの着岸地付近である神奈川県川崎市川崎区や東京都大田区のほか、東京の都心への通勤が時間的にも費用的にも容易になり、これらの区への通勤者が増加しているためである（図2）。それに対して電車通勤のエリアに当たるＪＲ総武線快速沿線の地域では、木更津市からの通勤者は減少している。木更津市は、かつては①市原《いちはら》市、袖ケ浦《そでがうら》市、君津市など近隣の京葉工業地帯への通勤や、②東京大都市圏郊外の業務核都市の一つである千葉市への通勤がほとんどであったが、③アクアラインを利用した東京の都心などが、新たな通勤先として加わっている。

　木更津市の就業者・通学者の他県への移動手段にも変化がみられる。２０００年から２０１０年の国勢調査をみると、基本的に鉄道の利用者は減少しているのに対して、乗合バスや勤め先・学校のバス、自家用車の利用は増加している。近年では東京都や神奈川県方面への通勤のためにアクアラインを通る高速バスも増えており、川崎駅、横浜駅、羽田空港を皮切りに、東京駅、品川駅、新宿駅、渋谷駅への路線も開設されている。

　アクアライン高速バスと鉄道とで運賃と時間を比較すると、運賃は駅によってまちまちでその差は少ないが、時間では大きな差がある。たとえば羽田空港へは鉄道だと１３４分かかるのに対してアクアライン高速バスでは42分と3分の1程度であり、相当の時間短縮になる場合も多い。高速バスは道路運送法によって着席やシートベルトの着用が義務づけられ、必ず着席できる点も魅力である。全員着席のため満席にな

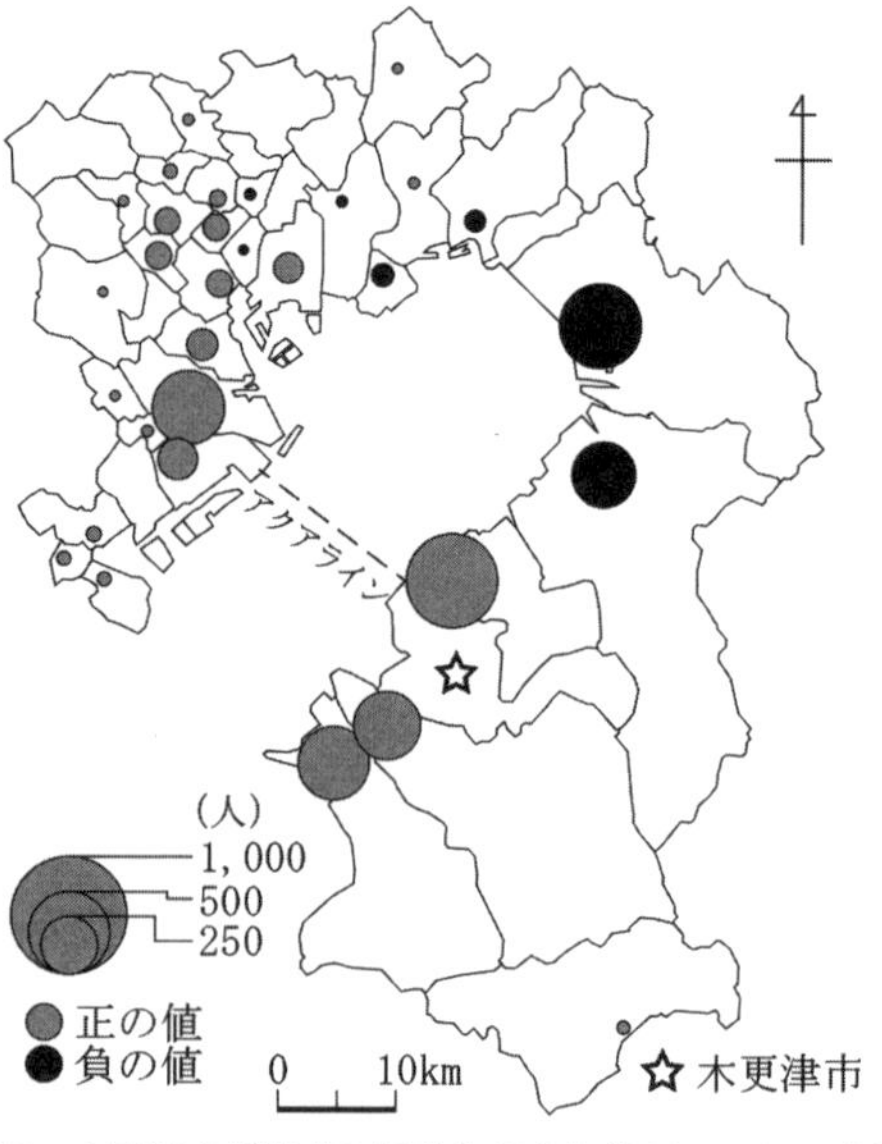

図2　木更津市就業者の通勤先の変化（2005～2015年）
牛垣ほか（2020）より.

れば乗車できない客も発生するが、たとえばアクアラインの麓におかれる木更津金田バスターミナルでは、7時台は1〜5分間隔で18台が発車し、満席で積み残しが生じてもほとんどの場合は次のバスで乗車できるため、待ち時間も少ない。

アクアライン高速バスの利用を支える木更津版のパーク&ライドも確立されている。最も利用者が多い先述の木更津金田バスターミナルには、近隣に大規模な駐車場が複数存在する。利用者は自宅からここまでは自家用車を利用して駐車し、高速バスで東京・神奈川方面へ通勤する。駐車可能な台数は千台近くに及び、ある平日の調べではその7割強が利用されている。

木更津市で人口が増加しているもう一つの理由として、東京大都市圏郊外のなかでは相対的に住宅価格が安いことがあげられる。たとえば東京都千代田区から40㎞圏に位置する地域の住宅地地価の平均価格を比べると、木更津市は東京都福生《ふっさ》市の20%、埼玉県桶川《おけがわ》市の35%、神奈川県座間《ざま》市の21%程度である。もちろん地価と住宅価格や家賃はイコールではないが、地価がこれらの価格にも反映されるため、たとえば品川駅からの時間距離で同距離の東京西郊と比べると、木更津の住宅価格は10分の1ほどといわれる。(2) ２０２０年から続く新型コロナウイルス感染症拡大に伴うテレワークの普及の影響で、より広い住宅を求める動きもある。２０２１年は、三大都市圏の地価が8年ぶりに揃って下落するなかで、木更津市では住宅地地価が上昇していることが日本経済新聞（２０２１年3月24日付朝刊）で紹介されている。

◆大型店の集積による商業環境と中心性の向上

木更津市では、アクアラインが開通したものの利用者が少なかったころは、小売販売額が大幅に減少した（図3）。１９９１年から２０１２年にかけては、バブル崩壊やリーマンショックなどによって日本経済が停滞した時期にあたり全国的に小売販売額は減少傾向にあるが、木更津市はそれを大きく上回った。しかし先述の通り三井アウトレットパーク木更津やイオンモール木更津が開業し、それらの商業施設を核として周辺に別の大型店も立地すると（図４）、小売販売額は大幅に増加し、２０１６年には１９９１年の水準を上回っている。

三井アウトレットパーク木更津は、２０１８年に第３期のグランドオープンを迎え、店舗数３０８、店舗面積は約４万２千㎡とアウトレット施設としては国内最大規模を誇る。同アウトレットは主に服飾関係の店舗が入るが、この施設の周辺には大小規模の様々な業種の店舗が集積している。千葉県内の30の大型店のなかでも、広域から最も多くの人を集客しており、県内一の買回り型商業施設である。

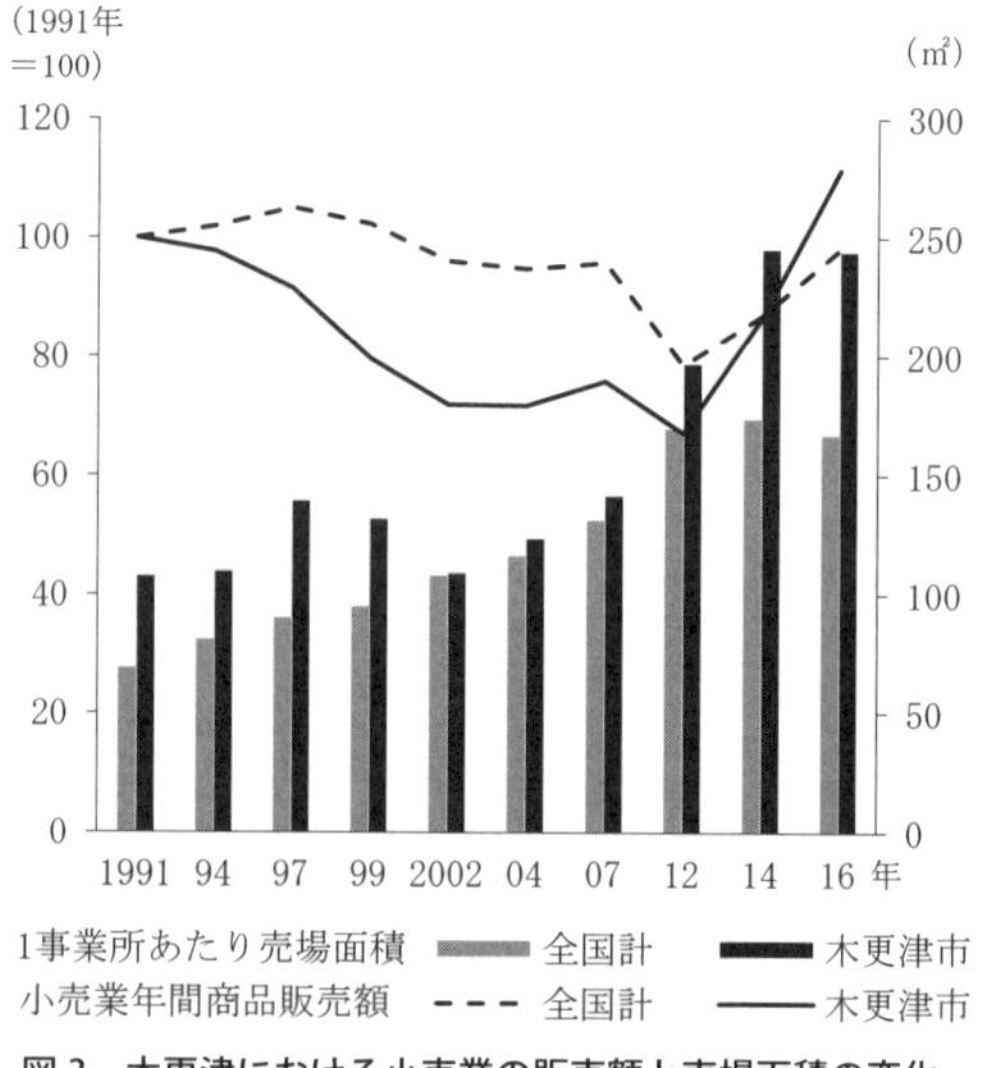

図３　木更津における小売業の販売額と売場面積の変化
左軸は販売額．牛垣ほか（2020）より．

イオンモール木更津は、店舗面積５万３千㎡で木更津市内最大であり、賃貸面積ベースで全国のイオンモールのなかで１２８店中４位の規模を誇る。もともとは都市計画上の工業専用地域であり、１万㎡を超える店舗は立地できない場所に位置するが、木更津市が地区計画を設定したことで立地が可能となった。ここでは、イオンモール社員と木更津市職員との間で月に一度の頻度で定例会議が開かれており、イオンモールを会場とする木更津市主催のイベントなども行われている。イベントは子どもや若者から高齢者、身体障害者向けなど、様々な人向けの企画が行われており、イオン側としては幅広い顧客の集客とその固定客化を狙っている。イオンモールの存在は、木更津市としても、市民にとっての買物環境の改善、定住人口の増加、税収の増加に寄与することを期待している。三井アウトレットパーク木更津と比べると集客圏はやや狭いが、近隣住民の利用率は県内大型店のなかでも最高値を示し、最寄り型の大型店として強い影響力をもっている。

この2つの商業施設の立地を契機として他の商業施設も数多く集積したことで、木更津市の商圏は拡大した。千葉県が発行している消費者購買動向調査報告書では、２０１２年の準商業中心都市から、２０１８年には千葉市、成田市、印西《いんざい》市、船橋市、柏市と並んで商業中心都市へと昇格したことを示している。その主な商圏は木更津市、君津市、富津市、袖ケ浦市、鴨川市、鋸南《きょなん》町、大多喜《おおたき》町、館山市、南房総市であり、木更津市は房総半島南部における中心地として位置づけられている。

◆大型店頼みで自動車利用を前提とした都市構造

これまでみてきたように、アクアラインの利用者が増加した２００５年以降の木更津は、大型店が立地するなど商業環境が改善し、雇用の増加とともに定住人口が増加し、税収の増加も期待できるなど、人口や商業の面で活性化の傾向がみられるが、懸念される点もある。

一つは、大型店頼みの都市構造になっている点である。とくにイオン系列の店舗は、先述のイオンモールのほか、

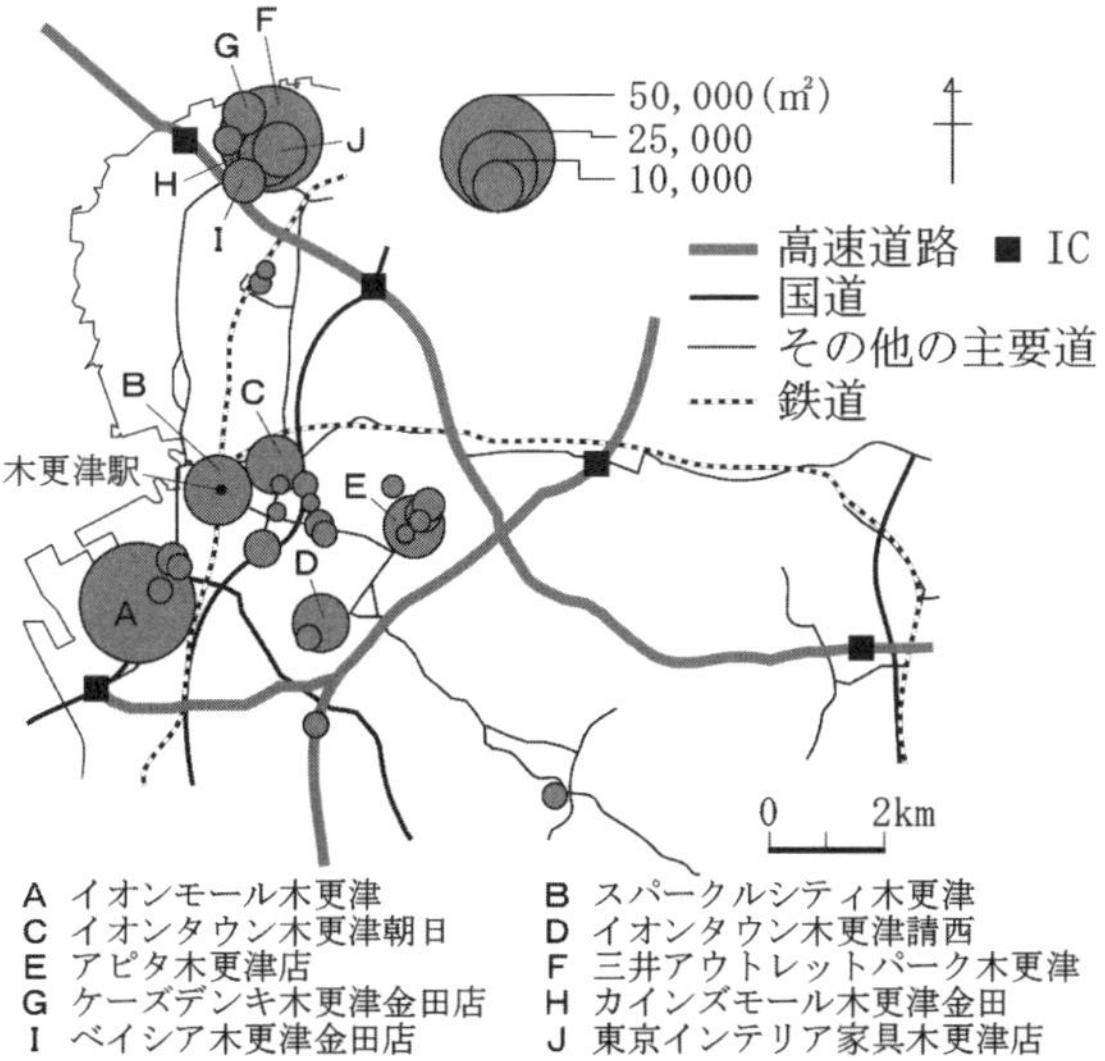

図4 木更津における大規模小売店舗の分布（2018年）
牛垣ほか（2020）より.

イオンタウン木更津朝日、イオンタウン木更津請西と3つのショッピングセンターが立地している。中心市街地に位置するイオンタウン木更津朝日では、ここを発着し中心市街地を回る無料送迎バスが運行されており、高齢者をはじめとした交通弱者といわれる人々にとっての重要な移動手段となっている。建物の2階には市役所が入り、一般市民が頻繁に利用する部署が入居している。1階の共有スペースでは多くの高齢女性のグループが談笑しており、地域住民にとって重要なコミュニティの場にもなっている。先述の通りイオンモール木更津では、市主催のイベントが頻繁に開催されている。

このように買い物やレジャーのみならず、中心市街地内の移動やイベントなど、生活全般においてイオン頼みの状況にある。それでも、中心市街地にはスーパーやドラッグストアといった生活必需品の購入場所が少なく、食材をコンビニエンスストアで購入する住民も多いという。木更津市役所としてはスーパーなどを誘致したいと考えているが、イオン側としてはすでに3店舗系列店が存在するために競合を回避するために新規立地には消極的である。他の企業に対しても、現状としてイオンとのつながりが強いために積極的な誘致がしづらい状況にある。

木更津市において懸念されるもう一つの点は、車の使用を前提とした都市構造になっている点である。これまでみてきたように、大型店を中心とした買い物や高速バスを利用した通勤など、店舗やバス乗り場までのアクセスは自動車の利用を前提としている。自動車を運転できるうちは快適な生活を送ることができるが、今後は時間の経過とともに高齢化が進み、彼ら・彼女らが自動車を運転できなくなると、日常生活を送るうえでの移動が困難となる。また自動車への依存は、地球温暖化を抑えるために二酸化炭素の排出を可能な限り抑制しようとする世界的な流れにも反する。

さらに、日本全国の地方都市で理想とされているコンパクトシティの考え方にも逆行する。市の財政が厳しい状況のなかで、広がった市街地に対しインフラやライフラインの維持・管理のための支出も困難となり、できるだけ中心部付近に居住し効率的に財政を投入する、ということや、自動車に依存せず環境に負荷をかけない、という点で、コンパクトシティの推進は日本の都市にとって重要な課題である。政策としては木更津市でも街なか居住を推進する動きがあるものの、中心市街地における徒歩圏内での買い物環境が改善されないために、現状ではそこに住みたいという欲求は少なく、この政策も思うようには進んでいない。

◆都市を研究する地理学者が考える木更津の面白さ

著者が考える木更津の面白さは、以下の3点である。

一つ目は、これまでもみてきたように、大型店を中心に買い物環境が充実しており、高速バスを利用することで満員電車のストレスがなく座って快適に通勤ができ、相対的に住宅価格がリーズナブルであり庭付き一戸建ても夢ではない、という点は、木更津に住む人、住みたいと考えている人にとっては大きな魅力である。コロナ禍により、広い間取りの住宅や、豊かな自然環境へのニーズが高まっており、住宅地としての木更津の人気は今後も続くであろう。

二つ目は、アクアラインの開通と利用者の増加が、木更津の交通・人口・商業などに関する様々な側面に多大なる影響をもたらし、それらの要素が相互に関連しながら、都市がドラス

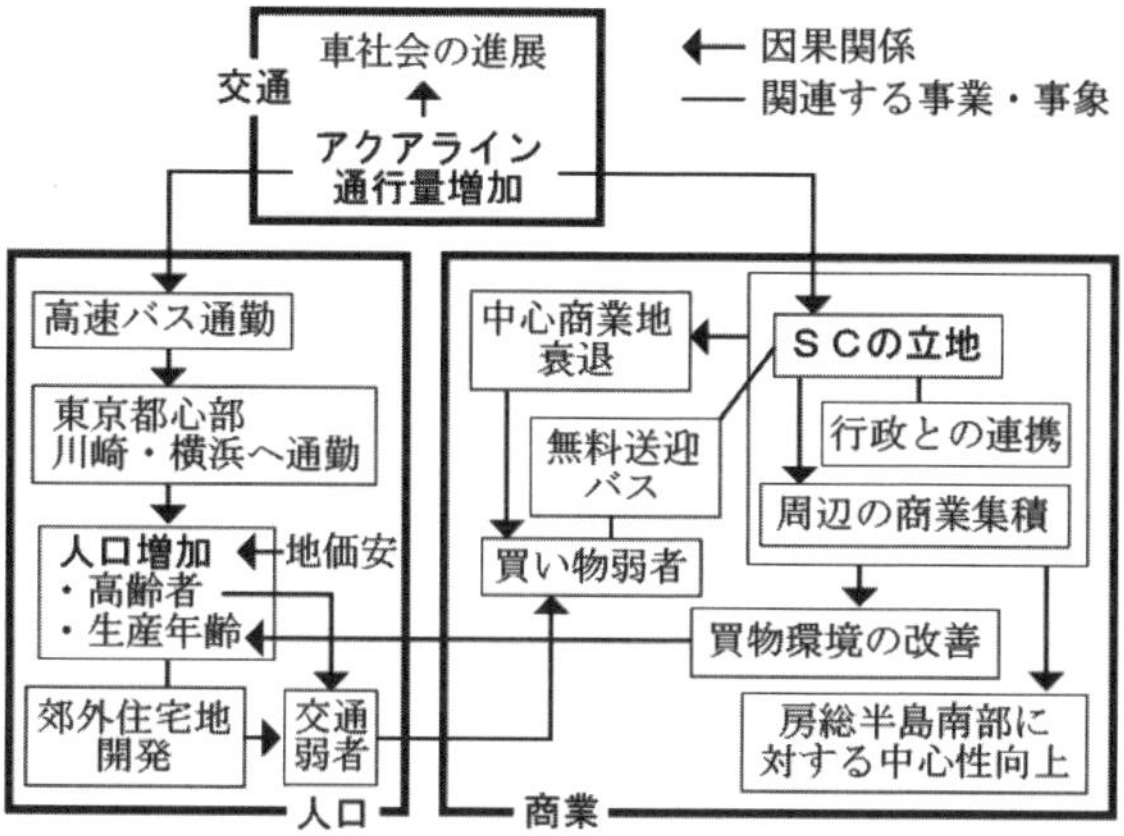

図5　アクアライン開通後の木更津の地理的特徴・構造と地域的課題の模式図

牛垣ほか（2020）より.

ティックに変化している点である（図５）。地理学的な地域研究は、地域を構成する諸要素の関係性から地域の特徴をとらえ、問題を把握し、地域的な枠組みから解決策を検討する。木更津の場合は、アクアライン開通という要素を軸に、地域の特徴・構造やその動態をとらえると都市の全体像が理解しやすい。中核となる事象との関連から都市や地域の特徴・構造をとらえる方法は、中学・高等学校の地理教育において取り入れられている動態地誌的な見方でもあり、そのような地理的見方・考え方が活かせる点でも面白い。

三つ目は、都市地理学的に一般的な動向と木更津ならではの特殊な動向がみられる点である。イオン頼みで自動車利用を前提とした都市構造は、木更津に限らず日本の地方都市の多くでみられるが、アクアラインという固有の要素によってそれがより顕著に表れている。

また、都市地理学における郊外論の枠組みの通り、木更津市は東京大都市圏の郊外核の一つである千葉市の通勤圏という側面もある。一方、アクアラインにより東京湾を通ることで、大都市圏の都心や、都心から木更津とは逆のセクターにあたる川崎や横浜への通勤者が増加している点は、東京湾岸という固有の地理的位置とアクアラインの存在によるものである。都市地理学の郊外論の枠組みでとらえることにより、東京都大田区や川崎・横浜方面への通勤者が増加していることが郊外地域として特徴ある事象であることが、より理解できる。系統地理的な見方と地誌的な見方を駆使することで、地理的特徴を理解できる点でも面白い都市である。

（牛垣雄矢）

［注］

（１）牛垣雄矢・久保　薫・坂本律樹・関根大器・近井駿介・原田怜於・坂本彩桜（２０２０）「アクアライン開通後における木更津市の地理的特徴・構造と地域的課題―とくに交通的・人口的・商業的側面を中心に」E-journal GEO 15―2、２８５―３０６頁。

（２）根本祐二（２０１３）『「豊かな地域」はどこがちがうのか―地域間競争の時代』筑摩書房。

東京都 赤羽・蒲田　飲み屋街と都市の24時間化

◆都市の24時間化とめまい・錯覚

「俺は……夢でも見ているようだ…」

図1は谷口ジローによる細密な作画でも有名な漫画『孤独のグルメ』（新装版、扶桑社）の表紙であり、主人公の井之頭五郎がすし屋や食堂が立ち並ぶ飲食店街にたたずんでいる。冒頭の五郎の呟きは同書「第4話　東京都北区赤羽の鰻丼」でみられる。輸入雑貨の貿易商を個人で営む五郎は早朝に北区赤羽での納品を終え、空腹を覚える。下戸《げこ》であるにもかかわらず、「ウチはなんでもおいしいよ」と居酒屋の店先で言われ、入ってしまう五郎。周囲で飲み食いする客につられて、うな丼、いくらどぶ漬け、生ゆば、岩のりと「デタラメ」に頼んでしまうのだが、夜と変わらぬ繁盛ぶりを見て「時間がずれてしまったような錯覚におちいる」のだ。

本章では東京都北区赤羽《あかばね》と大田区蒲田《かまた》を対象とし、とりわけ橋本健二が『階級都市―格差が街を侵食する』（ちくま新書）で「下

図1『孤独のグルメ』（新装版、扶桑社）の表紙

町大衆酒場」とした飲み屋が集積する「飲み屋街」とその周辺について取り上げる。こういった「都市空間の断片[1]」について「拾い集めて都市と成す[2]」という観点から改めて考えてみたい。すなわち全体論的な都市把握というよりもむしろ、都市内部の特定の場所に着目することでその特徴を描出する。

もちろん、局所的な場所理解にとどまるだけではない。ここで考えをめぐらせたいのが都市の24時間化についてである。ジョナサン・クレーリーの『24／7―眠らない社会』（NTT出版）によると、後期資本主義の現代はテクノロジーの進展により、人間の知覚や行動の管理が進むという。とりわけ、社会の24時間化により、「睡眠」が管理される。睡眠は効率的な生産や旺盛な消費を妨げるものであり、徹底的に寝させない社会が追求される。東京も24時間都市といわれて久しいように思うが、それと飲み屋街がいかにかかわるのだろうか。ところで近年の英語圏の地理学では飲酒や酩酊、飲み屋街や酒場といった飲酒の空間を重要な地理的課題とする研究がみられるようになり[3]、懇親性（conviviality）の時間と空間が探求されるようになった。また加藤政洋による『酒場の京都学』（ミネルヴァ書房）は京都の空間文化誌であり、酒場からみる「隠された地理」をつまびらかにし、存分に堪能させてくれる。これらの仕事を参照しつつ、戦前から工業のまちとして発展しながらも、軍事施設や映画撮影所が立地していた赤羽と蒲田についてみていくことにしよう。

◆赤羽について

清野とおるの漫画『東京都北区赤羽』（Ｂｂｍｆマガジン）、『ウヒョッ！東京都北区赤羽』（双葉社）は、先の『孤独のグルメ』とはまったく作風が異なるが、赤羽についてのモノグラフとして読むことができる。居酒屋「ちから」のやる気がないマスターやその常連客を含む、じつにユニークな人々が登場する。清野が板橋区の実家を出て赤羽で一人暮らしをするところからはじまり、ＪＲ赤羽駅からほど近いＯＫ横丁などの飲み屋街やそこでの人間模様がこれでもかと描かれている。赤羽でたびたび起こる「謎」について清野が飲み屋の酔客に取材することで明らかにしていく。図２の表紙からもわかるように漫画のなかでは飲食店のみならず、商店や寺社、酒蔵、ＵＲの集合住宅などが取り上げられ、その景観描写も充実している。坂道や階段などの地形のカットも多く、そのなかに師団坂が描かれており、赤羽がかつて軍都であったことが窺い知れる。

１８７２年に兵部省武庫司の火薬庫が赤羽に建設されたことを皮切りに、１８８７年８月近衛工兵大隊が麹町区有楽町から移転した。次いで第１師団工兵第１大隊も移転し、ここへの坂道が師団坂や工兵坂と呼ばれた。１８９１年２月に陸軍の被服倉庫、１９１９年には本所区両国から陸軍被服本廠が移転した。他方、赤羽は工業のまちでもあり、荒川や新河岸川沿いに工場が立地するほか、かつて赤羽駅東口に工場が誘致され、１９１４年に日本製麻赤羽工場が開設された。１９２７年に金融恐慌で帝国製麻に合併され、その倉庫となり、第二次世界大戦後には日本染色の工場も立地した。１９６９年に日本染色が移転した後、赤羽ショッパーズプラザ（現・ダイエー赤羽店）が開業し、その北側は現在ＬａＬａガーデンの愛称でも親しまれている赤羽スズラン通り商店街で賑わう。陸軍の施設も第二次世界大戦後、米軍に接収されたのちに、日本住宅公団（現・ＵＲ）の集合住宅や学校になった。いずれにせよ、戦前からの赤羽は入営、除隊する陸軍の関係者や工場労働者が行きかう町であり、とりわけ赤羽駅周辺は大変賑わったのである。

図２『東京都北区赤羽』（第１巻、双葉社）の表紙

◆蒲田について

ＪR蒲田駅の発車メロディーは「蒲田行進曲」である。つかこうへい原作の同名の戯曲を小説化した『蒲田行進曲』（角川文庫）は直木賞の受賞作品だが、舞台は東映京都撮影所であり、蒲田のまちなみは登場しない。『蒲田行進曲』に解説を寄せた扇田昭彦によると、つかは松竹蒲田撮影所を舞台とした戯曲を考えていたが、案が二転三転し、公演が5年延期されたという。「キネマの天地」としての蒲田撮影所へのオマージュとして、よじれによじれた男女の三角関係としての戯曲が生まれた。

蒲田撮影所は１９２０年に開設され、大正から昭和初期の無声映画全盛期に、その中心的役割を果たした。だが、音の出るトーキー映画が広まると、周囲に工場が立ち並ぶ蒲田撮影所は騒音に悩まされるようになった。土地が手狭になったこともあり、１９３６年に神奈川県大船町（現鎌倉市）へ移転することになった。

京浜工業地帯の中核であり、それを下支えする中小工場も多い蒲田には、戦前も多くの工場が立地した。たとえば１９２０年に蒲田撮影所に隣接して香料メーカーの高砂香料が進出したし、１９３４年には国内初のクリスタルガラスを製造した各務《かがみ》クリスタル製作所も立地した。図３にも示されているように１９１６年に初の和文タイプライターをつくった黒澤商店の蒲田工場、１９１９年には高級洋食器で知ら

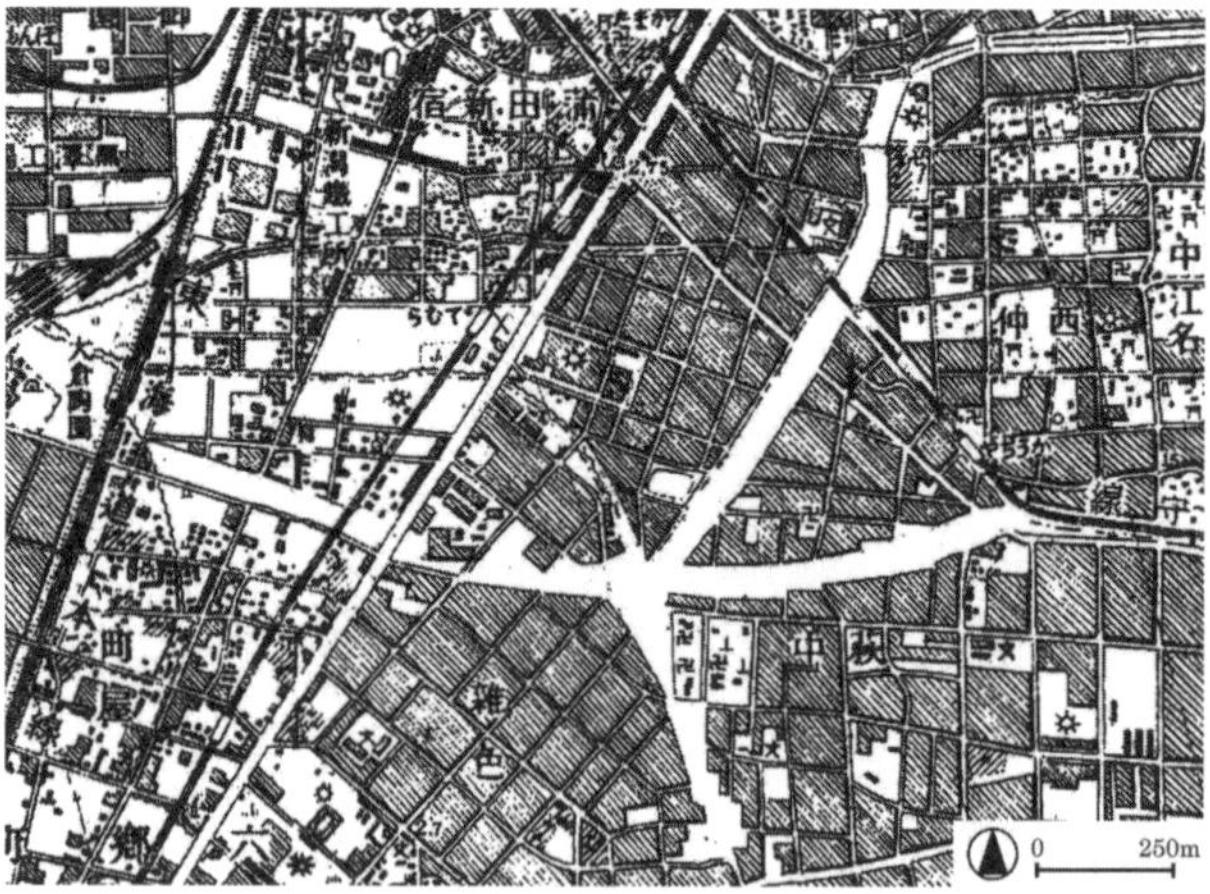

図３　蒲田における建物疎開
1:25,000 地形図「川崎」（昭和 20 年部分修正）

れる大倉陶園が進出した。１９２１年には船舶用ディーゼルエンジンを開発した新潟鐵工所の工場が操業を開始した。当時の最先端の技術を有する企業や工場が立地していたわけだが、こういった工場の集積は第二次世界大戦では格好の標的となる。戦況が悪化した１９４４年３月の蒲田では空襲による火災の延焼を防止するために建造物を壊す建物疎開がなされた。図３にみられるＸ状の形はその痕跡である[4]。だが１９４５年４月15日夜間の東京南部から川崎にかけての工業地帯や住宅地への大規模な空襲により、蒲田は焼け野原になってしまった。

◆飲み屋街の萌芽としてのヤミ市といま

第二次世界大戦で甚大な被害があった赤羽と蒲田だが、いずれも鉄道駅があり、物資が集積することで戦後まもなくヤミ市が立地した。こういった歴史的な経緯もそれぞれの飲み屋街に少なからず影響しているのは間違いなかろう。橋本健二・初田香成編『盛り場はヤミ市から生まれた・増補版』（青弓社）でも、東京都心部のヤミ市は食料品の売買のみならず、飲食店としての露店が圧倒的に多く、歓楽街を兼ねた消費の空間として機能したという。赤羽は赤羽駅の東口の商店街は大半が戦災を受け、「赤羽たんぼ」と称されるような空き地となっていたが、敗戦後しばらくたつと、ここにカツギ屋などが露店を並べ、マーケットが形成されていった。埼玉・川口方面への玄関口としてヤミ米市場が形成され、１９４５年12月までに赤羽駅東口にバラック建てのマーケット風商店が18店舗できた。１９４６年１月には復興会商店街商業協同組合が結成され、１９４７年３月には60店舗となった。さらに、隣接して片野組マーケットがつくられた。蒲田は京浜工業地帯の主要駅であると同時に東京湾内の海産物の集積地でもあり、ヤミ市が発達した。蒲田駅周辺の露店である「青空市場」は１９４６年に入ってますます盛んとなり、４月に不衛生であると閉鎖を命じられたが、6月20日に「復興マーケット」として再開した。まさにヤミ市から多くの人々が蝟集する盛り場が生まれ、飲み屋街も生まれていったのである。

産業構造の再編、生産拠点の海外移転などを経た現在であっても、赤羽と蒲田は工都としての色彩を残しているように思われる。昼夜交代制の労働者がその仕事終わりに一杯飲みに向かう飲み屋も少なからずみられる。チェーン系居酒屋だけではなく、朝から開店している食堂や夜遅くまで営業している飲み屋など、まさに24時間都市の様相を呈している。しかし、そのような飲み屋は夜勤明けの労働者だけのものでは必ずしもないようだ。先の『孤独のグルメ』で五郎が少し混乱するように、「みんなタクシーの運転手にも夜警にも見えない」わけで、ごく普通に見える人々が飲み食いをしている。赤羽にしても蒲田にしても少し街路を入れば閑静な住宅街である。そのような駅から少し離れた場所にも店先に酒林《さかばやし》を吊るすような新しくもよい酒場がみられる（写真1）。この「地酒・和酒の店 おおつか」の店主、大塚雄太さんは筆者よりも若く、日本酒にたいそう通じている。筆者が「おおつかチューニング」と呼ぶ、大塚さん自らが保存・熟成させた日本酒をほどよい温度につけてくれる燗酒がまたうまい。

橋本健二の『居酒屋考ほろ酔い考現学』（毎日新聞社）によると、2000年頃を境として大衆酒場の客層やサービスが変化したという。雇用の不安定化や非正規労働者の増加により、ブルーカラーの労働者の客が減少し、ホワイトカラーの客が増加した。かつてはみられなかったような商談や接待での大衆酒場の利用もみられるようになったという。橋本はこのような状況から格差の拡大や貧困を看取する。他方で

写真1　蒲田の住宅街にたたずむ酒場
大田区蒲田1丁目．2021年11月山口撮影．

どの時間でも、どのような人々も飲み食いをしている町、そこにある飲み屋街は、一見すると24時間化が貫徹しているように思われる。店主や店員も含めて飲食に関係する人はすべて起きているからだ。しかしながら、こういった飲み屋街はクレーリーが厳しく批判する24時間社会や都市の24時間化とは必ずしも符合しないどころか、それへのカウンターになると考えられる。

◆都市の24時間化に抗して

クレーリーによる24時間社会は注意経済（attention economy）と深くかかわる。注意経済とは個々人がパソコンのモニターやスマホを眺める視線や注意のあり方自体を広告や消費に結びつけようとするものである。その商品を一瞥し、購入するかしないかを判断するその瞬間こそが管理されている。これはジル・ドゥルーズが『記号と事件―１９７２―１９９０の対話』（河出文庫）で述べたコミュニケーションを操る管理型の権力であり、「管理社会」と大きく重なる。このような社会では微睡《まどろ》みもめまいも錯覚も許されず、常に注意が喚起され、時間が宙吊りにされる。即時に身体的な反応ができるような状態でいさせられるのである。いわば注意経済の浸潤による睡眠の植民地化である。だからこそクレーリーは「暗闇」やそれへの想像力を重視し、グローバルシステムへのラディカルな中断と拒絶としての睡眠を構想したのである。

だが、都市の24時間化が完結したなかでの飲み屋街は、そのような管理の様態とは明確に異なる。たしかに人は起きてはいる（従業員など、起きさせられている場合もあり、それは別に考える必要がある）が、少なくとも客は酩酊し、時間や空間の感覚は錯綜する。かりに飲めなくとも五郎のように周囲の状況からめまいや錯覚を起こすこともある。赤羽の居酒屋で五郎はうな丼を食べ、そのどんぶりに残ったタレがかかっていない白米にいくらをのせて、即席のいくら丼にする。腹がいっぱいになり、小鉢にたっぷり入った岩のりは残してしまう。居酒屋を出た五郎は眠気に誘われる。赤羽から帰宅したらひと眠りしようとするわけだが、

「…しかし目が覚めた時あの店の光景を本当に夢だったように思うかもしれない」

と振り返る。飲み屋街はこのような時間・空間のゆがみ、場所感覚のずれを生むが、クレーリーが批判する24時間社会は決してそれを許容しない。飲み屋街は不夜城のごとく都市の24時間化を表象するものと捉えられがちだが、その一方で人々は不眠と睡眠を行き来し、その間《あわい》を生きる。飲み屋街という空間はその点で両義的なものであり、時空間のたゆみともいうべき都市空間の空隙である。さらには管理システムからの逃走線であり、個々の飲み屋はいくつもの水漏れそのもので、そういったシステムから逃げこむことができるアジールなのだ。新型コロナウイルス感染症とそれに伴う緊急事態宣言を経験した私たちは、飲み屋街にアクセスできないことを身をもって知った。赤羽と蒲田でも廃業する飲み屋をしばしば目にする。飲み屋街に繰り出す、飲み屋に集うという日常が「完全」に戻ることを心から願いたい。

（山口　晋）

［注］

（1）水内俊雄（1994）「近代都市史研究と地理学」経済地理学年報40―1、1―19頁。

（2）成瀬　厚（2002）「拾い集めて都市と成す―泉麻人の街歩き」10＋1（LIXIL出版）129、117―126頁。

（3）マーク・ジェイン、ジル・バレンタイン、サラ・L・ホロウェイ（杉山和明・二村太郎・荒又美陽・成瀬 厚訳）（2019）『アルコールと酔っぱらいの地理学―秩序ある／なき空間を読み解く』明石書店。

（4）地理学者の谷 謙二は蒲田の建物疎開について「今昔マップ」を用いながらわかりやすく解説しつつ、さらに空中写真を用いて防火水槽との関連に言及している。https://mobile.twitter.com/ktgis/status/1245332070286520321

東京都 神楽坂・秋葉原

裏路地と雑居ビルから生まれる消費文化

◆個性的な店舗は都心周辺の裏路地と雑居ビルから

筆者の趣味はまち歩きと野球観戦である。まち歩きは仕事の一環でもあるが、数少ない趣味の一つとして筆者にとっては大切なものである。特に主たる研究対象である商店街や商業地（本稿ではまちとする）を歩くことが好きである。ところが近年は、社会学者のG・リッツア[1]が「マクドナルド化」と表現したように、全国一律の外観でほぼ同じ商品を扱うチェーン店が進出することで地域差が小さくなり、商業空間や消費活動の均質化が進んでいる。まちを歩いていても、「面白い」「珍しい」と思える店や商品を探す醍醐味が薄れつつあり、まち歩き愛好家としてはとても残念である。

多くの人が訪れる消費空間として、たとえば東京のような大都市であれば新宿、渋谷、池袋、上野といった繁華街、地方都市であればイオンモールのようなショッピングセンターなどがあげられる。これらは多くの人が訪れるためにビジネスチャンスは大きいが、地価やテナント賃料も高いために、大手企業が経営するチェーン店が集積・入居する場合が多い。そのなかで、大都市の都心周辺には、個性的な商品やサービスを提供する個人店が集積するまちが形成される場合も多く、今回取り上げる秋葉原《あきはばら》や神楽坂《かぐらざか》のほか、原宿などもこれに該当する。

なぜ、このようなユニークなまちが大都市の都心周辺にできるのか。それは都心に近くアクセスしやすい位置にあり、広域な商圏をもつことが可能であるにもかかわらず、大手町や丸の内のようなスーパーブロックの街区のみでなく裏路地も存在し、表通りから一歩そこへ入れば、地価やテナント賃料が急激に低下するため、資金力の乏しい個人商店でも開業することが可能なためである。秋葉原や原宿のようなまちは「同業種型商業集積」ともいわれ、前者ではアニメ・ゲームなどいわゆるサブカルチャー関連、後者では服飾関係や若者向けの商品・サービスが提供されており、これらに興味をもつ人にとっては歩いて商品をみてまわるだけでも面白いまちである。商業空間の均質化が進む現代では、貴重なまちといえる。

本章ではそのようなまちのうち、筆者が学生時代から主たる研究対象地域としてきた神楽坂と秋葉原を取り上げ、その魅力に迫る。

◆神楽坂：料亭と伝統から多様な飲食店と流行のまちへ

神楽坂は、かつては東京屈指の料亭街として賑わったまちである。今日のように重要な商談の機会にゴルフなどが行われるようになると料亭は減少し、筆者が卒業論文のために調査を始めた2000年には、料亭もわずかとなり、それよりは安価な割烹料理店や居酒屋などが集まるまちとなっていた。ところが今日では、2000年ころにはすでに存在していたフレンチやイタリアンレストランが人気となり、これらの店舗がさらに集積するとともに、今日ではスペイン、インド、タイ、韓国料理など多様な国・地域の飲食店が集まるまちへと変貌している。

その変化とともに、神楽坂に訪れる客層も変化している。かつて料亭を利用したのは男性であり、料亭がわずかとなっていた2000年当時も、このまちで飲み食いするのは男性が中心であったように思える。

ところが今日では、フレンチレストランや抹茶のスイーツを提供する店など多くの店舗で女性の行列がみられる（写真1）。数年ぶりにこのまちを訪れてその光景を目にした際には、原宿にでも来たかのような思いがした。このように神楽坂は、かつての男性のまちから女性も好んで訪れるまちへと変化している様子がみられる。

このような飲食店のさらなる集積、またその業種や顧客の変化に伴って、神楽坂は食に関する流行の発信地としての側面をもつようになってきたように思える。たとえばフランスの伝統料理でそば粉を使ったクレープのような料理であるガレットや、ステーキやフライドポテトを食するフランスビストロの定番であるステックフリットといった料理を提供する店舗が神楽坂に出店し、人気となっている。料亭のまちであったころの神楽坂は、芸者さんの技術が継承されるまち、芸者さんの着物や履物などを提供するまちとして、「伝統」という言葉が似合うまちであったが、今日は食に関する「流行」の発信地でもあり、伝統と流行が混在するまちとなりつつある。

「神楽坂」という地名はブランド化されている感もある。筆者が神楽坂に住む人々とかかわっていた2000年ころにも、住居表示上の神楽坂1～6丁目ではないにもかかわらず、神楽坂という名称がマンション名に使われている地点が、かなり広範囲に及ぶことが話題となっていた。また人気アイドルグループ「嵐」のメンバーが主演し、神楽坂を舞台としてその場所性を前面に出した連続ドラマ（フジテレビ系『拝啓、父上様』（二宮和也主演）2007年1～3月、テレビ朝日系『僕とシッポと神楽坂』（相葉雅紀主演）2018年10～11月）が放映されたこともブランド化の表れであり、神楽坂という場所の力を感じさせられる。

写真1　そば粉を使ったクレープ「ガレット」で人気のフレンチレストラン
2017年3月牛垣撮影.

魅力的な飲食店が生まれ、それらの受け皿となるのは、裏路地や雑居ビルである場合が多い。もっとも、神楽坂を通る神楽坂通り（早稲田通り）は、江戸城の北の田安《たやす》門から北西方面へ伸びる江戸時代の主要街道であったにもかかわらず、最初の近代都市計画である市区改正事業の際には、地形の起伏が大きく路面電車を通すことができないことから幹線道路の指定から外され、今日でも江戸時代の狭い幅員を踏襲しているため、まち全体で裏路地感がある。それでも表通りである神楽坂通り沿いは人通りが多く地価も高いなか、裏路地でのそれはおおよそ24～35％程度に低下する。その裏路地において、ガレットを提供する人気のフレンチレストランなど、多くの飲食店が集まることとなった。

特に神楽坂の裏路地には小規模な雑居ビルが多い。フロア面積が広い高層ビルはオフィスビルやマンションとして利用される場合が多いのに対し、面積の狭いビルには飲食店が入居する場合も多く、数多く存在する雑居ビルが、その受け皿となっている（図1）。雑居ビルが多いのは、かつて料亭街であったことと深くかかわる。料亭が集積した街区（図1のA・B街区）では、複雑に路地が入り組み、その市街地形態は料亭が減少した今日でも変わらない。1990年代後半以降、神楽坂も東京の都心部に近いことで建物の中高層化の波が訪れるが、料亭街であったころの狭い面積を踏襲して中層化した建物が多いため

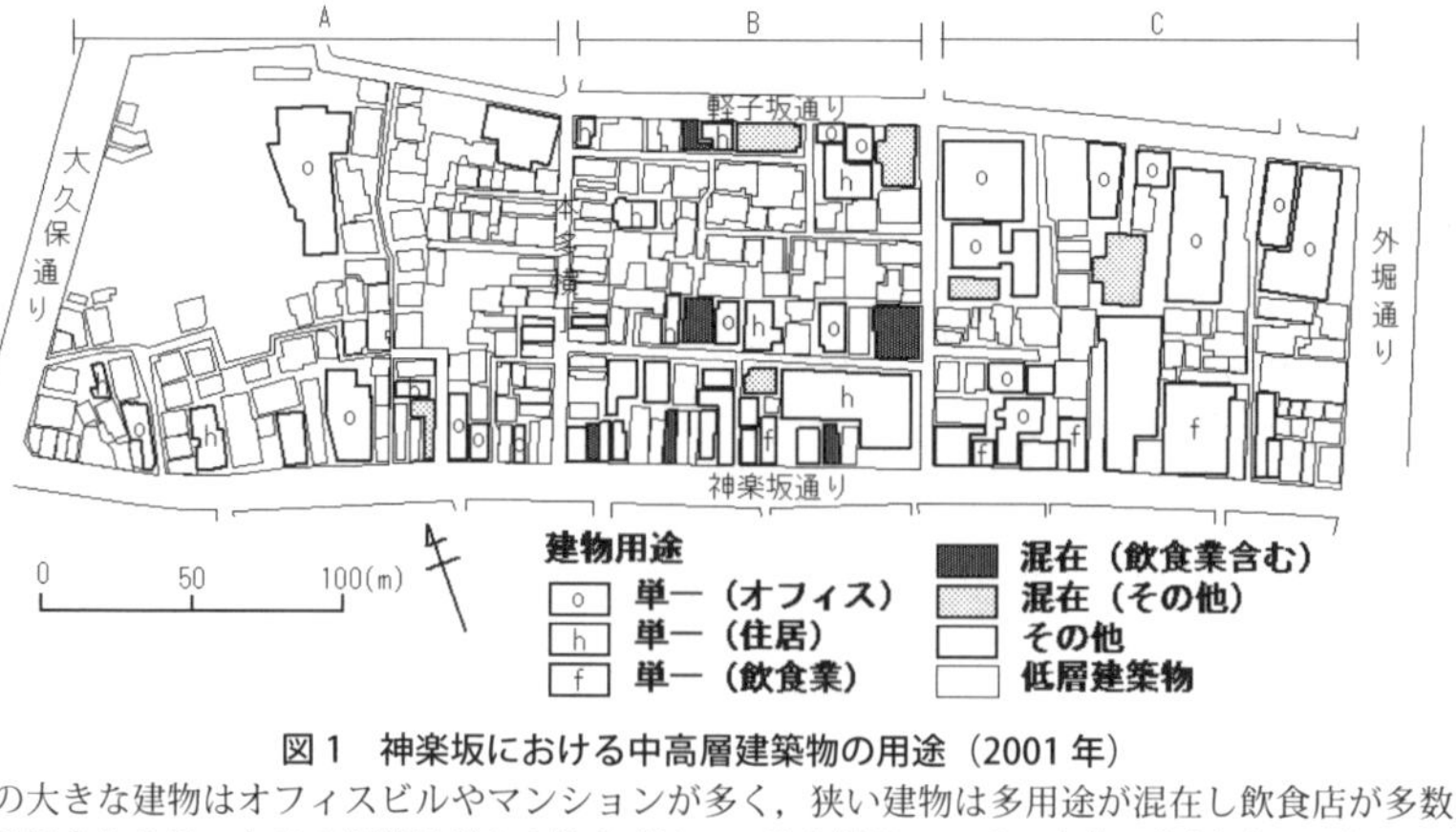

図1　神楽坂における中高層建築物の用途（2001年）
面積の大きな建物はオフィスビルやマンションが多く，狭い建物は多用途が混在し飲食店が多数入居する場合もある．今日では雑居ビルの飲食店はいっそう増えている．出典：牛垣（2006）．

に、テナントには飲食店が多く入居し、景観を大きく阻害することもなかった。今日では、５階建てのビルの最上階をビヤガーデンとして利用する建物もあり（写真２）、新たな人気スポットとなっている。

料亭街がつくった路地と狭小な建物は、景観面でも建物用途の面でも、まちの性格を大きく変えることなく、むしろ飲食店街としてのまちの魅力を高めることに寄与し、地域性を維持・強化させているが、諸刃の剣の面もある。フロア面積の狭い雑居ビルは空室率が高い場合も多く、空室が増えれば建物を維持することも困難となり、土地や建物の権利が不動産業者へ売却されて大規模な建物が建設されることで、神楽坂の地域性が大きく損なわれる可能性もある。

◆秋葉原：時代によって変化するオタクのまち

秋葉原は時代を移す鏡ともいえる。第二次世界大戦後には、世の中の情報を得る手段として重要だったラジオやその部品を扱う店舗が集積し、いわゆる三種の神器が求められた高度経済成長期には家電のまち、ビジネス界においてパソコンが普及した１９８０年代にはパソコンのまち、日本アニメやゲームなどのサブカルチャーが国内外で評価される２０００年ころにはアニメのまち、ＡＫＢ48が人気となる２０１０年ころにはアイドル・地下アイドルのまち、というように、時代のニーズの変化に対応するようにまちも変化してきた。

ある特定の業種・業態の店舗が集積すると、それらの間でも

写真２　様々な飲食店とビアガーデンが入る神楽坂の雑居ビル

出典：牛垣（2020）.

商品やサービスの差別化が図られることで業種・業態として多様化するため、その分野に興味のある消費者にとっては魅力的なまちとなり、それがまちとしての強みとなって広い商圏を獲得することができる。

表１　秋葉原におけるメイド系店舗の増加と多様化

＊2006年	
メイド喫茶［バー，鉄道，妹］	19
リフレ	9
美容室	2
ハンバーガー	1
合計	31
＊2013年	
メイド喫茶 ［バー，鉄道，学園，戦隊，戦国，海賊，和装，猫，悪魔系，居酒屋］	59
リフレ	25
美容室	2
耳かき・膝枕	4
話せる喫茶	3
撮影	3
アイドル発掘・育成	3
アキバ案内	2
ダーツ	1
寿司	1
パチスロ	1
添い寝	1
ポーカー	1
女性見学	1
メイド執事喫茶	1
計	108

注：現地調査により作成．７年間でメイド系店舗は３倍以上に増加し，サービスは多様化している．
出典：牛垣ほか（2016）より一部修正．

　同業種・業態店の集積に伴う多様化は、通常は小売店で生じるが、ここでは近年に増加しているメイド喫茶を例にみてみよう。メイド喫茶のように店員がコスプレをして商品やサービスを提供する店舗をここでは「メイド系店舗」とし、２００６年から２０１３年にかけてのその増加と多様化を示したのが表１である。たとえば喫茶店の場合、２００６年には一般的なメイド喫茶のほかはバー、鉄道、妹系のみであったのが、２０１３年にはバー、鉄道に加えて学園、戦隊、海賊、和装、悪魔系などコンセプトが多様化している。またコスプレ店員によるサービスの種類も多様化し、２００６年にはリフレクソロジー（マッサージ）、美容室、ハンバーガー店のみであったが、２０１３年にはリフレ、美容室に加えて、耳かき・膝枕、話せる喫茶、アキバ案内（ＪＫお散歩）、添い寝、女性見学などがみられる。サービスの多様化とともに女性店員と間接・直接にかかわるもの、性的なサービスも増えている。これらのなかには非合法のサービスを提供する店もあり、風俗営業法違反により摘発の対象となる場合もあった。昔から、盛り場には光と影の部分があるが、秋葉原においてはこれが影の部分にあたるといえよう。

秋葉原における新しい業種・業態は、裏路地などにある雑居ビルから誕生し、集積することが多い（図２）。かつてパソコンのまち化を先駆けたのは、日本で最初にパソコンを販売したＮＥＣビットインであり、ラジオ会館２階の３・５坪から始まった。アニメ商品を専門的に扱う虎の穴も、最初は雑居ビルで開業し、これが成功して表通りに専門ビルをもつようになった。パソコンやアニメ関連商品は多くの消費者に受け入れられたことで、関連業種が後から集積することになるが、[5]これらの業種・業態のほかにも、様々な個性的な店舗が存在した。筆者が秋葉原を調査した２００６年と２０１３年には、鉄道模型、飛行機、エアガン、ミリタリー系ファッション、コスプレファッション、甲冑、Ｆ１、セリエＡなどの専門店があり、これらの趣味をもつ人にとってはほかのまちにはない魅力的な店舗といえる。ただし、これらの店舗はマーケットが小さいために、長続きしない場合もある。表面化してはいないものの、潜在的には需要が大きいような商品・サービスを提供する店舗が、多くの消費者や同業種店を集めるようになり、秋葉原に次なる変化をもたらす可能性がある。

　秋葉原が魅力的なのは、趣味の連鎖が生じるためである。たとえばパソコンをいじることが好きな人

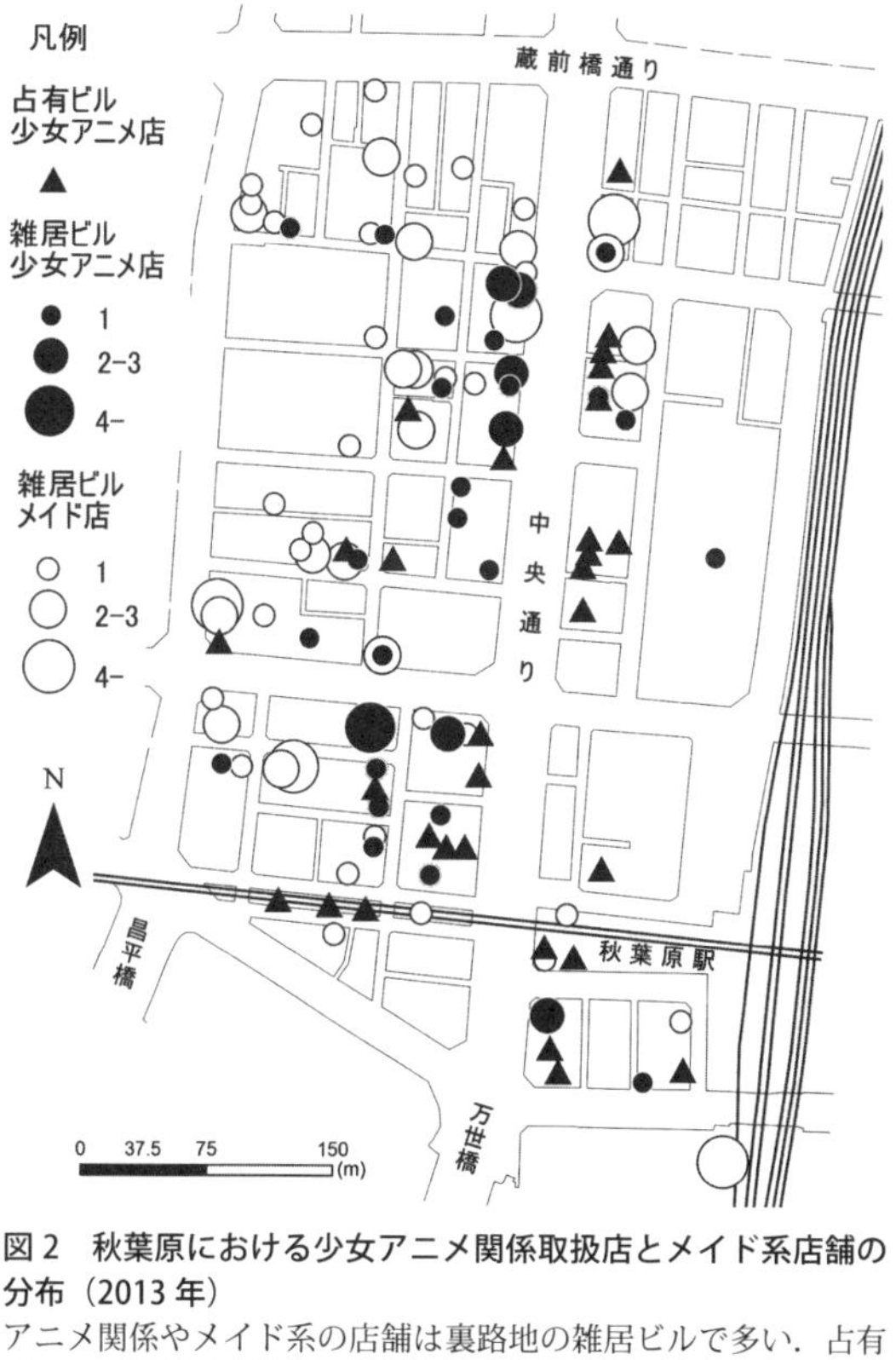

図２　秋葉原における少女アニメ関係取扱店とメイド系店舗の分布（2013 年）

アニメ関係やメイド系の店舗は裏路地の雑居ビルで多い．占有ビルは一店舗が建物を占有するビル．出典：牛垣ほか（2016）．

はゲームやアニメに興味をもつ場合が多い、アニメ好きの人は鉄道模型を好む人が多い、鉄道好きはアイドル好きが多い、といったように、オタクと呼ばれる人々が共通で好む傾向にある業種・業態がある。これらの店舗が集積するまちは、そのような趣味をもつ人々にとっては一度の来訪で関連する業種・業態店を訪れることができるため、魅力的なまちとなる。商学の石原武政[6]はこれを「関連購買行動」と表現した。近年、秋葉原においても、駅に近い表通りなどで大手企業のチェーン店が進出しており、商業空間が均質化する傾向もみられる。一方で、裏通りの雑居ビルを中心にこれまでみたような個性的な店舗も存在する。消費者の関連購買行動を生み出すことができるか否かが、まちとしての魅力を維持するための重要なポイントであり、秋葉原の今後の動向に注視したい。

◆神楽坂と秋葉原からみる都心周辺のまちの魅力とは

神楽坂も秋葉原も、「発見する喜び」があるまちである。神楽坂を歩いていると、「行ってみたい」と思わせる飲食店にたびたび出会う。筆者がこのまちを頻繁に訪れたのは大学の学部4年生から大学院博士後期課程の時で、当時はお金がなかったため、神楽坂らしい飲食店で食事をした経験はほとんどなかった。今は金銭的にも当時よりは余裕があるため、家族で行きたい、友人と行きたい、と思わせる飲食店がいくつもある。神楽坂は大人がまち歩きをして面白いまちともいえる。

逆に秋葉原のオタク系の店舗のなかには、数百円の商品もあるため、若者がまち歩きをして面白いまちともいえる。筆者も大学院生時代に調査をした際には、小学生のころに好きであったアニメの商品や趣味であるプロ野球の選手シールの食玩（菓子や飲料のおまけとしてつく玩具）をみつけたときには、思わず調査の手を止めてしまった。業種も価格帯も異なるが、魅力的な商品やサービス、それらを提供する魅力的な店舗を発見する喜びを感じながら歩くことができる点で、２つのまちは共通している。

もちろん、２つのまちの特徴は大きく異なる点も多い。神楽坂は高価な飲食店も多いため、オシャレに着飾って、周囲を気にしながら、店の雰囲気を感じながら、食事の時間を楽しむまちである。一方で秋葉原は、周囲の人の目線は気にせず、自らの趣味に没頭する。周囲の人もそのようなスタイルであるため、それが許されるまちである。このようにまったく異なる特徴をもつまちでもあるが、ともに東京の都心周辺という地理的位置にある。冒頭で触れたように、発見する喜びをもたらす個人店の受け皿となるのは、テナント賃料の安い裏路地や雑居ビルである。これが多く存在するうえに交通アクセスのよい大都市の都心周辺には、チャレンジングで個性的で魅力的な商品やサービスを扱う店舗が集まるまちが形成される。

大企業による合理的な経営が展開されるチェーン店は、商業近代化の産物ともいえる。これらは人通りが多くビジネスチャンスの大きな場所で集積する。近代化は、あらゆるものが合理化される過程ともいえる。近代化に伴う合理化は生活を便利にするが、画一化が過ぎるためつまらなくもある。大都市の都心周辺の裏路地や雑居ビルには、この合理的な近代的都市計画と商業近代化が浸透しつくさない空間が形成される。その代表的なまちが神楽坂や秋葉原なのである。

（牛垣雄矢）

［注］

（１）Ｇ・リッツア著（正岡寛司監訳）（１９９９）『マクドナルド化する社会』早稲田大学出版会。

（２）牛垣雄矢（２００６）「東京の都心周辺地域における土地利用の変遷と建物の中高層化―新宿区神楽坂地区を事例に」地理学評論79、５２７―５４１頁。

（３）牛垣雄矢（２０２０）「東京の近代都市整備と神楽坂における地域的個性の形成」法政地理 52、１０１―１０８頁。

（４）牛垣雄矢・木谷隆太郎・内藤 亮（２０１６）「東京都千代田区秋葉原地区における商業集積の特徴と変化―２００６年と２０１３年の現地調査結果を基に」E-journal GEO 11―1、85―97頁。

（５）牛垣雄矢（２０１２）「東京都千代田区秋葉原地区における商業集積地の形成と変容」地理学評論85、３８３―３９６頁。

（６）石原武政（２０００）『商業組織の内部編成』千倉書房。

長野県 塩尻市

日本酒の酒蔵とワイナリー、そしてテロワール

◆塩尻まで

新宿駅からJR中央本線の特急あずさに乗車する。長野県に入り、左に諏訪湖を見ながら岡谷《おかや》を出て塩嶺《えんれい》トンネルを抜けると右に家なみやセイコーエプソンなどの事業所が、左に水田と山に向かって栽培されている果樹が見える。新宿駅からおよそ2時間半。列車は緩やかに右にカーブしながら塩尻《しおじり》駅に滑りこむ。3・4番ホームに降り立つと「日本で唯一　ホームのブドウ園　Platform Vineyard」と書かれたブドウ棚を目にすることができる。ここでは1988年からブドウやワインのPRの一環として白ブドウのナイヤガラと黒ブドウのメルローの2種類が栽培され、市内のワイナリーで醸造される。とりわけ塩尻のメルローは世界的なワインコンクールでも賞をとったことで知られている。他方、中山道の宿場町でもあった塩尻には、うまい日本酒を醸す、知る人ぞ知る酒蔵もある。

かつて筆者は、異なる時代の地形図を読むことで塩尻の地理を理解するための教材を作成したことがある(1)。本稿では、その教材では取り上げなかった日本酒やワインづくりに着目しながら、それと塩尻の地域特性とのかかわりについて考えてみたい。もっとも、多くの地理学者によって様々な観点から日本酒やワインに関する研究がなされており(2)、それらを前にすると、これはお気楽なエッセイということになろう。

さて本題に入る前に、塩尻の地理や歴史にかかわる基本的な情報をまとめておこう。

◆塩尻にて

塩尻は長野県のほぼ中央に位置し、松本市の南に隣接する。東は塩嶺トンネルや塩尻峠を越えて岡谷市に、西は東筑摩郡朝日村に、南は善知鳥《うとう》峠を越えて辰野《たつの》町に接する。さらに２００５年４月に木曽郡楢川《ならかわ》村を編入合併し、鳥居峠を越えて木曽郡木祖《きそ》村に、権兵衛トンネルを越えて南箕輪《みなみみのわ》村や伊那《いな》市とも接している。これらの峠や山なみが太平洋側と日本海側との分水界となっている。降水量は年間平均１２００㎜と少なく、寒暖の差が大きい内陸性気候であり、夏は涼しくて爽やかだが、冬は雪が少なく寒さが厳しい。２０２２年における塩尻市の人口は６６６０５人であり、世帯数は２８３３３である。

もう少し狭い範囲の地形的な特徴として塩尻駅の西に広がる桔梗《ききょう》ヶ原はブドウなどが栽培される扇状地である。その西を流れる奈良井《ならい》川の両岸には河岸段丘が発達し、右岸には桔梗ヶ原が、左岸には岩垂原《いわだれはら》が広がる。塩尻から辰野にかけての山中には石灰岩の鉱脈があり、現在でも北小野地区には県下最大の石灰石鉱山である大芝鉱山が操業している。(3)

図１は近代期の塩尻の地形図であり、塩尻が街道筋の宿場町を主たる起源として発展してきたことが看取できる。図１右中央に「鹽《しお》尻村」の注記があり、ここに旧中山道などの宿場町である旧塩尻宿がある。『角川日本地名大辞典20　長野』によると、旧塩尻宿は江戸から58里、30番目の宿場で、天保年間には人口７９４人、戸数１６６戸であった。中山道では深谷宿に次いで旅籠の数が多く、本陣の川上家は建坪３６７坪で中山道のなかで最大規模であった。また旧塩尻宿には他の街道も分岐・合流しており、松本方面に向かう旧五千石街道、辰野、伊那方面に向かう旧三州街道がある。図１の下部右にある「洗馬」は旧

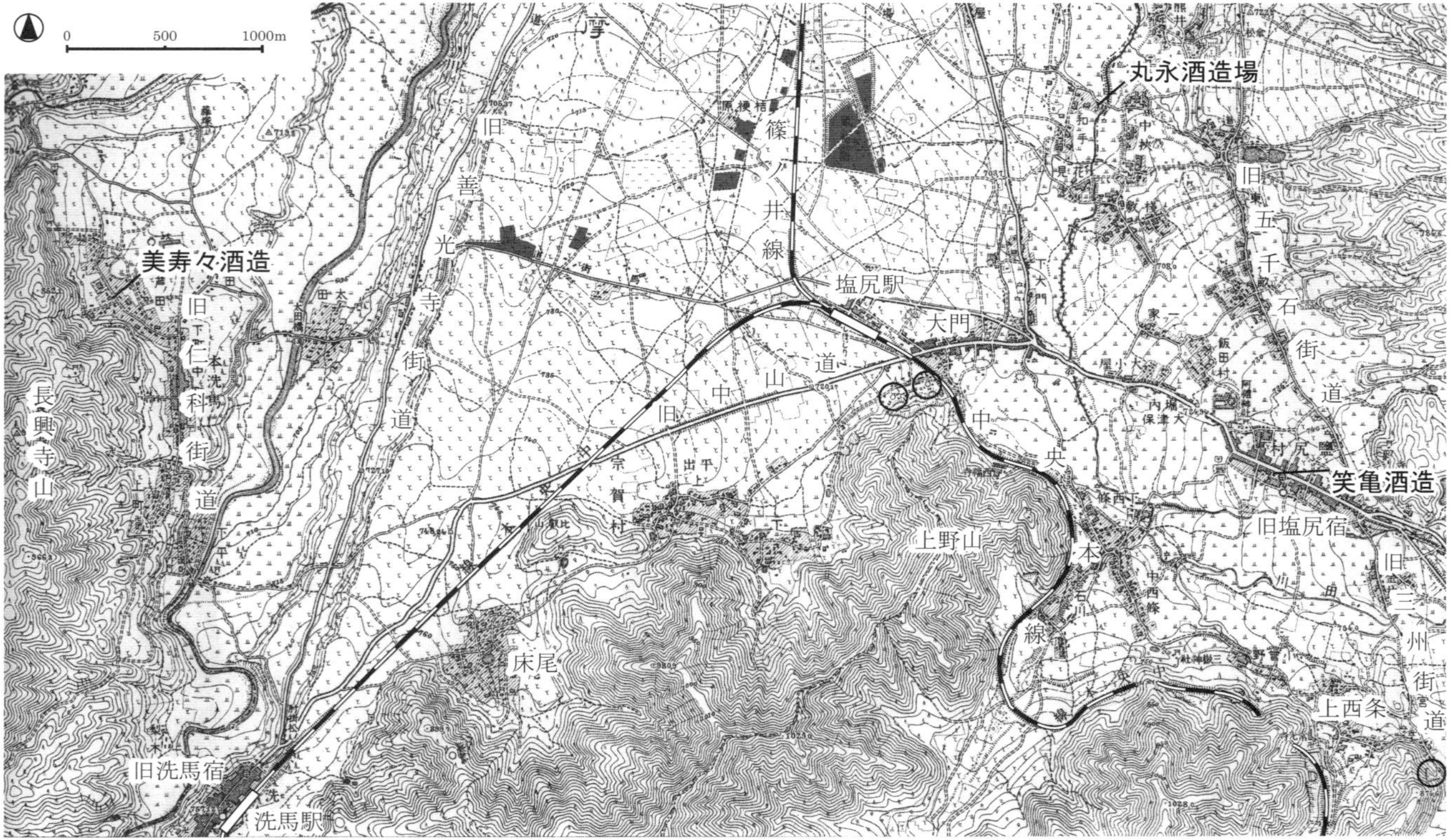

図1　近代期の塩尻

1:25,000 地形図「塩尻」(明治 34 年測図　大正 2 年製版) を 60%に縮小し，一部改変して使用.

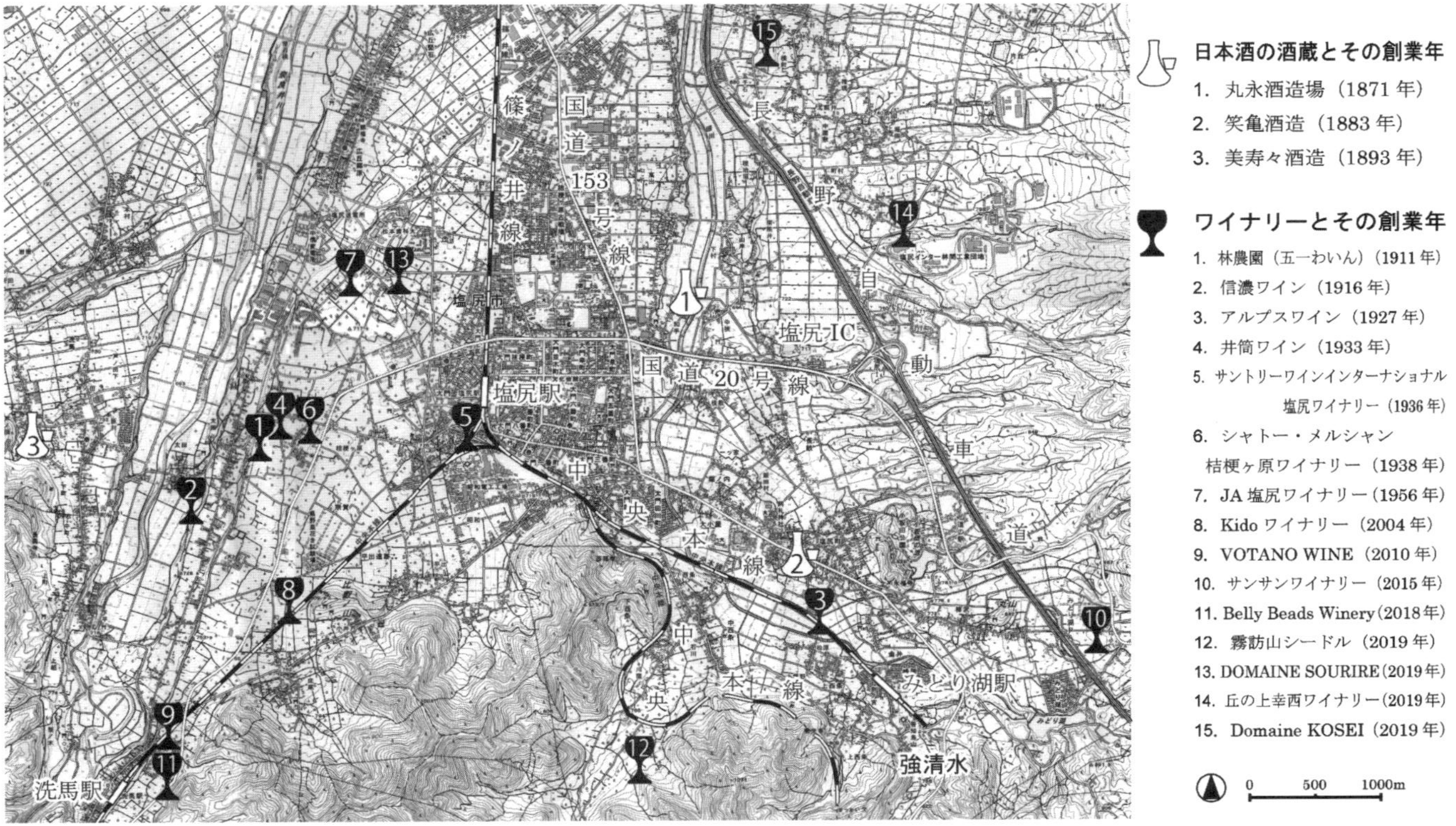

図 2　塩尻における日本酒の酒蔵とワイナリーの立地

1:25,000 地形図「塩尻」（令和元年調製　令和 2 年発行）を 40％に縮小し，一部改変して使用．この地図の外に北小野地区の「いにしぇの里葡萄酒」と奈良井地区の「杉の森酒造」がある．

中山道の旧洗馬宿《せば》であり、ここを起点として松本を経て長野に向かう旧善光寺街道や大町を経て糸魚川に向かう旧仁科街道があった。これらの詳細な解説がされているのが2007年に塩尻市が刊行した『学習ガイド しおじり学びの道』である。同書は街道や脇往還などの「道」に着目して塩尻の地理や歴史、文化などを取り上げることに成功している。図1の中央やや上に1902年に開業した「しほじり」駅（以下、塩尻駅）がある。塩尻駅の駅前にはわずかな家屋しかみられず、その周辺は桑畑が広がっているが、桑畑が卓越するのは明治後期になってからである。江戸期は穀作を奨励し、食糧を確保するための「本田畑桑樹栽培禁止令」が定められていたため、明治初期になっても桑は田畑の畦畔や河川の氾濫原で栽培されるぐらいだった。(4) また養蚕も江戸後期から昭和初期にかけて農村経済を支えてきたものの、明治初期はまだ農閑期の副業にすぎなかった。(5) 明治後期に養蚕が活況を呈し、桑の仕立法の改善や施肥量の増加などにより、その生産量も増加した。だが生糸の生産や輸出も1929年の世界恐慌による糸価暴落や戦時体制への移行で低迷し、栽桑や養蚕は衰微していった。図1の桔梗ヶ原とその北部に散在する網掛けの部分が「果園」すなわち果樹園である。このころはまだまだ桑畑が多くみられるが、養蚕の衰退に伴い果樹栽培とりわけブドウ栽培が盛んになった。

豊島理喜治が桔梗ヶ原で最初にブドウを植栽し、当時ブドウ酒の輸出が急増してきたことに目をつけて1890年にジンファンデルやナイヤガラ、コンコードなどのアメリカ系品種のブドウを栽培した。(6) 小泉八百蔵は1908年に桔梗ヶ原に入植し、栽培法の改良とブドウ酒醸造を行った。小泉は棚造りという栽培法を採用し、それにより作業負担や霜害の程度が軽減された。さらに台風で落果し、生食用として販売できなかったブドウを醸造し「酒精含有飲料」として売り出した。林五一は1911年に入植し、桔梗ヶ原の土地を大規模に買収して大地主となり、本格的にブドウ酒醸造を開始した。その後、多く栽培されるようになったコンコードなどを醸造するために大規模な施設が必要となった。このような状況から林らが大規模醸造施設を有する企業の誘致活動を展開し、その結果１９３６年に寿屋（現・サントリー）の赤玉ブドー酒工場が、１９３８年に大黒（現・メルシャン）のブドー酒工場が誘致された。

図1に○印が3カ所あるが、これは「石灰製造窯」であり、『昭和電工塩尻工場五十年史』によると「上西条」から「上野山」を経て「床尾」に連なる山塊は石灰岩の鉱脈を有する。産出された石灰石は近世以来、酸性土壌を中和する肥料やカーバイドの主原料として使用された。このカーバイドを生産する工場が諏訪電気工業株式会社塩尻工場であり、それが現在、塩尻駅の南側にある昭和電工株式会社塩尻事業所の前身である。

◆里の酒、町の酒、山の酒

話は変わるが、広島県には日本酒の酒蔵が集積し、独立行政法人酒類総合研究所も立地する東広島市・西条があるほか、よい日本酒の酒蔵がいくつもある。酒どころである広島の日本酒は地域によって味わいに特徴があり、「山の酒、里の酒、海の酒」と呼ばれる。これを教えてくれたのは品川区東五反田にある広島の地酒と鉄板焼きを楽しめる店「ほじゃひ」の店主、疋田多賀志さんである。筆者は比較的しっかりとしてコクのある広島の山の酒が好みなのだが、この言い方に倣うとすれば塩尻の日本酒は「里の酒、町の酒、山の酒」になろうか。その順で取り上げると田川沿いの水田地帯にあるのが１８７１年創業の丸永酒造場で代表的な銘柄は「高波《たかなみ》」である。図1では酒蔵の近くには水車小屋もみられるが、酒づくりと関係したのだろうか。次は旧塩尻宿にある１８８３年創業の笑亀《しょうき》酒造であり、酒蔵の入口には塩尻陣屋跡の石碑がある。代表銘柄は「笑亀」である。１８９３年に創業の美寿々《みすず》酒造は長興寺山の山すそにあり、代表銘柄は「美寿々」である。東京農大出身の蔵元杜氏が味わい深い酒をつくる。図1、図2には入っていないものの、宿場町で名高い奈良井にある１７９３年創業の杉の森酒造を含めて、塩尻には４つの日本酒の酒蔵がある。杉の森酒造は２０１２年より休業していたが、２０２１年より醸造を再開している。ごく少量の生産で高価格の日本酒をつくっているようだ。

高波、笑亀、美寿々の味わいはそれぞれ異なるものの、いずれも実直でうまい酒であり、長野県産の酒造好適米である美山錦《みやまにしき》を中心にいくつかの酒米で醸されている。仕込み水にも特徴があり、美寿々酒造の仕込み水は山から湧く軟水だが、笑亀酒造は図２の強清水《こわしみず》からひいた硬水を使用している。強清水は上野山の麓に位置する上西條神社で湧き出し、石灰岩の岩盤を通ることからカルシウムやマグネシウムを含有する硬水となる。ミネラル分が多い硬水を仕込み水に使うと発酵が旺盛となり、これで醸された「笑亀嘉根満《かねまん》 純米無濾過生原酒」はどっしりとしたうまみと酸があり、肉料理にも十分あうだろう。塩尻と松本でご当地を競っている山賊焼きなどにピッタリではないか。「高波 純米酒」は飲み飽きず、まさに食中酒として最適である。旧洗馬宿から木曽方面に行くとそば切り発祥の地といわれる旧本山宿《もとやま》があるが、ここに「本山そばの里」というそば屋がある。地元の女性が打つ素朴なそばと地元産野菜やキノコのてんぷら、漬物がうまいのだが、これに高波をあわせたい。筆者が最もよく飲んでいるのが「美寿々 純米吟醸無濾過生」である。濃すぎず、かといってあっさりしすぎず、冷酒で飲んでもうまいし、すこし温度を上げてぬるめの生燗《なまかん》にしてもよい。料理は和洋中幅広くあい、白身の刺身はもちろん、自家製の餃子にあわせても抜群であり、四合瓶が空いてしまうこともしばしばである。

◆塩尻といえばメルローだが

「塩尻といえばメルロー」という言葉を先輩の地理学者がよく口にするのだが、先述のとおり塩尻のワインを世に知らしめたのがメルローである。林　五一が苦心してメルローの栽培に成功してしばらくした後、シャトーメルシャンは大変よい出来だった１９８５年の桔梗ヶ原産のメルローで醸造したワインを国際ワインコンクールに出品した。１９８９年にスロベニアのリュブリャナで開催されたそのコンクールで、シャトーメルシャンのメルローは他のワインをおさえて大金賞を獲得したのだ。

図2からもわかるようにシャトーメルシャンも含む五一ワイン、信濃ワイン、井筒ワインといった老舗のワイナリーは桔梗ヶ原に立地している。アルプスワインはもともと桔梗ヶ原にあったが、事業所拡張のため１９７４年にJR中央本線からもよく見える現在の場所に移転した。比較的新しく創業したワイナリーは洗馬地区や片丘地区など桔梗ヶ原の周辺に立地している。その背景として、２０１４年に塩尻市全域が構造改革特別区域計画（ワイン特区）に認定され、新たに小規模ワイナリーも参入しやすくなったことがあげられる。これまで酒税法上での酒類製造免許の取得要件が果実酒（ワイン、シードル）では年間6キロリットルの製造見込数量が必要だったが、特区ではそれが年間2キロリットルで可能となった。近年、塩尻のワイナリーは白ブドウのシャルドネやソーヴィニオン・ブランといった品種の栽培とワイン醸造にも力を入れている。塩尻といえばメルローだが、筆者は力を入れているソーヴィニオン・ブラン１００％の白ワインを用意してみた。多少なりとも品種すなわちセパージュ（cépage）にこだわってみたのだ。このセパージュと対比されるのが土地や地味といわれるテロワール(terroir)だ。歴史あるヨーロッパのワイン産地においても、ニューワールドのワインとの関係でセパージュとテロワールのいずれが重要かということがワインづくりの争点となる(7)。

Ｊ・ノシター監督作で２００４年に公開された『モンドヴィーノ～ワインの世界～』はワインのグローバル化に伴う味わいの画一化を鋭く批判するドキュメンタリー映画である。ここではグローバルに展開する巨大ワイン資本とテロワールにこだわる造り手が対立する。ワインコンサルタントや１００点法でのワインの格付けを導入したカリスマワイン評論家が登場し、ワイン醸造を「助言」する。たとえば、助言を受けたフランス・ボルドーのワイナリーは、オークの新樽や高濃縮果汁の使用、微酸素処理など「高度な工業化」によって赤ワインを生産する。その結果、ボルドーでも、長熟ではなく若飲みで色が濃く、タンニンや酸が抑えられたワインがつくられるようになった。アルコール度数が高く、甘いフルーツの香り、オーク樽によるバニラのような甘い香りのワイン。映画では、化粧どころか美容整形よりもひどい「悪魔のワイン」と非難される。あまつさえ評論家やコンサルタントの高評価欲しさに、濃く着色したワインも生産されるという。ノシターはこれらのワインを、ファストフードのような「ケチャップ味のハンバーガー」や「赤い果実のジャム」と揶揄して拒絶する。他方でノシターは、赤ワインでも白ワインでもきれいな酸、和食ともあうようなそれを重視する。[8] ただしセパージュかテロワールかという単純な二者択一ではない。テロワールにこだわりすぎると原理主義的になり、偏狭な地域主義やナショナリズムに絡めとられてしまう。たとえば、映画『モンドヴィーノ』でも、ある造り手はテロワールを有するところを地中海沿岸地域に限定する。これに従えば、日本を含むそれ以外の地域にはワインにかかわるテロワールがないことになる。むしろテロワールがあらためて重要であるのは、それが味わいのほか、誰とともに飲んだのかといった経験や身体感覚など、テロワールを基盤とした集合的記憶に大きくかかわるからである。[9] このような考え方はDrinking geographies[10] の議論、すなわち、アルコールの消費をめぐる、空間や場所と身体や情動との関係の議論とも共鳴するものであり、地理学からのさらなるアプローチが求められよう。

◆セパージュも、テロワールも

塩尻のソーヴィニオン・ブランに話をもどそう。筆者が入手したのは6つのワイナリーのもので、老舗の五一わいんの「エステート ソーヴィニヨンブラン 2020」、井筒ワインの「ＮＡＣ ソーヴィニヨンブラン 2020」、アルプスワインの「ミュゼドゥヴァン エトワール 塩尻ソーヴィニヨンブラン 2020」それから丘の上、幸西《こうにし》ワイナリーの「ソーヴィニヨンブラン 2019」、ＶＯＴＡＮＯ ＷＩＮＥの「Sauvignon blanc 2019」、Belly Beads Winery の「ZÉPHYR SAUVIGNON BLANC 2020」である。エチケットからわかる情報として井筒、幸西、ＶＯＴＡＮＯは塩尻産のソーヴィニオン・ブランを使用し、Belly Beads は安曇野《あずみの》産、五一とアルプスは長野県産のそれを使っている。井筒のボトルには長野県原産地呼称管理委員会認定のシールが貼られるほか、幸西とＶＯＴＡＮＯは減農薬でブドウ栽培をし、無濾過であるのでやや濁っている。また、今回は白ワインではなかったので入手しなかったが、霧訪山《きりとうやま》シードルの「放棄畑再生ヌーボー 2021」は黒ブドウのマスカットベーリーＡと山梨県果樹試験場が開発したビジュノワールで醸造されるワインだ。ここでは山の耕作放棄地を２０１５年から引き受け、化学肥料や除草剤を使わずブドウを栽培し、無濾過で亜硫酸無添加のワインがつくられる。塩尻でも、新たに参入したワイナリーで自然環境に配慮したり、循環型社会を重視したりするところが増えてきた。人新世のブドウ栽培、ワインづくりといえようか。

　さて、幸西のソーヴィニオン・ブランは6本のなかでは最も好きなタイプだ。他方で五一のそれはグレープフルーツのよう

写真１　丘の上、幸西ワイナリーのブドウ畑と幸西さん
2023 年 8 月 25 日山口撮影.

な酸味とドライさがあるがやや物足りない。幸西は酸味がしっかりしつつも味わいがふくよかで柑橘系のフルーティさもある。「アルプス展望しののめの道」に面している、このワイナリーでそれを飲めばうまさは格別だろう。このワイナリーのオーナーで醸造責任者である幸西義治さんは塩尻市がワイナリー開業支援を目的に開講した「塩尻ワイン大学」の1期生であり、ご自身はセイコーエプソン株式会社を退職後、2015年からブドウ栽培を開始し、2019年にこの地にワイナリーとショップを開設した。北西方向には穂高岳が、背後には高ボッチ高原が目に入る風光明媚なワイナリーだが、片丘大石窪という住所のとおり、地層が入り組んでおり、地質も複雑なので、ブドウの木をどのように植えるのかが重要となる。ブドウ畑は50アールでありながらも5つの品種のブドウを丁寧に栽培し，優れたワインを醸造している（写真1）。

随分前に井筒ワインの代表取締役社長である塚原嘉章氏にインタビューをしたことがある。その際にかつて塩尻の町内会や寄合では茶碗で日本酒を飲むのではなく、グラスでワインを飲み、それだけここがモダンな土地柄だったと語ってくれた。隣町の辰野町（当時は上伊那郡朝日村）出身で農村社会学の第一人者である有賀喜左衛門は1933年に信濃教育会から発行された『郷土調査項目』に詳細な「民俗調査項目」を掲載した。有賀も農村での微視的な社会関係を目にしたのであろうか。そのような地理や歴史を想像しながら飲む日本酒やワインも悪くなかろう。

（山口　晋）

［注］

（1）山口　晋（2010）「教材　新旧地形図から読む信州・塩尻の近現代」信州大学経済学論集61、101―113頁。

（2）日本酒については八久保厚志、青木隆浩、酒川　茂による一連の詳細な研究があり、経済、技術・組織関係、消費・流通をテーマに「日本酒の地理」が探求される。八久保厚志（1994）「大正期における会津酒造業の市場展開―東京市場進出過程を中心に」経済地理学年報40—２、１３９—１５５頁。青木隆浩（１９９７）「近世・近代における埼玉県清酒業の形成過程」経済地理学年報43—２、83—99頁。青木隆浩（１９９８）「近代における埼玉県清酒業者の立地選択と酒造技術」地学雑誌１０７—５、６５９—６７３頁。青木隆浩（２０００ａ）「明治期における酒造組合の形成と組織的変容」人文地理52—５、４２５—４４６頁。青木隆浩（２０００ｂ）「明治・大正期における酒造技術の地域的伝播と産地間競争の質的変化」地学雑誌１０９—５、６８０—７０２頁。酒川　茂（２０２０）「清酒の需要開発に向けた酒造・酒販ネットワークの展開—広島県を事例として」人文地理72—３、１９１—２０９頁。とりわけ、青木（２０００ｂ）では酒造技術（テクノロジー）の向上に伴い、新たな銘醸地が生まれたこと、博覧会や品評会（イデオロギー装置）が清酒の酒質に大きな影響を及ぼしたことを論じつつ、そのダイナミックな関係を描出することに成功している。ワインについても齋藤由香、湯澤規子、田上善夫の研究があり、経済、歴史、気候の観点から「ワインの地理」がつまびらかにされる。齋藤由香（２００４）「スペインにおけるワイン醸造業の発展過程とその地域的差異」地学雑誌１１３—１、62—86頁。湯澤規子（２０１３）「山梨県八代郡祝村における葡萄酒会社の設立と展開—明治前期の産業と担い手に関する一考察」歴史地理学55—３、１—22頁。田上善夫（２０１６）「ニュージーランドにおけるブドウ栽培と環境保全」富山大学人間発達科学部紀要11—１、１８３—２０７頁。なお、伊賀聖屋は日本酒づくりとワインづくりのいずれも研究しているが、それはアクターネットワークや価値づけ、物質性といったトピカルな論点とも交差するものであり、既存研究のフロンティアを拡げてくれている。伊賀聖屋（２００８）「清酒供給体系における酒造業者と酒米生産者の提携関係」地理学評論81—４、１５０—１７８頁。伊賀聖屋（２０１７）「能登地域におけるワイン専用種ブドウの供給体系の生成」経済地理学年報63—２、１１５—１３５頁。

（３）市川（２０２２）は善知鳥峠の石灰採石場を取り上げる。市川正夫（２０２２）「身近にある鉱山跡地の利活用」地理67—６、53—60頁。

（４）塩尻市誌編纂委員会編（１９９２）『塩尻市誌　第三巻　近代・現代』塩尻市。

（５）大森利球治・三澤勝衛（１９７４）『鹽尻町誌』明治文献。

（６）吉田芳夫（１９７４）『桔梗ヶ原』塩尻市教育委員会。

（７）蛯原健介（２０１９）『ワイン法』講談社選書メチエ。

（８）ジョナサン・ノシター（加藤雅郁訳）（２０１４）『ワインの真実—本当においしいワインとは？』作品社。

（９）鳥海基樹（２０１８）『ワインスケープ—味覚を超える価値の創造』水曜社。

（10）杉山和明・二村太郎（２０１７）「英語圏人文地理学における「酒精・飲酒・酩酊」に関する研究動向—日本における今後の事例研究に向けて」空間・社会・地理思想20、97—１０８頁。

岐阜県 高山市　人を誘引する都市の魅力

◆なぜ高山なのか

本章の舞台は岐阜県の高山である。他の章で取り上げられている都市の多くはそれぞれの筆者の就業地や居住地、研究対象地が多いのに対し、高山は筆者にとってはどれにも該当せず、縁もゆかりもない。筆者にとって高山は「魅力的」な都市であるというシンプルな理由により、本章で紹介する都市として選定した。

筆者が高山を魅力的な都市として意識し出したのは7、8年ほど前からであり、個人的に旅行で訪れたことがきっかけである。以降、魅力的に感じる理由を都市地理学的な見地から探るために、個人旅行として、あるいは学生を連れた巡検（筆者が勤務する法政大学では「現地研究」との科目）として、定期的に足を運んでいる。魅力的な要素を探ることは高山という都市を様々な観点から分析することであり、教育的な観点からも巡検の訪問地として非常に魅力的であることは言うまでもない。

では、筆者が高山のどのような要素を魅力的と感じているのか。それらの要素を軸に高山を紹介する。なお、後述のとおり、高山の行政域は広く、それぞれの場所において多様な魅力があるが、ここでは中心市街地に絞って紹介する。

◆人を誘引する力

高山は岐阜県北部に位置し、人口約8・6万人（2021年4月時点）の飛騨《ひだ》地方の中心都市である。地理に明るい読者であれば、高山と聞いてまず思い浮かべるのは、高山が日本の基礎自治体のなかで一番大きな行政域を有するということであろう。2005年2月に近隣9町村と合併した結果、東西約81㎞、南北約55㎞、面積2177・6㎢となり、香川県や大阪府よりも広域な市となった。もともと高山は飛騨地域の中心であったが、この平成の大合併により、中心性がより明確になったといえよう。

旧来からの高山は周辺を乗鞍岳や北アルプスに囲まれた盆地に位置しており、周辺とは地形的に隔絶されていた。地域の中心であるにもかかわらずそのような隔絶さ

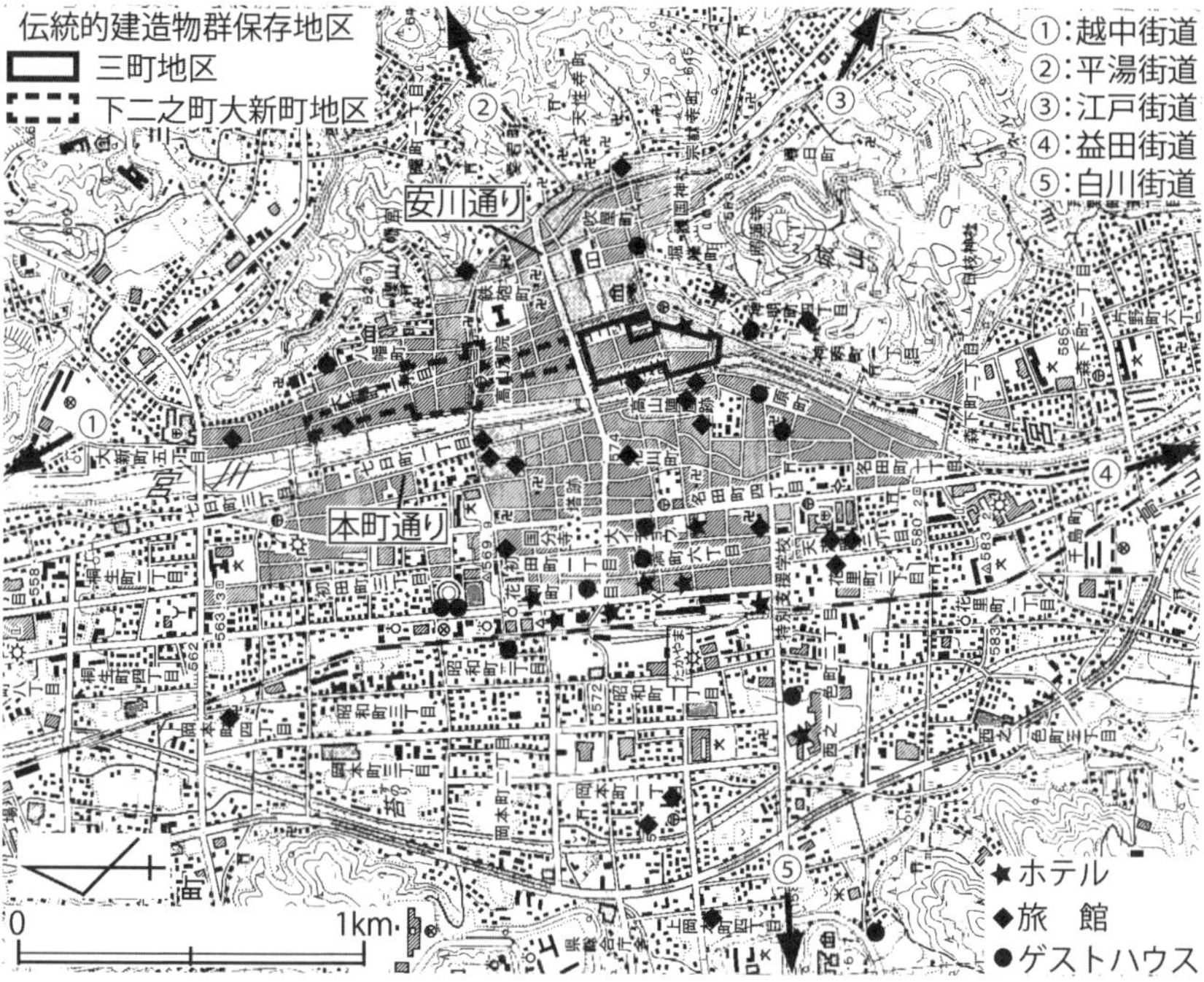

図1　高山の中心市街地

1:25000 地形図「高山」（平成 22 年更新），高山市教育委員会（2003），林編著（2018），Google Map より作成.

れた地理的条件は周辺から高山へと通じる多くの街道を導くこととなり、かえって高山への誘引力を高めることとなったと考えられる。高山を通過する主な街道には、南に通じる益田《ました》街道や北方面に向かう越中《えっちゅう》街道、東に向かう平湯《ひらゆ》街道や江戸街道、西方面への白川《しらかわ》街道などがある（図1の①～⑤）。もちろん、交通面での隔絶性が解消されたのは、１９３４年に現在のＪＲ高山本線が全線開通するのに合わせて高山駅が開業したことによるものである。また、高山と長野県松本を結ぶ安房《あぼう》トンネルの開通（１９９７年）や東海北陸自動車道の高山までの延伸（２０００年）と合わせて交通条件が劇的に改善されたことで、多くの観光客を誘引することになった。

　図2は高山における観光客数の推移（１９７０年～２０２０年）を示している。年次による多少の増減は見られるものの、総じて観光客を増やしてきた。２０２０年はコロナ禍の影響により観光客数を激減させたが、コロナ禍前の２０１９年では４７０万人ほどの観光客数があった。日帰り客と宿泊客がほぼ半々であり、近隣からも遠方からも観光客を誘引している様子がうかがえる。近隣町村との合併前の旧来の高山における観光客は３８０万人（２０１９年）ほどであり、日帰り客の90％程度、宿泊客の60％程度、全体の75％程度が旧来の高山を訪れている。岐阜県内（13・4％）だけでなく中部地方（25・6％）や関東地方（21・3％）、関西地方（15・7％）など様々な地方から観光客が訪れている。また、高山は名古屋から能登半島に至るいわゆる昇龍道（ドラゴンルート）に位置していることもあり、アジア

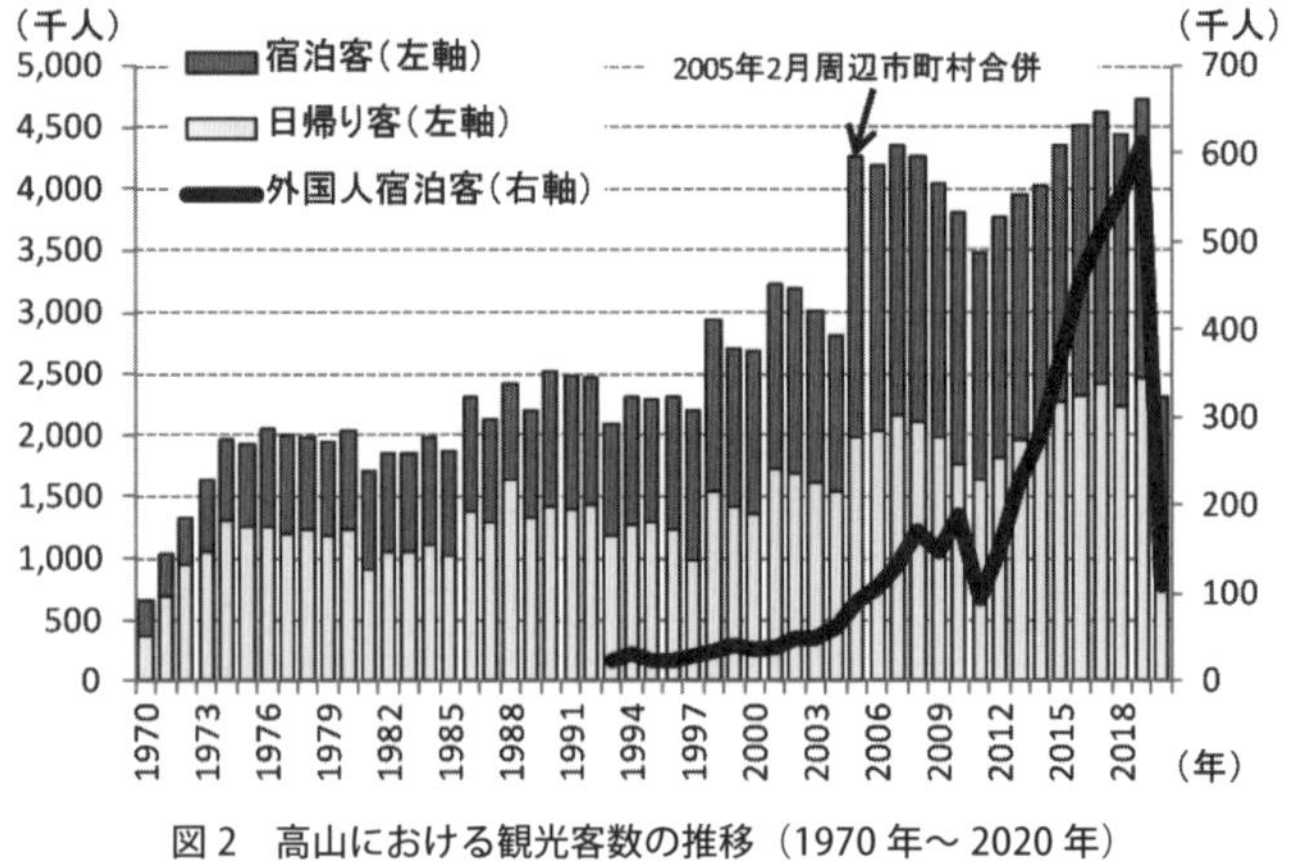

図2　高山における観光客数の推移（1970年～2020年）
『観光統計』より作成.

諸国・地域を中心に外国人観光客は大幅に増えてきており、２０１９年には外国人宿泊客が宿泊客全体の26・９％（61・２万人）を占めるなどインバウンド観光も盛んである。そのような外国人観光客に対応するために、日本語以外に10の言語による観光パンフレットが作成されている。特にタイ語やインドネシア語のパンフレットの存在が特徴的であり、それらの国からの観光需要が大きいことを反映している。また、日本国内の他の観光地に先駆け、早くからWi-Fi環境の整備が進められてきた点も高山が多くの観光客を誘引してきた要因と考えられる。

高山を訪れる観光客は従来のマスツーリズム（周遊型の観光形態を採る団体客）だけでなく、近年では様々なアクティビティや、いわゆる「聖地巡礼」[1]などを個人で楽しむオルタナティブツーリズムの形態が増えてきている。それに伴い、マスツーリズムに対応する大型のホテルや旅館が立地するだけでなく、個人旅行者向けの小規模なホテルや旅館、民宿、ゲストハウスなど様々な規模・形態の宿泊施設がみられる。とりわけ、インバウンド観光需要に対応する形で、近年では外国人観光客を対象とするホテルやゲストハウスの開業が相次いでいる。宿泊施設は市街地を南北に流れる宮川から高山駅にかけて集積がみられるが、新規開業のホテルは高山駅近辺に立地が集中している（図１）。

◆景観の諸相

高山は盆地であるため四方八方を山々によって囲まれており、その盆地を宮川が貫流している。遠くに見える山々と宮川が高山市街地の景観の基層となっている。その宮川の右岸（東岸）と左岸（西岸）によって地形的にも都市構造・機能的にも、そして景観的にも差異が生じている。

宮川の右岸は河岸段丘が形成され、江戸期においては宮川寄りの低い部分には町人地（商家町）が、その東側のやや高い部分には武家町が設けられた。これは当時の藩主・金森氏の城下町プランによるものであり、以後の都市構造を規定することになる。１６９２年に金森氏が出羽国上山《かみのやま》に移封され、高山が幕府直轄の天領となった後、台地上の武家町の部分は町人に払い下げられたが、明治期に至るまで積極的な開発はなされなかった。それらの土地は明治期以降の都市開発のための種地の役割を担うことになった(2)。たとえば、１８７６年にはフランス風の建築である煥章《かんしょう》学校の校舎が建設され、近代教育の中心の役割を担っていくことになる。なお、現在、当地には高山市図書館が立地するが、その建物（煥章館）は当時の校舎を復原したデザインとなっており、当時の景観が偲ばれる。

　天領となった高山は町人が力を有する都市として発展していった。宮川寄りの低地の町人地の支配は町年寄や町組頭を中心に有力商人によって担われた結果、商家町としての特徴を有する都市景観が形成された。現在でもそのような街並みが残っており、三町《さんまち》地区と下二之町大新町《しもにのまちおおじんまち》地区がそれぞれ伝統的建造物群保存地区（伝建地区）の指定を受け、高山を代表する観光資源となっている（図1）。

　三町地区と下二之町大新町地区は鍛冶橋を通る安川通りを挟んで南北に並んで位置しているものの、両地区が伝建地区の指定を受けた時期は異なっている（三町地区：１９７９年、下二之町大新町地区：

写真１　三町地区の街並み
2015 年 1 月小原撮影.

写真２　下二之町大新町地区の街並み
2015 年 1 月小原撮影.

２００４年）。両地区の差異は指定時期だけでなく、景観および都市機能の面でも確認できる。三町地区には観光客向けの物販店や飲食店が軒を連ねているのに対し（写真１）、下二之町大新町地区には店舗は少ない（写真２）。それに併せて、前者の地区では多くの観光客を確認できるものの、後者の地区に足を運ぶ人は相対的に少ない。

金森氏の城下町プランでは、武家町の東側に位置する東山の麓には寺町が設けられ、現在でも多くの寺院が立地する。宮川へと注ぐ江名子《えなこ》川が寺町と武家町との境界といえよう。

宮川の左岸を歩くと、右岸の武家町に比べて低地であり、不規則に蛇行する路地が多いのに気付く。高山は全般的に規則的な道路パターンとなっているため、それらの不規則な路地は目立つ。１９１２年発行の『高山町及其附近明細地図』（復刻版）をみると、現在のそれらの路地は１９１２年当時の水路と一致することから、それらの路地は水路を埋めるか暗渠とした名残であることがわかる。宮川から高山駅にかけての地区は、現在では中心市街地に位置付けられ、商店や飲食店が集積する繁華街を形成しているが、上述の１９１２年発行の地図では郡役所や裁判所、税務署などの公的機関の立地がみられるものの、あまり市街化が及んでいない。

宮川の左岸沿いに南北に走る本町《ほんまち》通りには多くの商店が立ち並ぶ。本町通り地区には南北に並ぶ４つの商店街があるが、最も南側の高山陣屋や三町地区など主要な観光スポットに近い辺りでは、飲食店を中心として観光客をターゲットとする店舗が建ち並ぶ。比較的お洒落な外観の店舗が多い印象である。本町通りを北上していくにつれ、観光客向けの店舗が少なくなり、また空店舗が目立つようになるなど、商業空間の差異が感じられる。

高山の中心市街地には本町通り地区以外にも安川通り沿いや三町地区、国分寺通り沿い、高山駅周辺に商業地区があるが、それぞれにおいて業種や商品、店舗の概観、売り上げの状況、利用客などの面で様々な様相が確認できる。このような商業空間の違いにはそれぞれの商業地区における意識の差異が反映されており、そのような差異は対立関係にもつながっている。[3]

◆生活にみられる伝統・慣習

伝建地区である三町地区と下二之町大新町地区の古い街並みの美しさは、個々の商家建築のデザインだけでなく、建物の高さや軒先のラインが整っている点にある。また、軒先の下には溝が設けられており、屋根からの排水を意識した造りになっているなど機能美も感じられる（写真1、2）。また、同様に、生活のなかでの意識が投影されたものとして、「秋葉様《あきばさま》」の社《やしろ》が挙げられる。秋葉様は火伏せの神であり、歴史的に何度も火事に見舞われた高山では広く信仰され、日々の生活のなかに息づいている。社は高山盆地全体で70カ所ほど立地しており、[4]とりわけ古くからの市街地に広く分布しているが（図3）、社を建てるスペースがない場合は建物の屋根に設置される場合もある（写真3）。

商家町における生活のなかでの重要な行事に高山祭がある。もちろん、高山祭は高山を代表する観光資源であるので多くの観光客（外来者）を誘引するが、その地域に暮らす人々にとっては生

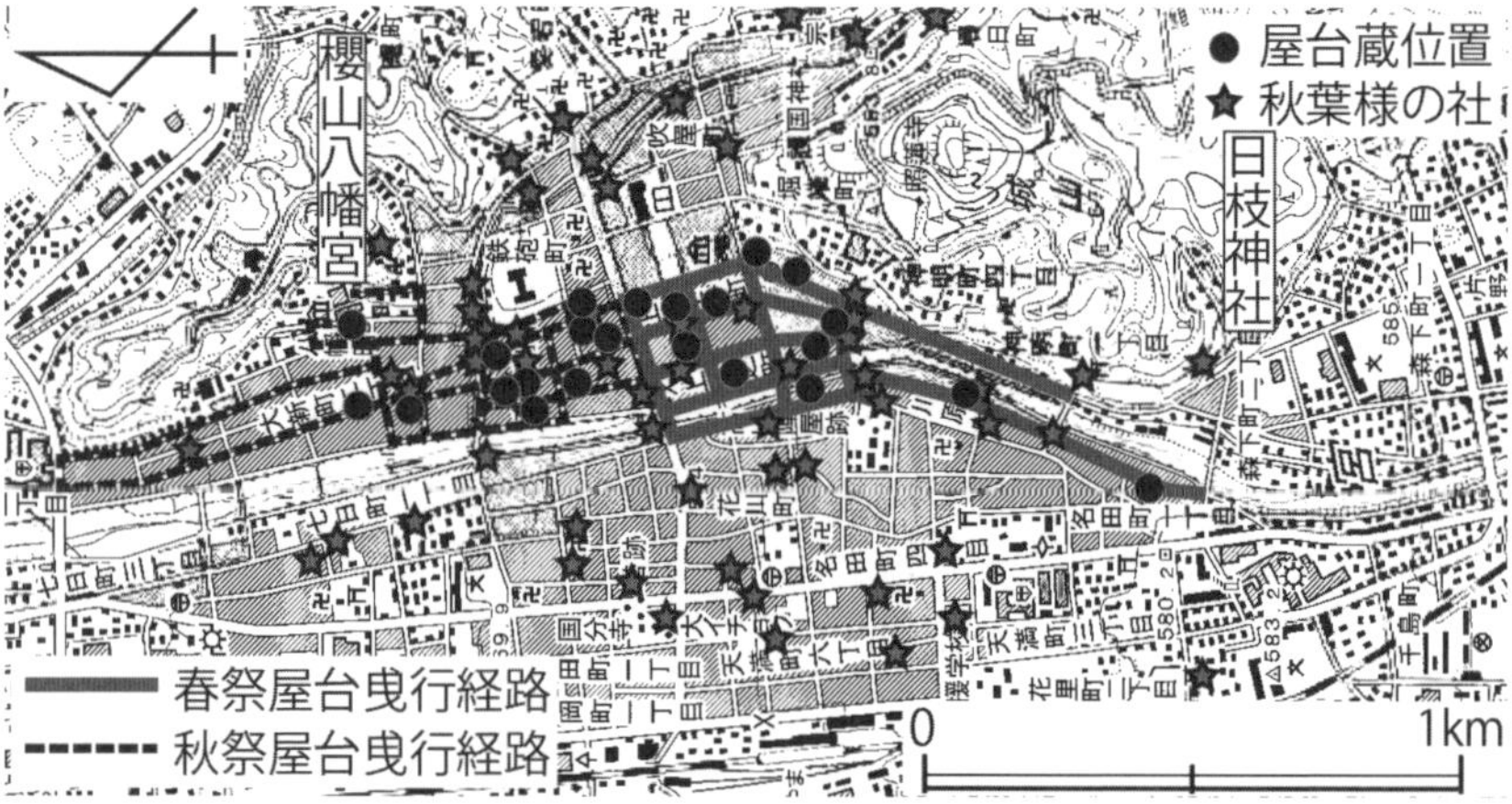

図3　高山祭の屋台曳行経路と屋台蔵・秋葉様の社
1:25000 地形図「高山」（平成22年更新），高山市教育委員会（2003），Google Map より作成.

活の一部といえよう。高山祭は毎年春祭り（4月14日・15日）と秋祭り（10月9日・10日）の2回開催され、屋台が街中を巡行する。屋台には多くの豪華絢爛な装飾が施されており、飛騨匠と評される木工技術や経済的な豊かさといった伝統・歴史性が継承されてきたことがわかる。高山以外にも屋台や山車、山鉾、山笠といった台車を曳行する祭りは各地で行われているが、それらの祭りを行う都市（たとえば、京都や福岡、長浜など）は歴史的に商業機能が強かった点で共通する。また、高山祭の存在は経済的な繁栄や伝統的な工芸技術を示すだけでなく、その担い手である町衆（商人）やコミュニティの繋がりの強さも反映する。江戸時代の自治組織の範囲に由来する屋台組といわれるコミュニティごとに屋台を保有し、共同でその保存や管理・維持にあたる。屋台は屋台組ごとに屋台蔵にて保管されることから、屋台蔵の分布は屋台組の範囲に規定される（図3）。それぞれの屋台組は屋台の維持・管理だけでなく、街並み保全などのコミュニティ活動にも携わる。

高山祭の春祭りは日枝《ひえ》神社の祭礼、秋祭りは櫻山八幡宮の祭礼であり、それぞれの氏子組織が役割を担う。図3における屋台の曳行経路で示すように、春祭りを担う日枝神社の氏子の範囲は三町地区中心とする地区であり、一方秋祭りを担う櫻山八幡宮の氏子の範囲は下二之町大新町地区を中心とする地区である。両者の氏子の範囲、および祭礼における屋台曳行経路の境界は安川通りとなっている。前述のように、2つの伝建地区の境界も安川通りであることから、安川通りは高山の中心市街地を南北に分ける重要な通りであるといえよう。

写真3　屋根の上に祀られた秋葉様
2015年1月小原撮影.

◆都市を訪れることの魅力

以上のように、筆者にとっての高山の魅力は景観の多様性にある。盆地を取り囲む山々や宮川の流れなど自然的な要因もあるが、そのような多様な景観を形成する要因には人や物資、機能を誘引する政治的・経済的な中心性が挙げられる。また、高山で生活をする人々の様子が景観に表出している点も魅力的である。もちろん、これらの点は高山に限ったものではなく、それぞれの都市に備わっている。しかし、とりわけ高山のように周辺地域における経済の中心地であり、経済的な繁栄を経験した都市においては、商人などの経済人が経済活動だけでなく名望家としての政治活動において、そして地域コミュニティの担い手として活躍した痕跡が多く残っており、現在の都市空間に表出している。また、地域コミュニティの担い手である住民の生活の状況だけでなく、都市のあり方に対する住民の思いや考え、住民間の関係性についても都市空間に垣間見られる。それらの表出物から都市の過去や現在、そして未来を考えることは、実際に都市を訪れることの魅力であり、楽しみであると考える。

（小原文明）

[注]

（1）山元貴継・内山桂次・枝廣優也（2016）「岐阜県高山市におけるアニメ・ツーリズム―質問紙を用いた「アニメ聖地巡礼」行動把握の試み」都市地理学11、42―58頁。

（2）高山市教育委員会（2003）『高山旧城下町の町並み―下二之町・大新町地区伝統的建造物群保存対策調査報告』高山市教育委員会。

（3）たとえば、本町通り地区の4つの商店街は連合会を形成していたが、商店街の置かれている状況や今後の方向性の差異も相まって1つの商店街が同会を脱退し、相互の関係性に亀裂が生じている。また、宮川への新たな架橋を巡る各商店街の対応においても、大きな差異がみられた。近藤朔矢（2019）「観光地と近接する商店街における商業特性と人のつながり―岐阜県高山市本町商店街を事例に」2018年度法政大学文学部地理学科卒業論文（未公刊）。

（4）林　上編著（2018）『飛騨高山―地域の産業・社会・文化の歴史を読み解く』風媒社。

愛知県 豊橋市 農工商バランスのとれた東三河の「首都」

◆私の新たなホームタウン

「昔ながらの生活や文化が残る、豊かな地方都市」―これが豊橋《とよはし》に抱いている筆者の印象である。豊橋に住んで約10年が過ぎ、初めは聞き慣れなかった「じゃん・だら・りん」の三河弁が耳馴染むようになり、味噌カツや煮込みうどんに代表される豆味噌文化を日常に感じるようになった。月に二、三度はまちなかに出向いて会議や打合せを行ったり、時には学生とともにまちあるきや調査を行ったりしている。こうした生活を通じて、日々、豊橋の魅力や面白さを実感している。本章では、筆者のこれまでの経験をふまえながら、都市「豊橋」の魅力を紹介していこう。

◆愛知県の第2の都市は？

愛知県の首位都市が名古屋であることに異論はないであろうが、「第2の都市は？」となると、愛知県民なら誰もが一家言あるだろう。人口規模でみると、一宮、岡崎、豊田、そして豊橋と、40万前後の中核市が4つある。それぞれ歴史的な経緯を踏まえれば、紡績の街・一宮、トヨタの企業城下町・豊田、徳川家康生誕の城下町・岡崎、そして東海道の城下宿場町・豊橋、という特徴を有している。

このなかで豊橋のみ平成の合併を経験しておらず、東三河県庁をはじめとして国や県の出先機関が立地している。また、現在に至るまで交通の要衝であり、日本の大動脈である東海道と、伊那谷に向かう三州（伊那）街道との結節点となっている。特に鉄道に注目すれば、豊橋駅は新幹線、ＪＲ（幹線、地方交通線）、私鉄（大手、地方）、そして路面電車のハブステーションであり、バラエティに富んでいる。「第２の都市はどこか」という議論の決着はさておき、経済・交通の中心地である豊橋は、「愛知県第２の都市」として十分な条件を備えているといえよう。

◆城下町・宿場町・湊町から蚕都・軍都を経て東三河の中心都市へ

歴史を紐解くと、豊橋は江戸時代までは吉田と呼ばれ、近世以降、吉田城の城下町として、そして東海道の宿場町（吉田宿）として栄えるとともに、豊川水運の湊町でもあった。中央構造線に沿って流れ三河湾にそそぐ豊川の左岸の段丘面に市街地が形成されている。明治新政府より「吉田」からの改称命令が出された際に、豊川に架かる橋「豊橋」からその名を選んだとされている。

明治になると、吉田城跡（現在の豊橋公園）に陸軍歩兵第18連隊が、そして現在の愛知大学に第15師団がそれぞれ置かれるなど、軍都として発展した。また、玉糸製糸を特徴として「〽三州豊橋…（略）…製糸《いと》のまち」と唄われるなど、岡谷や前橋などとともに蚕都としても栄えた。豊橋の市街地は１９４５年６月の空襲で焦土と化し、全戸の約７割が消失した。戦後は道路や市街地が整備されるとともに、軍事施設が文教施設や工業用地、開拓地などに転用されるなど、復旧・復興が進んでいった。高度経済成長期には農地整備や港湾開発、中心商店街の高度化などが進み、東三河の中心都市としての地位を築いていった。

２０２０年現在の市域人口は37万２１３４人（愛知県下第4位）となっている[1]。東三河地域の玄関口として、名古屋までＪＲまたは名鉄で1時間弱（新幹線では20分程度）、東京・大阪まで新幹線を利用すれば約90分で移動できる。また、長野県（飯田）方面へは、ＪＲ飯田線によって繋がっている。

産業構造についてみると、第一次産業、第二次産業、第三次産業のバランスが良いことが特徴である（表1）。農業に関して、たとえば大葉やウズラの卵の生産は日本一である。次郎柿やトマトの生産も盛んで、香港やマレーシアなど海外へも出荷している。製造業については、自動車関連企業をはじめとして多くの企業が立地している。また、三河港の自動車輸入額は日本一であり、フォルクスワーゲン日本法人の本社も立地している。商業についてみれば、豊橋駅前には中心商店街が形成されており、２０２０年3月までは百貨店も立地していた。一方、郊外にはロードサイド型店舗やショッピングセンターが展開している。その他、愛知大学、豊橋技術科学大学、豊橋創造大学と、文系・理系の大学が立地しており、産官学連携が盛んであるなど、文教都市としての性格も有している。

表１　豊橋市における産業構造（2016年）

項　目	金　額	県内順位
農業産出額（推計）	438億円	2位（全国10位）
製造品出荷額	1兆3,015億円	11位
小売業年間販売額	3,908億円	3位

『平成28年市町村別農業産出額（推計）』，『平成28年経済センサス』により作成.

◆まちなかの現状

次に、都市の「顔」でもある豊橋のまちなか（中心市街地）に焦点をあてよう。中心市街地は豊橋駅の東側に主に広がっており（図1）、２０２０年の人口は９７０１人（市域の2・6％）である。２０００年代に入ると再開発事業などによるマンションが多く立地するようになり、一部の地区では人口回帰や若年層の増加が起こっている。その一方で、商業機能の弱体化が進んでおり、１９９０年代以降、小売業年間

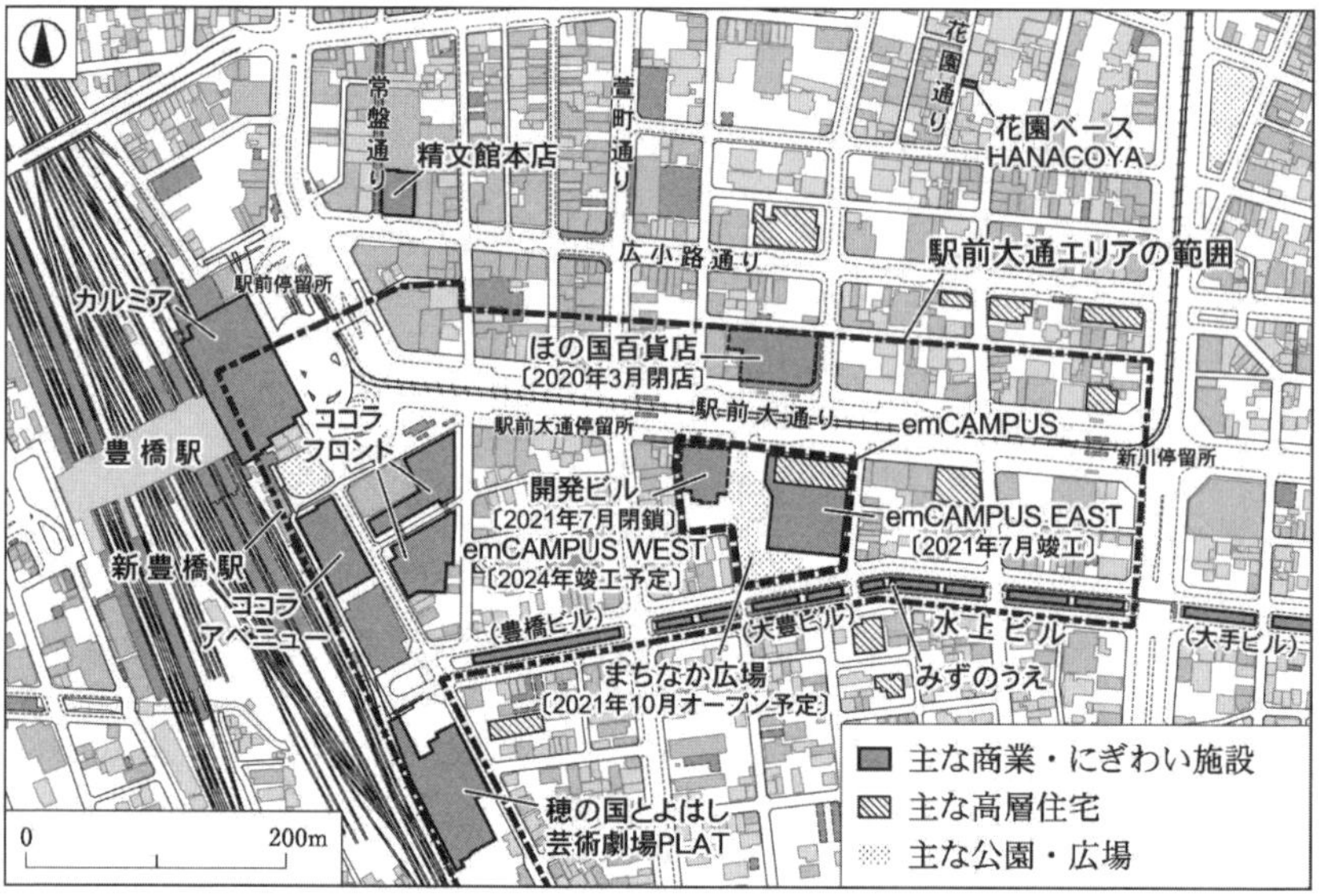

図1　豊橋まちなかの概要（2021年7月）

emCAMPUS WESTは開発ビルの跡地に建設される．基盤地図情報などにより作成．

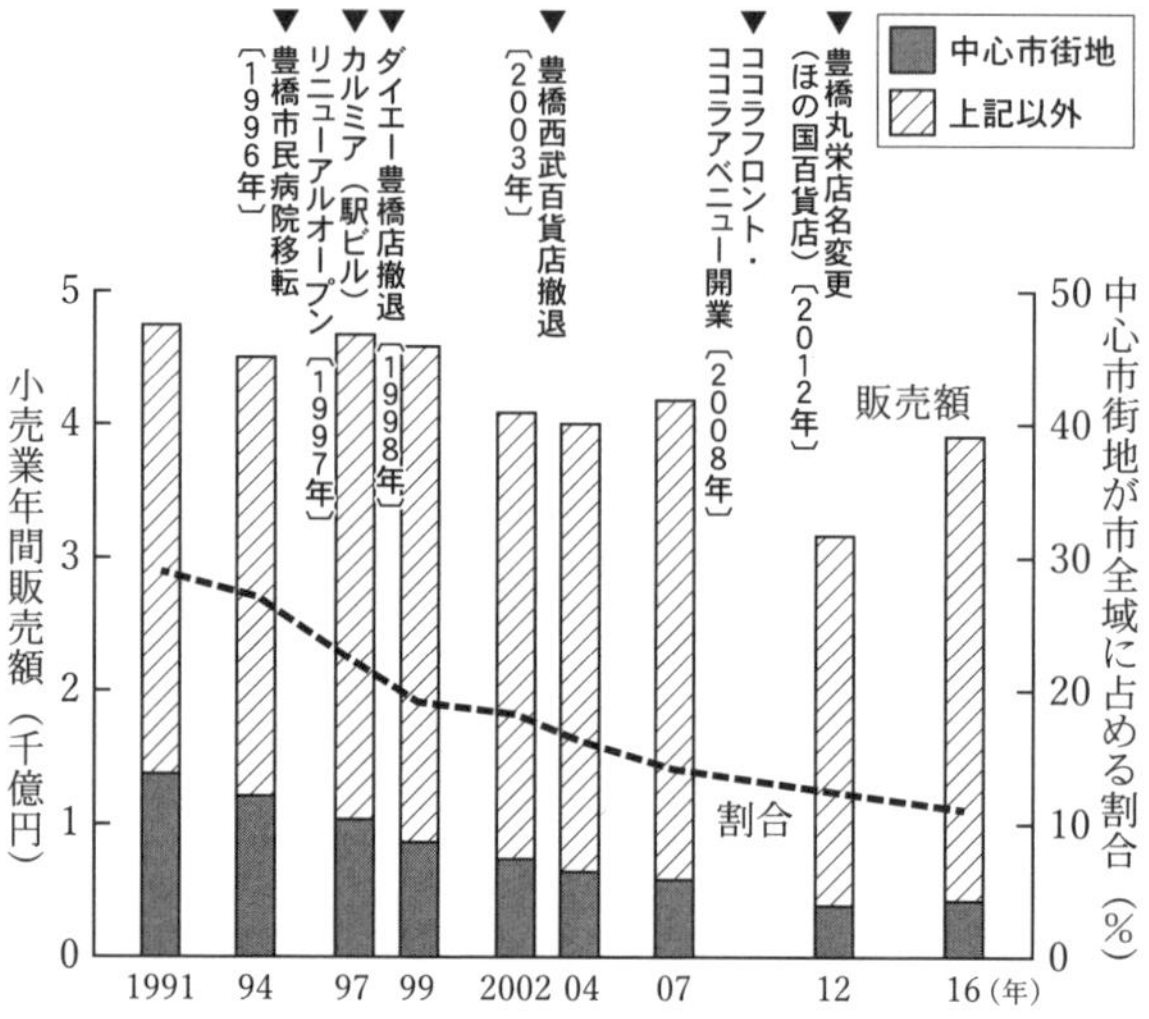

図2　豊橋市における小売業の動向

経済センサス実施に伴い，2007年以前と2012年以降は調査対象が異なることに注意．商業統計などにより作成．

販売額は年々減少の一途をたどっている（図2）。１９９1年時点では豊橋市全体に占める中心市街地の年間小売業販売額は約3割であったが、市民病院の移転や百貨店をはじめとする大型店の撤退・閉鎖によって徐々に低下し、２０１6年時点では1割強にまで落ち込んでいる。

こうした状況を打開すべく、地元商業者、民間企業、経済団体、市民など多岐にわたる主体によるまちづくり活動が活発化している。商店街だけでなく公共施設や広場、公園などで年間を通じてほぼ切れ目なくイベントが開催され、その内容も、経済活動の活発化を目指すものから生活・文化の醸成をはかるものまで様々である。また、豊橋市は中心市街地活性化を主要政策課題のひとつとしており、連絡会議の実施やＷｅｂページの設置、ＳＮＳによる情報発信、イベントスケジュールの発行などの取り組みを地元企業などと連携して行うなど、まちなかの情報集約・共有・連携を目的とした有形無形のサポートを行っている。

◆まちなかの魅力～建物・場所

筆者は豊橋に引っ越してきて以来、まちなかのなかでも「駅前大通エリア」と呼ばれる地域で公私ともにお世話になっている。そこで以下では、このエリアにおける魅力的な建物や場所、そして催しや人々を紹介していこう。

まず紹介したいのは、「水上《すいじょう》ビル」と呼ばれる用水の上に建つ商店街である（写真1）。まちなかを流れる牟呂《むろ》用水を暗渠化するように全長約８００ｍに渡って立ち並んでいる。「水上ビル」は3つのビル群の愛称であり、１９６０年代に順次建てられた。それぞれ所有・成立経緯が異なっているが、特に注目したいのが大豊《だいほう》ビルである。商店街組合に所属する個人が建物を所有しており、「タテ割りの3階（一部4階）建て長屋」となっている。1階部分をテナント、2階以上を住居（一部テナント）として利用しているケースが多い。独特の景観を有しているため、近年、イベント会場やまちあるきスポットとしても注目されており、後述の「sebone《せぼね》」のほか、「雨の日商店街」「DAIHOU つながるマーケット」「水上ビルの朝市」などお洒落なイベントも開催されている。また、２０１６年のあいちトリエンナーレの際には空き店舗をリノベーションしたウェルカムスペース「みずのうえ」がオープンし、その後はコミュニティスペースとして会議や展示、ワークショップなどで活用されている。歩道の整備や後述する再開発の影響もあって空テナントはほとんどなくなり、今時の若者向けの飲食店なども新たに見られるようになった。

次に、「穂の国とよはし芸術劇場 PLAT《プラット》」を紹介しよう。演劇・舞踊・音楽などの芸術文化の振興とそれを活用した市民の交流・創造活動の活性化を図るため、鉄道敷地に豊橋市により建てられ、２０１３年に開館した。演劇やダンス、音楽だけでなく、まちづくりワークショップや講演会など、市民が交流・活動する文化のプラットフォームとして幅広く活用されている。また、施設内に留まらず、まちなかとの連携や活動も積極的に行っている。

そして２０２１年現在、最も注目されているのが、複合施設「emCAMPUS《エムキャンパス》」である（写真2）。戦前にあった小学校の敷地が、戦後、木造商店街、そして複合商業ビルを経て、再開発事業により新設されるものである。「みんなが主役となりつながりを生み出すまちの拠点をつくる」というコンセプトのもと、東三河の資源である「食」、豊かな暮らしに欠かせない「健康」と「学び」の３つを施設展開のテーマとしてい

写真１　水上ビルの景観
写真は大豊ビル．牟呂用水を暗渠化するように建っており，手前には橋の欄干が見える．この日は商店街のイベント「雨の日商店街」が催されていた．2017 年 6 月 10 日駒木撮影．

る。まちなか広場を挟んでemCAMPUS EASTとemCAMPUS WESTから成っており、emCAMPUS EASTには東三河の食の発信場所や、アンテナライブラリー・サードプレイスをテーマとした豊橋市まちなか図書館、そしてシェアオフィスやセミナールームを備えた学び・人づくりの機能をもつスペースが入居している。屋上の一部には東三河の農業の魅力を発信する農園が設置され、さらに上層階は分譲マンションとなっている。

その他にも駅前大通エリアには都市の賑わいやまちづくりの核となる魅力・チカラをもつ新旧の施設が立地している。特に水上ビルがPLATとemCAMPUSとを橋渡しする空間構造となっており、それぞれが有機的に結びつくことが期待されている。

◆まちなかの魅力～催し・ひと～

一方、駅前大通エリアでは魅力的な催しや人々の活動も盛んである。その原動力のひとつが、２０００年代にみられた経済的地盤沈下への抵抗と再開発事業計画の浮上である。前述のように、２０００年代に入り、駅南エリアの求心力が特に弱まっていた。その一方で、emCAMPUSの敷地に立地していた複合商業ビルを再開発する様々な動きがあった。これに呼応するようにして、市民や行政、企業によるまちづくりの動きがみられるようになった。

ここでは、筆者がかかわっているまちづくり活動「とよは

写真２　北側よりemCAMPUS敷地を臨む
左側の建物は2021年7月に竣工したemCAMPUS EAST，右側の建物は開発ビル（解体後，emCAMPUS WEST建設予定）である．手前には豊橋の地域資源の一つ，路面電車が見える．2021年5月11日駒木撮影．

し都市型アートイベントsebone」を紹介しよう。これは、アートによってまちなかにおける人の流れの創出と文化的意味付けを狙うべく、まちづくりやアートを専門とする若者や学生などにより２００４年にスタートしたものである[2]。夏休み中のメインイベントだけでなく、作家との交流やまちあるきの実施、水上ビル壁面へのアート作品恒常展示など、年間を通じて活動が行われている（写真３）。実行委員メンバーは月２回、２時間程度の会議を水上ビルで行っており、それ以外でも盛んにやりとりがなされている。他の団体やまちづくりイベントとも連携しており、まちなかという場所・空間の中で多彩な活動を行っている。

もう一つ紹介したいのは、２０１８年に発足したまちづくり組織「豊橋まちなか会議」である。これは２０００年代後半に民間主導で立ち上げられたまちづくり会議体をベースとして、先述した再開発組合の発足を契機として設立されたものである。まちなかにかかわる地元企業や行政、大学、団体、市民が構成員となっている。エリアマネジメント活動を目指し、今まで行われてきた様々な主体によるまちなかへの想いを集約し、その実現にあたる仕組みを作っていくことを目指している。まちなかの将来像やまちなかとの関与・連携の在り方に関する会議や、まちなかの公共的空間を活用するアイデアを具体化していく支援策の実施、各種イベントへの参加・情報発信などを行っており、事務局は日々、奔走している。２０２２年には「豊橋まちなか未来会議」を含むいくつかのまちづくり協議会が統合し、「豊橋まちなか未来会議」が設立された。

写真３　sebone イベントでの本部の様子（2019 年）
本部では会場の情報提供だけでなく，スタンプラリーの抽選や突発的なアートパフォーマンスなども行われる．後ろに見えるのは豊橋ビルであり，壁面アートトリエンナーレ最優秀賞作品が掲示されている．sebone 実行委員会より提供．

◆筆者が考える「豊橋の魅力」

最後に、筆者が考える豊橋の魅力として、次の3点を挙げたい。第1は、豊橋を「点」としてとらえた時の魅力である。冒頭に述べたように、東京と大阪を結ぶ東海道上に位置し、名古屋への近接性も高く、信州への玄関口ともなっている。農工商バランスが良く、各種の地域文化もみられ、さらに東三河ジオパーク構想があるなど自然的要素も豊かである。したがって、日本において地方都市を(で)研究する際のフィールドとして、魅力的な都市であると言える。これに関して愛知県を中心として地域開発計画の立案や推進において活躍した伊藤郷平は、豊橋は日本における三大都市圏のいずれをも目標となしうること、このような深い後背地をもった都市が他にはないことなどを挙げている(3)。

第2は、地方都市のまちなかにおける課題と可能性を念頭に置いた面白さである。まちなかが都市の顔であり、シンボルとなる建物や場所が求められることは、論を俟たない。紹介したように、豊橋のまちなかでは再開発によって新たな「顔」がつくられる一方で、リノベーションなどによって既存の「顔」も注目・活用されている。さらにこうした建物や場所に様々なステークホルダーがかかわりあっており、今日における都市再生を考えるうえでの絶好の事例都市であると言える。

そして第3は、都市で(を)生きる人の魅力である。豊橋で活

写真4　学生による調査研究発表
PLATにて「平成の最初と最後のまちなか」をテーマに，駒木ゼミ学生が研究発表を行っており，調査結果のパネルや地図も見える．手前はemCAMPUSの展示模型である．2019年9月1日駒木撮影．

躍している人々の姿を見ていると、老若男女、Uターン者・Iターン者と様々な属性をもっていることに気づく。事実、「外様《とざま》」である筆者も快く受け入れてくれた。たとえば前述の sebone には学生とともに「駅南エリアを地理学する」をテーマとして2013年から継続的に参加しており、イベント当日に研究成果の展示・発表やまちあるきイベントの実施などを行わせてもらっている（写真4）。フットワークの軽い人材も多い。たとえば前述の再開発事業によって、emCAMPUS WEST が立地する予定の開発ビルは2021年度に解体工事が始まったが、それを前に所有者と有志の市民によってさよならイベントが企画された（写真3）。リノベーションも各所でみられ、そのネットワークを通じた交流も行われている。そのほか、行政関係者が、まちなかの発展のために東奔西走している姿をよく見かける。個性的で創造力のある人材も多い。多様な人々がクリエイティブな活動を繰り広げてこそ「都市」と言え、人々の場所への愛着や誇りを実感できることにも、魅力を感じている。

以上、本稿でお伝えしたのは豊橋の魅力のほんの一部に過ぎず、ぜひ実際に豊橋を訪れていただきたい。それぞれの興味に応じた様々な魅力を発見できるだろう。

（駒木伸比古）

[注]

（1）令和2年国勢調査速報集計による。

（2）sebone の由来は、水上ビルを上空から眺めると、巨大な生き物の「背骨」のように見えることによる。

（3）伊藤郷平（1954）『地方都市の研究―新しい豊橋』古今書院。

滋賀県 大津市　郊外の多核的な県庁所在都市

◆3核構造の大津

本章で取り上げるのは滋賀県の大津である。大津といっても、戦後の大合併を経て広大な面積を有するようになった現在の大津市域ではなく、戦前からの大津市の範囲を取り上げることにする。大まかにいえば、戦前の大津は、港町・宿場町としての背景を持つ大津地区（市制施行時の大津市）、城下町であった膳所《ぜぜ》地区、そして工場の立地によって発展した石山《いしやま》地区によって構成されていた（図１）。

市制施行時（１８９８年）の大津市域に相当する大津地区は、琵琶湖水運の拠点、東海道の宿場町として栄えたエリアであった。こうした特徴ゆえに江戸時代から商業機能に特化し、地区内には大津市最大規模を誇るなかまち商店街（長等《ながら》・菱屋《ひしや》町・丸屋《まるや》町）が存在する（写真１）。すぐ隣の膳所地区は、琵琶湖に突き出た膳所城を中心とする6万石の城下町として栄えた。商業中心の大津地区、政治中心の膳所地区それぞれが、異なる性格を持ちつつ併存していたと

写真１　なかまち商店街

いえる（図２）。

一方、明治初期までの石山地区には、都市的な面影はほとんどみられなかった。石山地区が大きく変貌を遂げたのは、官鉄（現・ＪＲ）東海道本線石山駅の開設（１９０３年）以降である。鉄道により大阪、京都などへのアクセスが向上したこと、琵琶湖の水が工業用水として適していることなどが工場を引き付けることになり、東レをはじめとする大工場が、石山駅周辺に進出するようになった（写真２）。大量の労働者を雇用する大工場の存在は消費需要を喚起し、やがて商店街（石山商店街）が形成されるようになった。こうして、大津地区、膳所地区とならぶ核として石山地区が台頭し始めた（図２）。

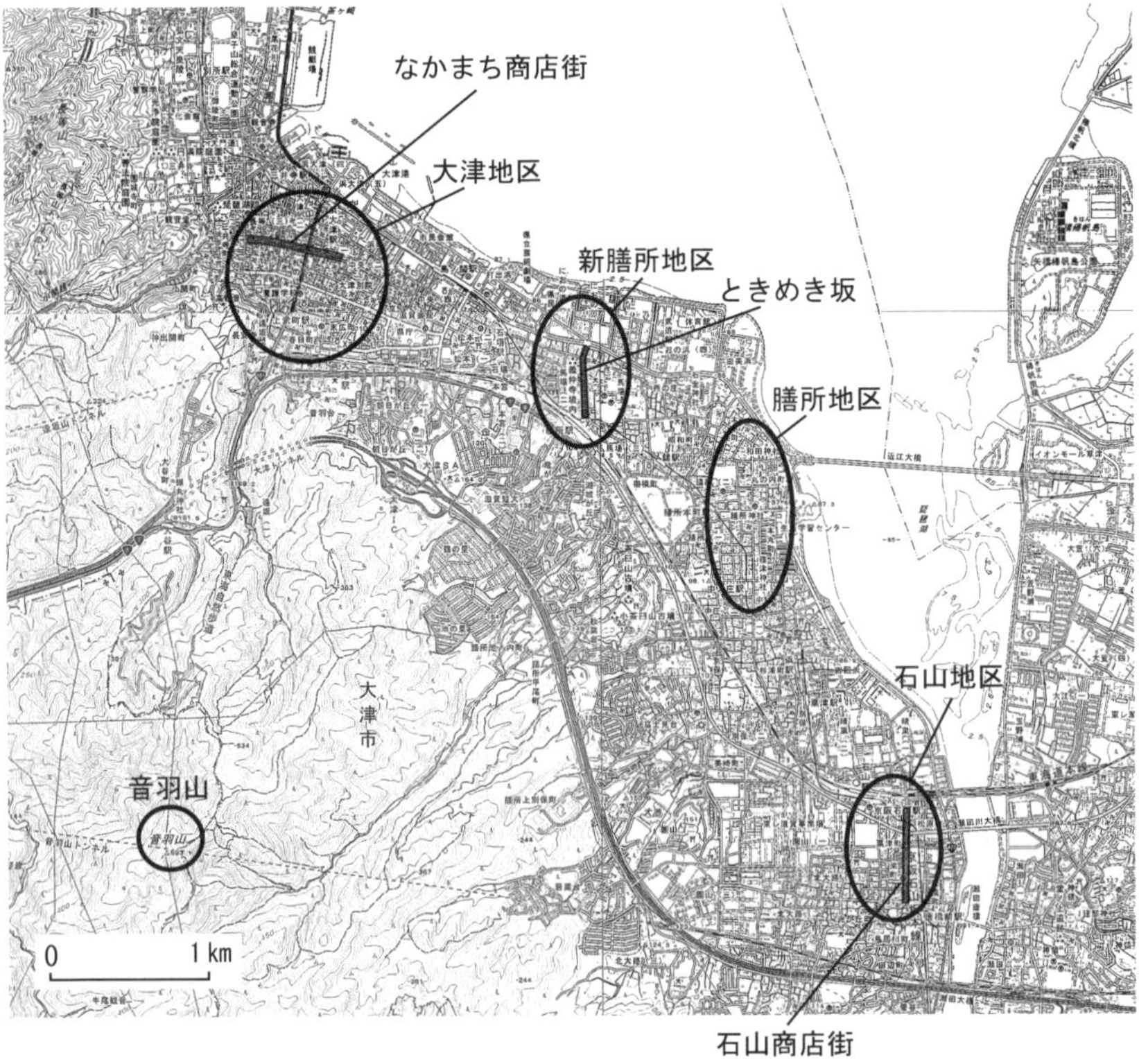

図１　現在の大津

1：25000 地形図「京都東南部」（平成 28 年調製），「京都東北部」（平成 28 年調製），「瀬田」（平成 28 年調製），「草津」（平成 28 年調製）

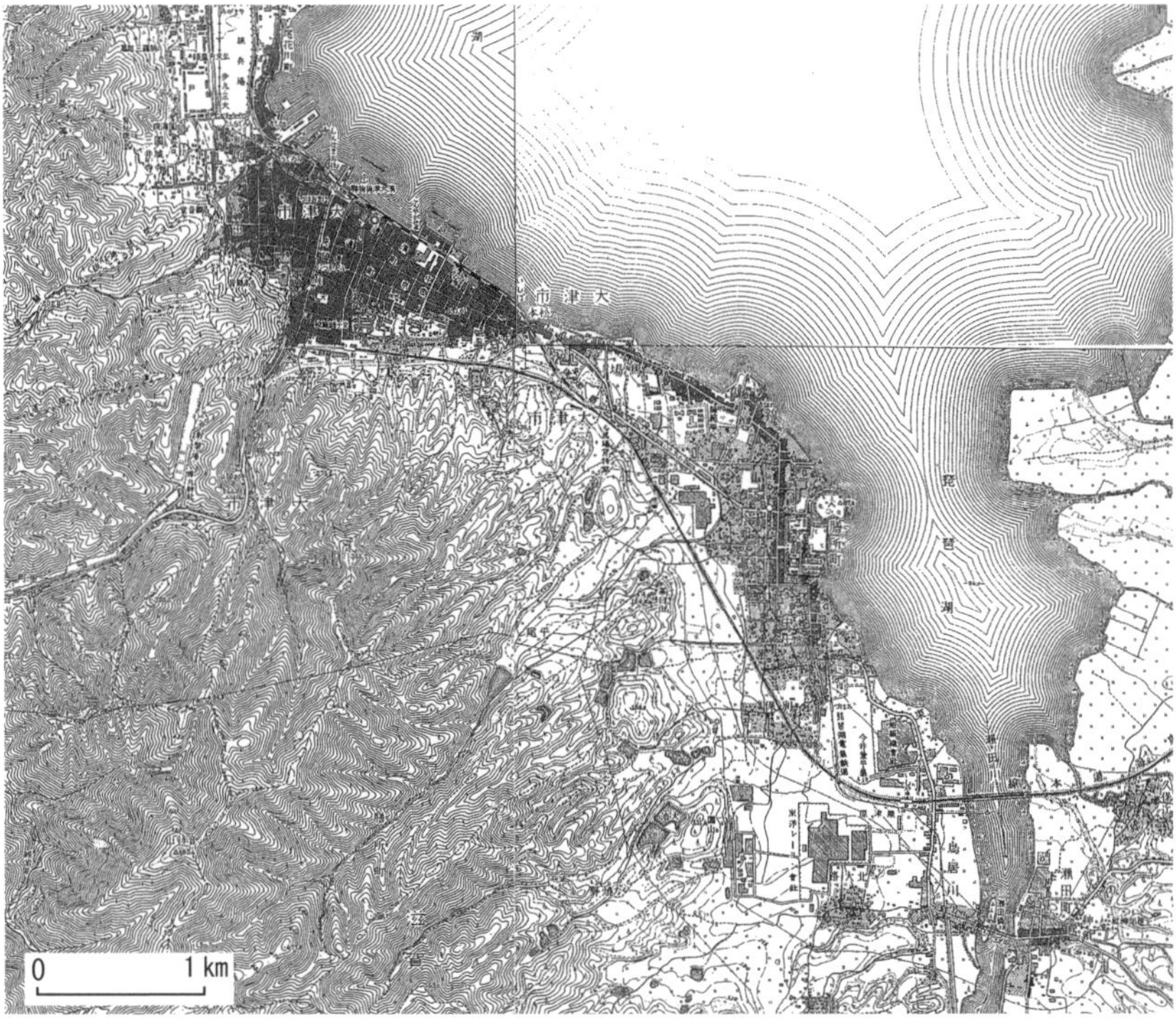

図 2　昭和前期（1930 年頃）の大津

1：25000 地形図「京都東南部」（昭和 6 年部修），「京都東北部」（昭和 6 年鉄補），「瀬田」（昭和 2 年部修），「草津」（昭和 2 年部修）

写真 2　東レ滋賀事業場

1920年代までは、この3つの地区がそれぞれ別の自治体（大津市、膳所町、石山町）として存在していた。1930年代に入り、近代都市としてのさらなる発展を見据えて1市2町の合併を目指すことになったが、当時の膳所町と石山町は、大津市との合併に消極的であったといわれる。工場などの立地によって発展著しい膳所町や石山町からすると、すでに商業都市として飽和状態にあった大津市と合併する意義が薄かったためである。また、大津市に吸収されるという合併の形も、膳所、石山両町には抵抗意識があったものと思われる。こうした状況に大津市側が配慮し、1市2町はいったん解消したうえで対等合併するという形をとり、1933年にようやく新大津市の誕生となった（厳密には、この前年に滋賀村が大津市と合併している）。この経緯からも、3つの核が対等の力関係を有していたことがうかがえる。

◆3核構造の変化

戦前に形成された3核構造に変化がみられはじめたのは、1960年代に入ってからである。京阪神大都市圏郊外の拡大が大津にも及ぶようになり、それまでとは異なる都市発展の段階に入ったのである。いわゆるベッドタウン的発展である。住宅地開発の舞台となったのは音羽《おとわ》山麓であった。折しも、名神高速道路の建設工事が音羽山麓ですすめられており、工事車両用の道路も整備されつつあった。こうした道路がその後の住宅地開発にも活用され、スムーズな宅地化を促した。

写真3　市街地の背後に迫る音羽山

ベッドタウンとして機能するためには、職場（大都市）までのアクセスが良好でなければならない。これを促したのが、国鉄（現・ＪＲ）東海道本線（琵琶湖線）の輸送力強化であった。京都駅から草津駅までの複々線化が１９７０年に完成し、大阪、京都方面へのアクセスが格段に向上した。また、琵琶湖西岸を通る国鉄（現・ＪＲ）湖西《こせい》線が１９７４年に開通したことにより、それまで東海道本線経由で北陸に向かっていた特急列車が湖西線経由となり、東海道本線に余裕が生まれた。これにより、大阪、京都方面への運行本数を増やすことができるようになった。こうして大津は大阪、京都への通勤可能圏に入っていった。

このように大きな成長を遂げ始めた大津には、もう一つ大きな課題があった。都市的施設を建設するためのスペースの確保である。大津の市街地は音羽山と琵琶湖に挟まれた細長い範囲に限定されており（図２、写真３）、そこはすでに戦前の段階で開発が及んでいた。そのため、新たな都市施設を建設する余地がなかったのである。そこで大津が手本としたのが神戸である。神戸では、六甲山麓において大規模な住宅地開発を行い、そこから取り出された土砂を使ってポートアイランドや六甲アイランドなどの埋立地を造った。規模は違うものの、音羽山麓の住宅地開発にともなう土砂を使って琵琶湖岸を埋め立てたのである。

こうして新たな土地が生み出された大津では、ここに公共施設、商業施設、ホテルなどの都市的施設が建設されていった（写真４）。滋賀県最初の百貨店である西武百貨店、滋賀県最大の高さを誇るプリンスホテルは、いずれもこの埋立地に建設されたものである。なお、これら西武百貨店、プリンスホテルが同じ西武グループ（当時）であったのは決し

写真４　湖岸埋立地（におの浜）

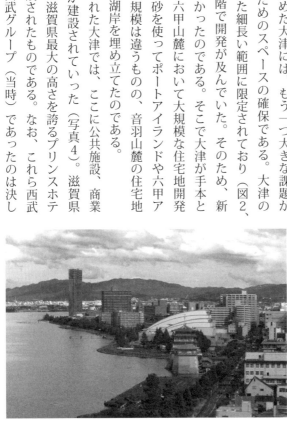

て偶然ではない。西武の創業者が滋賀県出身であることから、この新たな埋立地へ積極的に進出してきたのである。ちなみに、滋賀県湖東地域を走るローカル鉄道である近江鉄道も西武グループであり、鉄道車両、およびその路線バス部門である近江鉄道バスの車両には西武ライオンズカラーが施されている。近江鉄道バスは大津市内でも走行している（写真5）。

湖岸埋立地の開発の結果、膳所地区に大きな変化が生じた。それまで、3核の一つである膳所地区といえば膳所城下町エリアを指すものであったが、膳所城下町エリアは中心性を失くしていった。これに代わり、新たにJR膳所駅から湖岸埋立地に至るエリアが都市核と認識されるようになった。以下では、この新たな都市核を、新膳所地区と呼ぶことにする。

◆3核の衰退

右肩上がりの成長時代であった高度経済成長期からバブル経済期までは、3核いずれにおいても成長がみられた。商業に着目すると、商店街やその付近に大規模小売店が進出してきた時期でもある。大津地区では1974年に平和堂大津店（JR大津駅前）、1975年に西友大津店（菱屋町）、新膳所地区では1976年に西武百貨店（におの浜）、石山地区では1970年に平和堂石山店（石山駅前）が新たに進出した。地元商店街とは少なからず対立はあったものの、商店街、大規模小売店いずれも成長が可能な時代であったため、共存がなされていた。

しかし、バブル経済が崩壊した1990年代頃から、いずれの地区でも商業機能の衰退がはじまるようになった。この一般的要因としては、モータリゼーションにともなう買い物スタイルの変化、駐車場付きの郊外型店舗との競合などが挙げられるが、ここでは大津特有の要因について考えてみたい。

地区別にみると、大津地区では、江若《こうじゃく》鉄道の廃止と湖西線開通の影響が大きい。江若鉄道とは、浜大津駅と近江今津駅（滋賀県高島市）を結んでいたローカル鉄道である。東海道本線の通る湖東側に比べて鉄道路線に恵まれなかった湖西地域の住民が出資して１９２１年に開通した鉄道であった。この江若鉄道が１９６９年に廃止され、新たに国鉄湖西線が湖西地域に開通するのであるが、これは浜大津駅ではなく山科《やましな》駅（京都市山科区）を起点とした。このため、湖西地域の住民が浜大津にアクセスする機会が大きく減り、浜大津の商店街を訪れる機会も減ってしまった。こうした状況がベースにある中で、１９９０年代に入るとバブル経済の崩壊やモータリゼーションの波が押し寄せ、商店街の衰退が本格化していったといえる。

新膳所地区では、１９７６年に開業した西武百貨店とその玄関口である膳所駅を結ぶ通りが「ときめき坂」と称され、バブル経済期には若者向けの店舗が集まり大津の「竹下通り」と呼ばれる繁栄をみせていた。しかし、１９９０年代に入って若者向けの店舗が入居する商業施設（ジェイアール京都伊勢丹、The CUBE、河原町OPAなど）が京都中心部に立て続けに開業したこともあり、ときめき坂からは店舗が撤退していった。大津の若者のファッション文化の拠点であった大津パルコ（１９９６年開業）も２０１７年に撤退、西武百貨店も２０２０年８月をもって閉店となった（写真５）。跡地には分譲マンションが立地する予定である。

石山地区では、東レをはじめとする工場群の労働者が顧客となり石山商店街の繁栄を支えてきたが、脱工業化、工場のオートメーション化などによって労働者

写真５　閉店直後（右）と取り壊し中（左）の西武百貨店
左の写真に映るバスは西武ライオンズカラーの近江鉄道バス.

数は縮小してきた。また、商店街付近に数多くあった社宅も廃止され、工場労働者の多くは他地域からの通勤者に置き換わった。これは、最寄品を求めて商店街を訪れる人々の減少につながった。

このように、大津の3核は核としての機能を失っていった。1990年代には、大津の地盤沈下を食い止めるべく大津地区に浜大津OPA、新膳所地区に大津パルコ（先述）が誕生したものの、いずれも撤退した。

これらの背景にあるのは、やはり京都との近さであろう。JR大津駅から京都駅までの所要時間は10分足らずと、京都市の北部・南部地域よりも京都中心部に近い。それゆえ、京都市内の商業施設の商圏内に大津が含まれ、商業機能が育ちにくい条件を持っている。それでも成長時代であれば問題は少なく、むしろ「京都に近いうえに地元の商店街も充実している」という恵まれた条件にあったといえる。しかし、低成長期に入った1990年代以降、少ない成長をめぐる隣接地域間の競合が激化したため、今度は京都に近いという地理的条件の持つ負の側面が前面に出てしまったといえる。現在、滋賀県内に残っている百貨店は、草津の近鉄百貨店のみとなった。様々な要因はあろうが、大津とは違って京都に近すぎないということも、草津に百貨店が維持されている一因ではなかろうか。

◆多核的ゆえの面白さ

大津は、京都に近接するという特徴ゆえに、成長期にはその恩恵を大いに受けてきたわけであるが、低成長期に入ると状況は正反対となった。これは、大都市に近い他の郊外都市でも多かれ少なかれ同様の状況といえるが、県庁所在都市でこのような状況が顕著に表れている都市は、大津以外には少ないと思われる。隣の都市（草津）に県内唯一の百貨店が立地していたり、県庁の立地する地区（大津地区）がほかの地区（膳所、石山）に対して優位性を発揮できていなかったりなど、大津特有の実態を理解していただけたのではないだろうか。

多くの県庁所在都市では、中核となる地区とその周辺という同心円的な構造がみられるものであるが、大津にはそのような構造がみられない。湖と山の間の細長い部分に市街地が限定されてきたという条件も、後背地が広がらず同心円的な発展が望めなかった一因であろう。

こうした大津の特徴は、都市を代表する顔がみえないという面を持つ一方、多様な地域性をみることができるという面もある。少し範囲を広げて湖西線沿線に目を向けても、大津京、比叡山坂本、おごと温泉、堅田など、特徴が大いに異なる地区が細長く並んでいる。このような大津の構造は、鉄道でどの地区を訪れてもそれぞれの特性を感じ取ることができることを意味しており、都市地理学的にみると面白い。加えて、これらの地区はバラバラに存在しているのではなく、歴史的に強く結びついており、地域間関係を紐解くとまた別の面白い面がみえてくるのである。郊外都市のひとつとして片づけてしまうにはもったいない都市なのである。

（稲垣　稜）

大阪府 大阪市①　買い物行動からミナミの地盤沈下を考える

◆大阪の都心商業地区

大阪は、京阪神大都市圏にとどまらず西日本の中心都市として機能してきた大都市であり、東京に次ぐ中枢管理機能量や商業集積を有する大都市でもある。これだけの大都市であるがゆえに、業務地区、商業地区として知られる地区が複数存在している。

オフィスが集積する業務地区として知られているのは、梅田・大阪駅、中之島・北浜、難波《なんば》・心斎橋《しんさいばし》などであり、それらを南北で結ぶ御堂筋は、大阪を代表する企業のオフィスが建ち並ぶストリートとなっている。また、天王寺駅や京橋駅の周辺においても、ＪＲや私鉄の乗り換えの利便性によりオフィス街が形成されている。さらに、大阪城西側には国や大阪府の関係機関が集中する官公庁街が形成され、大阪城北東側では旧大阪砲兵工廠《しょう》の跡地に整備された大阪ビジネスパークに高層オフィスビル街が形成されている。

商業地区は、業務地区に近接あるいは混在して複数存在している（図1）。梅田・大阪駅はキタと呼ばれる繁華街であり、後述のミナミ（難波・心斎橋）と並ぶ大阪の二大商業地区として知られる。江戸時代までは大坂城下町の北のはずれの湿地帯であったが、１８７４年の大阪駅開業がこの地の発展のきっかけとなった。20世紀に入って、阪神電気鉄道、箕面有馬《みのおありま》電気軌道（現・阪急）などの私鉄が、大阪駅に隣接して駅（梅田駅）を建設し、そこを出発地として郊外へ路線を拡張するようになると、この地区の本格的な発展が始まった。

箕面有馬電気軌道が始めたターミナルデパート（現・阪急百貨店うめだ本店）は、この地区の商業の核であるだけでなく、他の鉄道会社の百貨店経営のモデルになったとされる。戦後には、阪神百貨店、大丸梅田店なども開業、最近ではJR大阪三越伊勢丹も進出した。そのほかにも大小様々な商業施設が集積し、大阪の商業中心として機能している。なお、JR大阪三越伊勢丹は、周辺に立地するライバル店との競合に打ち勝つことができず、ルクアイーレというファッションビルへと業態転換を余儀なくされた。競争力のある商

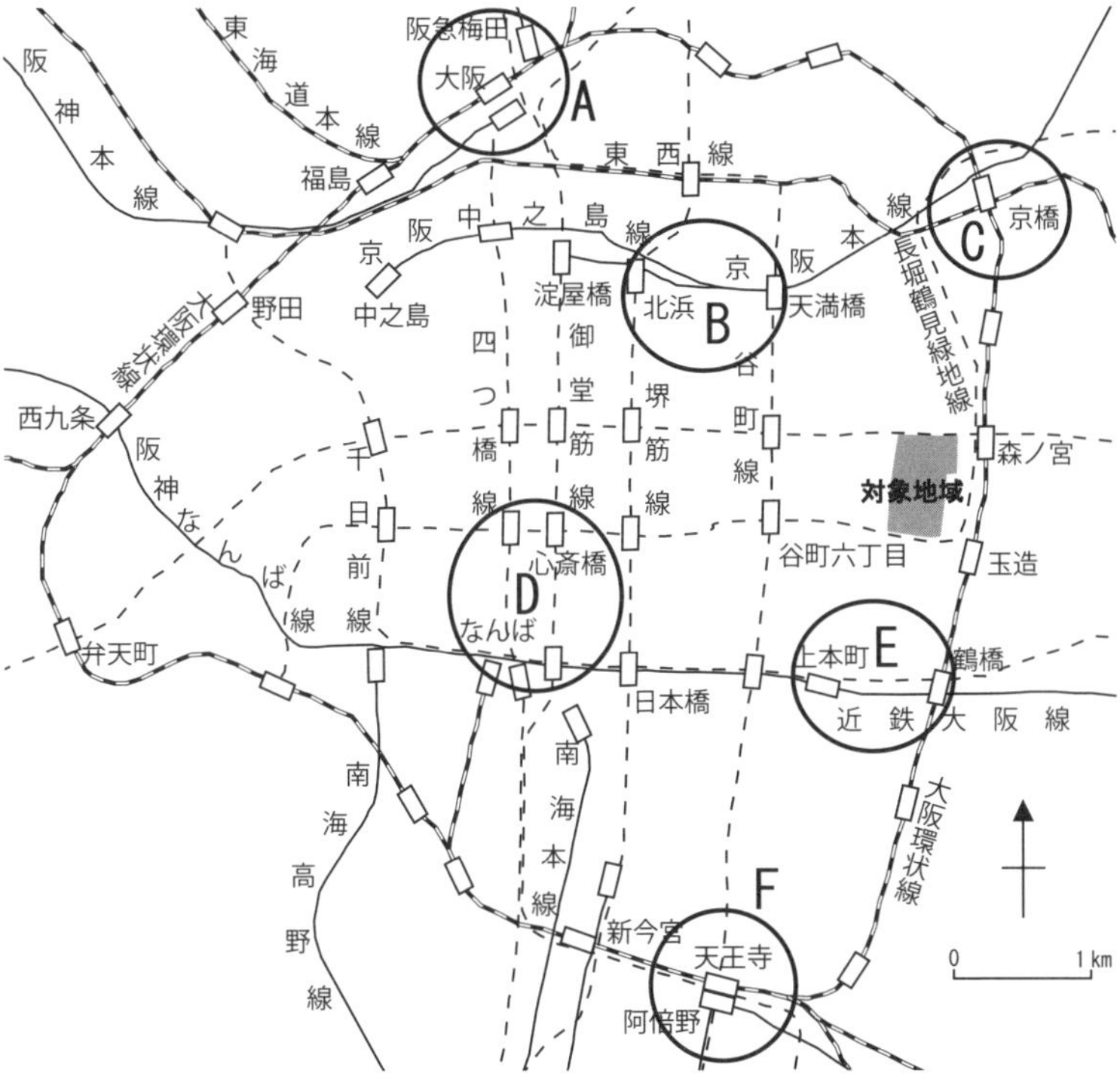

A：梅田・大阪駅　B：北浜・天満橋　C：京橋
D：難波・心斎橋　E：上六・鶴橋　F：天王寺・あべの

図１　大阪市中心部の鉄道路線・主要商業地区とアンケート対象地域

業施設の集積が著しい地区であることの表れといえよう。

もう一つの主要商業地区である難波・心斎橋は、ミナミと呼ばれる繁華街である。難波・心斎橋のうち、心斎橋（筋）は、大坂城下町時代から商業地として発展してきた地区である。明治以降も高次商業地としての地位を維持し、20世紀に入るとそごう、大丸などの百貨店も開業した。一方、心斎橋の南側に位置する難波は、江戸時代には城下町のはずれに位置していたが、阪堺《はんかい》鉄道の難波駅（現・南海難波駅）、大阪鉄道（後の関西鉄道。近鉄の前身の一つである大阪鉄道とは別）の湊町駅（現・ＪＲ難波駅）の開業により、ターミナルとしての特性を有するようになって商業的発展が始まった。高島屋大阪店やなんばパークス、なんばマルイなど、南海難波駅周辺に大型商業施設が集積している。このように、心斎橋と難波では発展の経緯が異なるものの、両地区は心斎橋筋商店街と戎橋《えびすばし》筋商店街を通じて結ばれており、まとまった商業地区を形成している。

これら二大商業地区以外では、上六《うえろく》・鶴橋、天王寺（あべの）、京橋、北浜・天満橋《てんまばし》などが挙げられる。上六・鶴橋のうち、上六（上本町《うえほんまち》六丁目）は、大阪電気軌道（現・近鉄の前身の一つ）のターミナル駅として上本町駅が開設されて以降に発展した地区であり、ターミナルデパートとしての大軌百貨店（現・近鉄百貨店上本町店）を核として発展した。鶴橋は、大阪電気軌道や城東線（現・大阪環状線）の鶴橋駅が開業したことで発展した地区であり、日本最大のコリアタウンとしても知られる。

天王寺（あべの）は、大阪鉄道（現・近鉄の前身の一つ。関西鉄道の前身である大阪鉄道とは別）の大阪阿部野橋駅に、ターミナルデパートである大鉄百貨店（現・あべのハルカス近鉄本店）が開業して以来、同百貨店を核として発展してきた。現在では、ＭＩＯ、あべのキューズモール、あべのベルタなどの商業施設の立地もみられる。

京橋は、ＪＲと京阪電気鉄道の京橋駅を中心に商業集積がみられる地区であるが、これまでに挙げてきた地区のように戦前からのターミナルデパートは存在しない。京阪京橋駅にある京阪モールは１９７０年に開業した比較的新しい店舗である。

最後に挙げる北浜・天満橋は、ターミナル的な要素をもった地区ではない。中之島から北浜にかけては大阪を代表するオフィス街であり、そこに隣接するように、かつては三越大阪店（北浜）や松坂屋大阪店（天満橋）が立地していた。現在は両百貨店とも撤退し、三越大阪店の跡には超高層マンション、松坂屋大阪店の跡には商業施設の京阪シティモールが立地している。

◆ミナミの地盤沈下

先述した主要な商業地区が含まれる行政区の小売業年間販売額と売場面積の推移をみることにする（図２）。それぞれの行政区に含まれる主な商業地区を挙げると、北区は梅田・大阪駅、中央区は難波・心斎橋（難波については難波駅の北側）と北浜・天満橋、阿倍野区は天王寺駅（大阪阿部野橋駅）の南側、天王寺区は天王寺駅（大阪阿部野橋駅）の北側と上六・鶴橋、浪速《なにわ》区は難波駅の南側、都島《みやこじま》区は京橋である。

梅田・大阪駅を含む北区と、難波・心斎橋を含む中央区が年間販売額でも売場面積でも他の区を大き

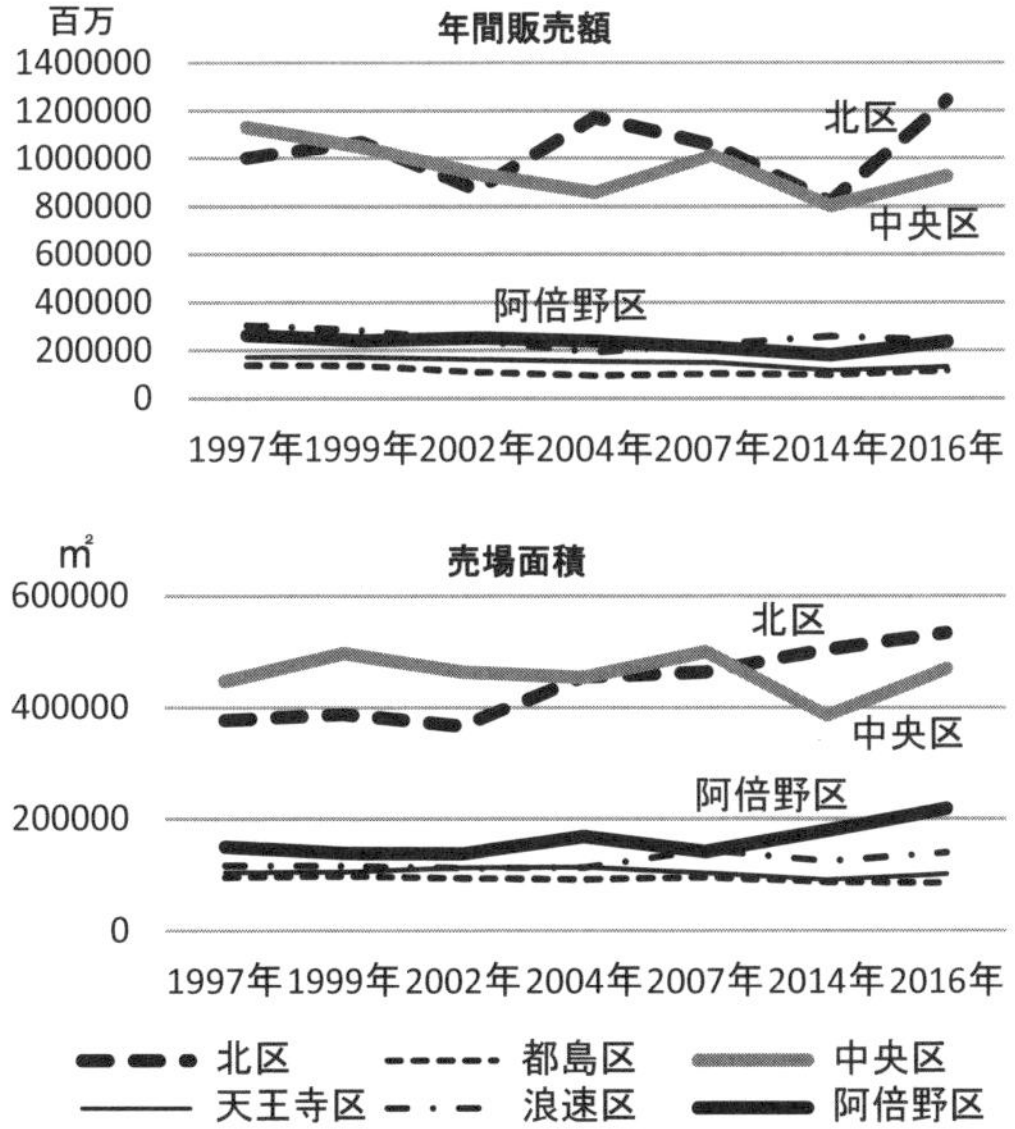

図２　大阪市の主要区における小売業の変化
『商業統計』『経済センサス』をもとに作成.

く引き離しており、二大商業地区の地位の高さを物語る。北区と中央区を比較すると、バブル経済崩壊直後である１９９７年には、年間販売額、売場面積のいずれにおいても中央区が大きかったが、その後は逆転した。近年、梅田・大阪駅では、阪急百貨店うめだ本店の大幅増床やグランフロント大阪の新規開業などが相次いで行われたのに対し、難波・心斎橋では、そごう心斎橋本店が閉店となるなど、商業地としての地位低下がすすんできた。これらに次ぐのは、天王寺駅（大阪阿部野橋駅）南側を含む阿倍野区、難波駅の南側を含む浪速区である。特に、売場面積において阿倍野区の成長が著しい。これは、日本有数の超高層ビルであるあべのハルカスにおいて近鉄本店の大規模リニューアルが行われたことが影響している。

以上のように、商業的拡大のすすんできた梅田・大阪駅と天王寺（あべの）に挟まれた難波・心斎橋の苦境が明らかである。このような状況は、「ミナミの地盤沈下」などと呼ばれることもある。(1)

◆都心居住者の買い物行動

以下では、キタ（梅田・大阪駅）とミナミ（難波・心斎橋）の動向を、大阪市居住者の買い物行動からみていくことにする。ここで参照するのは、大阪市中央区のＪＲ森ノ宮駅・玉《たま》造《つくり》駅に近接する地区（図１）の居住者を対象に筆者が実施した買い物行動に関するアンケート調査の結果である。(2)

全回答者の買い物場所を、高級服と普段着に分けて一般的傾向を確認しておこう。表１によると、高級服は半数が梅田・大阪駅を指向しており、難波・心斎橋は19％にとどまっている。

表１　アンケート全回答者の購入品目別の買い物場所

	梅田・大阪駅	北浜・天満橋	京橋	難波・心斎橋	上六・鶴橋	天王寺（あべの）	森ノ宮・玉造	その他
高級服	50	1	1	19	4	11	3	11
普段着	22	7	6	15	5	11	21	14

注：単位は％．筆者アンケート調査をもとに作成．

アンケート対象地域である森ノ宮・玉造は、梅田・大阪駅、難波・心斎橋のいずれにもアクセスしやすい地域であるが、梅田・大阪駅指向が明瞭である。これらに次ぐのは11%を占める天王寺（あべの）であり、これら3地区で約80%を占めている。普段着をみると、梅田・大阪駅が約2割と低くなっているのに対し、高級服ではわずか3%であった森ノ宮・玉造が21%と、梅田・大阪駅と同程度となっている。次いで、難波・心斎橋が約15%、天王寺（あべの）が11%となっている。梅田・大阪駅に特化する傾向の強かった高級服に比べて、普段着の買い物場所は分散傾向にある。

回答者を、現住所への入居時期によって区分し、それぞれの買い物場所をみたのが表2（高級服）、表3（普段着）である。梅田・大阪駅、難波・心斎橋、天王寺（あべの）以外の商業地区の割合は非常に低いことが表1でわかるため、表2と表3では、この3つの商業地区とアンケート対象地域である森ノ宮・玉造以外はその他としてまとめて示してある。

高級服をみると（表2）、1999年以前入居者は難波・心斎橋の割合が高い。2000年以降入居者は梅田・大阪駅の割合が高く、天王寺（あべの）もやや高くなっている。先に述べたように、梅田・大阪駅や天王寺（あべの）では、大規模商業施設の新規出店や増床がすすんだ。つまり、新住民は、高級服の買い物において、大阪市都心の大きな目玉と

表2　入居時期別にみた買い物場所（高級服）

［男性］	梅田・大阪駅	難波・心斎橋	天王寺（あべの）	森ノ宮・玉造	その他
2000年以降	47	20	11	5	17
1999年以前	31	31	10	5	24
［女性］	梅田・大阪駅	難波・心斎橋	天王寺（あべの）	森ノ宮・玉造	その他
2000年以降	56	15	13	3	13
1999年以前	40	27	6	0	27

注：単位は%．筆者アンケート調査をもとに作成.

表3　入居時期別にみた買い物場所（普段着）

［男性］	梅田・大阪駅	難波・心斎橋	天王寺（あべの）	森ノ宮・玉造	その他
2000年以降	17	14	13	25	31
1999年以前	14	34	9	14	30
［女性］	梅田・大阪駅	難波・心斎橋	天王寺（あべの）	森ノ宮・玉造	その他
2000年以降	27	13	11	18	31
1999年以前	14	14	9	29	35

単位は%．筆者アンケート調査をもとに作成.

なる大規模商業施設の新規出店がすすむ地区（梅田・大阪駅、天王寺（あべの））を指向しているといえそうである。また性別では、女性において梅田・大阪駅、男性において難波・心斎橋を指向する傾向にあることもわかる。

普段着をみると（表3）、高級服と同じく、新住民である2000年以降入居者は梅田・大阪駅を指向する。特に女性はこの傾向が強く、普段着であっても、自宅近隣である森ノ宮・玉造よりも梅田・大阪駅の割合が高い。1999年以前入居者では、特に男性における難波・心斎橋への指向の強さが顕著である。

最後に、1999年以前入居者の高級服を対象に、同一回答者の2000年時点と調査時点（2019年）の買い物場所の変化をみていこう（表4）。男性においては、梅田・大阪駅の低下という、一般的傾向とは対照的な実態が確認できる。難波・心斎橋は両時期で割合にほぼ変化がない。つまり、旧住民の男性においては、難波・心斎橋を指向する傾向が依然として根強いといえる。

女性の場合は、両時期の間に梅田・大阪駅への指向が強まっている。すなわち、梅田・大阪駅は、女性を吸引する傾向を強めたといえる。表2でみたように、2000年以降入居者は、ここでの1999年以前入居者よりも梅田・大阪駅の割合がさらに高く、とりわけ女性の高さは顕著であった。つまり、旧住民による難波・心斎橋から梅田・大阪駅へのシフトに加え、梅田・大阪駅を指向する新住民の流入により、女性の梅田・大阪駅シフトがすすんできたと解釈できる。

表4　1999年以前入居者の買い物場所の変化（高級服）

［男性］	梅田・大阪駅	難波・心斎橋	天王寺（あべの）	森ノ宮・玉造	その他
2000年時点	36	30	5	2	27
2019年時点	33	30	9	5	23
［女性］	梅田・大阪駅	難波・心斎橋	天王寺（あべの）	森ノ宮・玉造	その他
2000年時点	31	41	0	0	28
2019年時点	40	26	6	0	28

単位は%．筆者アンケート調査をもとに作成．

◆買い物行動から都心商業地区の特性をみる面白さ

近年の大阪市都心をめぐる状況は、「ミナミの地盤沈下」の用語に代表されるように、難波・心斎橋（中央区）の衰退が顕著であった。目玉となる大規模再開発が行われてきた梅田・大阪駅や天王寺（あべの）に比べると、近年の難波・心斎橋にはそういうものが少なかった。

ただし、難波・心斎橋離れが、すべての人に共通した現象ではないことも、買い物行動の結果から明らかになった。とりわけ高級服の買い物に関しては、最近入居した人々や女性が指向する梅田・大阪駅、以前から生活する人々や男性が指向する難波・心斎橋というように、入居時期、性別によって指向性に違いがみられることが明らかになった。普段着の買い物に関しても、確かに二大商業地区指向は低くなり自宅近隣（森ノ宮・玉造）指向が強くなるのだが、それでも最近入居した女性においては梅田・大阪駅を指向する割合は高かった。以前から現住所に居住する人々の高級服の買い物場所が時間とともにどのように変化したのかをみても、２０００年時点から現在（２０１９年）にかけて、女性では難波・心斎橋から梅田・大阪駅へと買い物場所を変えた人が多かったが、男性は依然として難波・心斎橋指向が強いままであった。このように、ひと口に「ミナミの地盤沈下」と言っても、その内実は買い物を行う人の属性によって異なっているという点は興味深い。

大阪のような大都市は、内部に複数の商業地区を有するという点で中小都市とは異なる。しかも、それらの各地区は特性も多様である。こうした地区特性の多様さに着目すると、大都市の観察が一段と興味深いものとなる。街の雰囲気、建物のデザインなどから各地区の特性を観察することもできるが、ここでは買い物を行う人の側からも商業地区の特性の把握が可能であることを、筆者の調査をもとに示してきた。

ぜひ梅田・大阪駅、難波・心斎橋を訪れ、買い物客の人々を観察し、筆者の調査結果がどの程度あたっているのか（はずれているのか）を確認していただきたい。もちろん、筆者のアンケート調査は森ノ宮・玉造に居住する人々だけを対象にしたものであり、実際大阪を訪れる人のなかのごく一部を構成しているに過ぎない。しかし、森ノ宮・玉造の居住者だけが特異な買い物行動をしているとも思えないので、ある程度あてはまるのではないかと考えている。こうしたスタイルの観察も、大阪のような大都市を訪れる際には面白いのではないだろうか。

（稲垣　稜）

［注］

（1）宮城健一（2013）「最終局面の大阪地域間競争　北ヤード、アベノ再開発でミナミの地盤沈下が鮮明に」経済界48─15、52─53頁。

（2）稲垣　稜（2021）『日常生活行動からみる大阪大都市圏』ナカニシヤ出版。

大阪府　大阪市②　人から読み解くキタの姿

◆人から都市を考える

大阪で「吉本」といえば、皆さんは何を（誰を）思い浮かべるであろうか。多くの人は「お笑いの吉本興業」を連想し、特定の芸人の漫才やギャグを思い浮かべるか、あるいは吉本新喜劇のテーマ曲のメロディ「ホンワカパッパ〜」が頭に鳴り響いていることであろう。しかし、本章で登場する「吉本」は別の吉本であり、不動産業を生業とする「どケチの吉本」である。

さて本章では、前章（大阪市①）と同様に大阪を取り上げる。前章では主にミナミを中心とする地域が取り上げられていたのに対し、本章では主としてキタの地域（大阪駅周辺）についてみていく（図1）。

また、本章では「人」に焦点をあて、都市を構成し、都市を動かす人から都市を考えてみたい。厳密には、都市で生活をする私たちはみな都市の構成員であるが、都市を動かす影響力を考えると、必然的に都市への影響力が大きい著名人を扱うことになる。著名人といっても芸能人やスポーツ選手、政治家、経済人など様々であるが、ここでは主として、都市を動かす、都市を形成するという観点での著名人を取り上げて大阪をみる。したがって、必ずしも誰もが知る著名人とは限らない。また、都市を動かす人には個人だけでなく法人も含まれるゆえ、企業や団体についても言及する。なお、データの関係上、現代における著名人ではなく、主に戦前の人物を中心に扱うことになる。

いろいろな形で都市を動かす人が存在するが、ここでは土地所有者を中心に考えてみたい。土地利用は土地所有者の意思決定を反映したものであり、それら土地利用の積み重ねがその都市の形態を規定することを考えると、土地所有者も都市を動かす人といえる。とりわけ、大土地所有者や名の知れた不動産業を営む人は実際に都市の形成に大きな影響を与えてきた。

一般に、戦前の土地所有者を調べるには土地台帳を閲覧する必要がある。土地台帳は一次資料であるためすべての土地に関して調べることができる反面、広い範囲の情報を得るには多大な労力を要する。しかし、便利な二次資料として土地宝典という資料がある。土地宝典とは特定の時点の土地台帳と地籍図（土地台帳付図）のデータを合わせて編集された資料である。ただし、土地宝典が作成された都市（あるいは地区）や時点は少ないため、使用は限定的にならざるを得ないが、幸運にも大阪については土地宝典があるため、まずは、その資料を用いてみる。

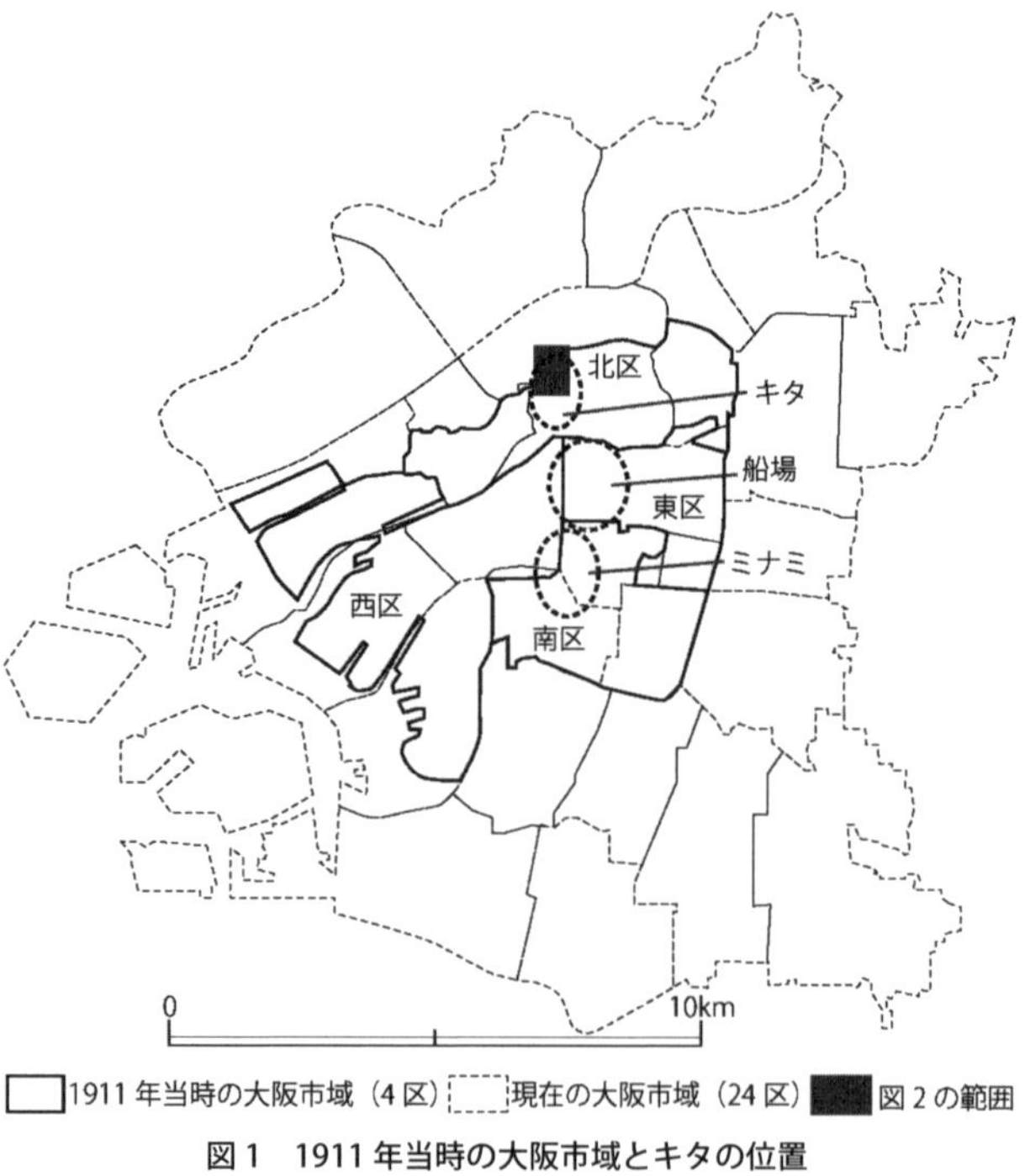

図 1　1911 年当時の大阪市域とキタの位置

注：「キタ」「船場」「ミナミ」はおおよその範囲である.

◆1911年時点における大阪の大土地所有者

『大阪地籍地図』（吉江集画堂刊行）は土地宝典の一つであり、1911年当時の大阪の土地所有がまとめられている。本稿は大阪のキタを取り上げるが、まずは、この資料から当時の大阪全体の土地所有を概観してみよう。[1]当時の大阪は工業の発展が著しく、また、都心部においては職住分離や業務地区化が進行していた。[2]工業化による都市の成長・拡大に対応する形で1897年には市域拡張が行われ、1889年の市制施行時（15・3㎢）から3・6倍（55・6㎢）に市域が拡大していた。とはいえ、現在の市域（225・2㎢）の4分の1ほどであり、当時の大阪市域は現在の都心部およびその周辺を含む範囲に留まる（図1）。

1911年当時、大阪全体で20408人の土地所有者が存在していた。[3]そのうちの半数近くが複数区画を所有し、1割弱が区をまたいで区画を所有する状況であった。表1は当時における大土地所有者（所有区画数上位40位）のリストである。個人28名と個人以外12名がリストに名を連ね、そのほとんどが西区の区画を所有していることがわかる。当時の西区は他の3区に比べて市街化が及んでいなかったことから、これらの大土地所有者は将来的な市街化を見越して区画を所有していたといえよう。

本リストにある法人は紡績業やインフラ系の企業、土地会社が目立つ。泉尾土地や政岡土地などの土地会社は大阪湾岸の新田地帯の土地を所有する個人の大土地所有者を中心に設立され、土地・建物の賃貸や宅地開発など不動産業を手掛けていった。[4]個人においても、和田あいや芝川又右衛門、松井重太郎などは西区にて、古山宇一や江川ツヤ、吉本五郎右衛門などは北区にて貸家や貸地などの不動産業に従事していた。なお、冒頭で記した「どケチの吉本」とは、『どケチ人生』を著し、[5]「大日本どケチ教」を設立して教祖となった吉本晴彦に由来する。吉本家は代々梅田地区周辺の大土地所有者であり、戦後は所有地を活用

表 1　1911年時点における大阪の大土地所有者（上位40位）

順位	所有者	所在地	職業等	区画数				
				合計	北区	南区	東区	西区
1	**泉尾土地**	西区泉尾町		1,828				1,828
2	和田あい	南区南炭屋町	地主	1,315		1		1,314
3	住友吉左衛門	南区鰻谷東之町	●金融業	1,221	49	181	11	980
4	芝川又右衛門	東区伏見町 4	●漆器商，会社役員等	853	64		9	780
5	**大阪市**			393	163	84	54	92
6	外村与左衛門	滋賀県神崎郡金堂村	衣料商	484			1	483
7	岩田五郎左衛門	兵庫県川西市	酒造業	393				393
8	木村権右衛門	東成郡鶴橋村	政治家	322	3	13	3	303
9	辰馬吉左衛門	兵庫県浜ノ町	酒造業	285				285
10	**政岡土地**	京都府乙訓郡大山崎町		282				282
11	清海復三郎	西区春日出町	●	280				280
12	田中市蔵	西区靭北通 1	●（後に会社役員）	268	9	7		252
	松井重太郎	北区西野田新家西ノ町	●地主	268	11			257
14	**大阪運河**			247	1			246
15	**西成鉄道**			240				240
16	和久新三郎	北区堂島北	●材木商	178	2			176
17	**鐘淵紡績**			154				154
18	古山宇一	北区沢上江町	●地主	151	151			
19	**大阪アルカリ**			146				146
20	松本長兵衛	西区南堀江通 1		141				141
21	豊田宇左衛門	南区長堀橋 1	●書籍商	139	4	12	6	117
22	**摂津紡績**	南区木津川町 2		130	11	119		
23	田中藤三郎	西区泉尾町	●薬種商	125				125
24	**大阪紡績**	西区三軒家上ノ町		123	1			122
25	杉村正太郎	東区南久太郎町 2	●会社役員等	120	1		1	118
26	杉村甚兵衛	東京日本橋区	繊維業	118				118
27	**藤田組**	北区堂島		113	27			86
28	**大阪電灯**	北区中ノ島 5		103	79	4	1	19
	三番彦三郎	北区善源寺町		103	103			
30	於勢真十郎	西区三軒家町	●燐寸軸木商	101		76		25
31	山野助四郎	北区朝日町	●	98	98			
32	吉本五郎右衛門	北区東梅田町	●地主	97	97			
33	野々村薫	北区中野町	●	94	94			
34	簗留勘左衛門	西区本田町通 2	●質商	87		1		86
35	江川ツヤ	北区下福島 3	●地主	84	84			
36	**木本鉄工**	南区難波桜川 4		83				83
37	片岡孫助	西区市岡町	●地主，家主	79	8			71
38	木原忠兵衛	東区安土町 1	●金融業	76	2	17	45	12
39	浮田寿子	南区安堂寺橋 4		75		8		67
40	長谷田平兵衛	西区常吉町		73				73

注：「所有者」が太字であるのは個人以外の所有者を示す．「職業等」の欄における●印は，『第15版　日本紳士録』（1910年発行）に記載があることを示す．企業名にある法人種別の記載は省略している．
資料：『地籍台帳・地籍地図（大阪）』，『第15版　日本紳士録』，インターネット上の情報より作成．

する形で不動産業を営んできた。大阪駅前を象徴する大阪マルビルが同家の代表的な資産であったことからも、同家がキタの形成に大きくかかわってきたことがわかる。ここで登場する吉本五郎右衛門は、吉本晴彦の曽祖父にあたる。

上位40位に入る個人の大土地所有者の多くは当時の紳士録に掲載されており、経済的にも社会的にも名士であったといえる。彼らは会社役員や金融業などの本業に従事する傍ら、所有する区画にて不動産業も展開していった。

◆キタの土地所有構造と大土地所有者

次に、本章の対象地域であるキタの土地所有者についてみる。具体的には、大阪駅周辺の9町丁（現在の行政区分）について（図2）、土地台帳や土地登記簿を資料として、1885～1999年の期間の土地所有変遷の分析を基に、同地域における大土地所有者の属性や動向についてみる。なお、土地所有者の属性などの情報については、人名録などの各種名簿資料を資料とした。

キタとミナミの位置関係など大阪の都市構造や、キタの商業地区・業務地区としての発展の経緯については前章（大阪市①）にて記されているので詳細

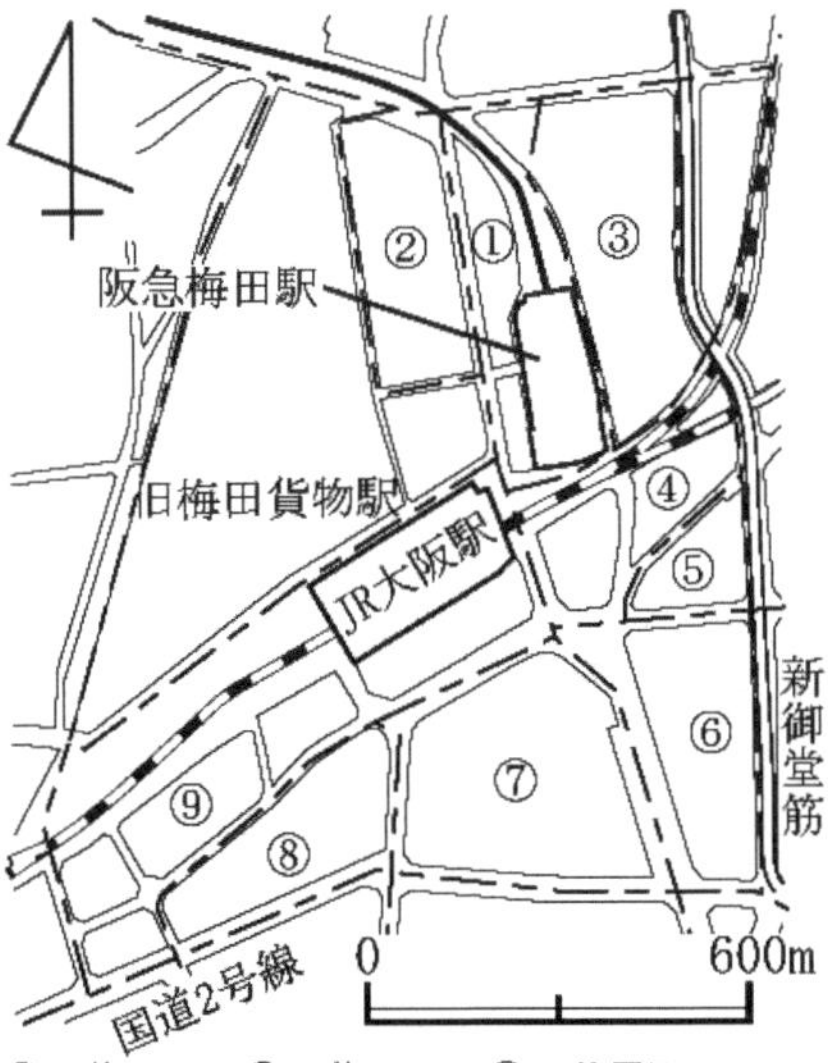

①：芝田１，②：芝田２，③：茶屋町，
④：角田町，⑤：小松原町，⑥：曽根崎２，
⑦：梅田１，⑧：梅田２，⑨：梅田３

図２　キタにおける土地所有分析の対象範囲

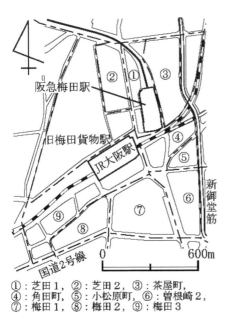

は割愛するが、キタの発展は１８７４年に梅田ステンショ（現・大阪駅）が開設されたのに端を発する。梅田の語源は「埋田」ともいわれ、同駅が開設された頃の同地域は低湿地に田畑が広がり、市街の外れに位置し、後発で発展してきた場所であった。

そもそもキタとはどの範囲を示すのであろうか。宮本又次によると、キタは「北の新地」を表す概念であるものの、明確な区画を示すもので

表2　キタ（大阪駅周辺）における土地所有者上位30位（1911年）

	所有者	住所	職業	面積（㎡）
1	吉本五郎右衛門	北区東梅田町	☆地主・家主	23,146
2	**阪神電鉄（株）**	兵庫県尼崎町		19,692
3	竹内理一	北区曽根崎中１丁目	☆大阪市技師	17,449
4	渡邊眞治	北区曽根崎上３丁目	☆会社社長, 地主・家主	15,807
5	高倉藤平	南区	☆株式仲買人，会社役員	11,645
6	高橋清三郎	北区高垣町	☆太物商，家主	11,579
7	西野政治郎	北区高垣町	☆	10,819
8	**大阪府**			10,493
9	岩井與次郎兵衛	北区堂山町	☆家主	10,460
10	伊藤卯三郎	東区	☆会社社長	9,982
11	渡邊マツ	北区曽根崎上４丁目	☆地主	9,263
12	**大阪市**			8,112
13	**明楽寺**	東住吉区		7,658
14	伊藤萬助	東区	☆洋織物商，会社役員	7,042
15	法花安次郎	北野村（第１次市域拡張前）	☆地主・家主	6,780
16	**永楽町ほか10ヶ町区**			6,588
17	杉浦国松	北区小松原町	☆地主・家主	6,007
18	松村彦繁	西成郡（第１次市域拡張前）		5,776
19	渡邊又兵衛	北区曽根崎中２丁目	☆地主・家主	5,714
20	年木久治郎	北区曽根崎上４丁目	☆地主・家主	5,019
21	**佐藤町ほか51ヶ町**			4,638
22	阪邊源次郎	北区堂島北町		4,452
23	西松　喬	西区	☆綿花仲立業	4,144
24	白江重知	北区高垣町	☆神職	4,097
25	芝川又右衛門	東区	☆漆器商，会社役員	4,067
26	馬場源左衛門	豊崎村（第１次市域拡張前）	☆農業	4,026
27	牧野梅太郎	北区梅田町	☆料理業	3,798
28	吉本彦太郎	北区曽根崎中２丁目	☆地主・家主，市会議員	3,764
29	寺島作蔵	北区曽根崎上３丁目		3,672
30	伊藤卯良			3,242

注：「所有者」が太字であるのは個人以外の所有者を示す.「職業」の欄にある☆印は各種名簿資料に記載があることを示す.

資料：土地台帳より作成.

はなく、北の新地が堂島新地から曽根崎新地へと北に移るのにつれてキタの範囲が北側へと拡がり、梅田周辺も含めた空間概念と認識される[6]。なお、江戸時代における大阪の中心である船場はキタの南に位置し、キタとミナミに挟まれた範囲である（図1）。

表2と表3は、それぞれ1911年と1945年における同地域の大土地所有者（所有面積上位30位）を示している。1911年のリスト

表3　キタ（大阪駅周辺）における土地所有者上位30位（1945年）

	所有者	住所	職業	面積（㎡）
1	**阪神電鉄（株）**	兵庫県尼崎市		18,738
2	**日本兵機製造（株）**	東淀川区		13,805
3	吉本五郎右衛門	北区梅田町	☆地主・家主	12,753
4	**京阪神急行電鉄（株）**	兵庫県川西町		11,435
5	岩井與次郎兵衛	北区堂山町	☆地主・家主	10,460
6	西野亀太郎	大阪府箕面村	☆地主・家主	10,397
7	竹内理一	北区曽根崎中1丁目	☆大阪市技師	10,065
8	**渡邊（合名）**	北区曽根崎中2丁目		9,392
9	渡邊ヱン	北区曽根崎上4丁目	☆地主・家主	9,214
10	伊藤静子	兵庫県住吉村		8,517
11	**明楽寺**	東住吉区		7,658
12	**千島土地（株）**	大正区		7,307
13	**三和信託（株）[吉本晴彦]**	東区		7,012
14	春海申三	東区		6,846
15	**済生会病院**	東京都		6,160
16	**大阪市**			6,115
17	渡邊新右衛門	大阪府箕面村	☆地主・家主	5,889
18	松村嘉彦	大阪府豊中市		5,776
19	**山岡内燃機（株）**	北区茶屋町		5,259
20	馬場源政	大淀区	☆不動産会社役員	5,113
21	**大蔵省**			4,528
22	**富国生命保険（相）**	東京都千代田区		4,323
23	門坂清助	北区茶屋町	☆米穀商	4,310
24	**神戸土地興業（株）**	兵庫県神戸市		4,166
25	**大阪府**			4,065
26	**日本通運（株）**	東京都千代田区		3,943
27	芝川又四郎	東区	☆不動産会社役員	3,822
28	牧野梅太郎	北区梅田町	☆飲食店業	3,755
29	高橋峯三郎	大阪府池田市	☆	3,563
30	**西松（合資）**	北区堂山町		3,475

注：「所有者」が太字であるのは個人以外の所有者を示す．「職業」の欄にある☆印は各種名簿資料に記載があることを示す．

資料：土地台帳より作成．

では個人が多く、同地域やその周辺を所在地とする地主・家主が目立つ一方、個人以外の土地所有者は少なく、企業としては阪神電鉄（株）のみリストに登場する。しかし、１９４５年のリストでは個人所有者が減少し、半数以上が個人以外の土地所有者となっている。とりわけ企業の存在が目立つが、それらを分類すると、阪神電鉄（株）と京阪神急行電鉄（株）（現・阪急電鉄）の電鉄企業、富国生命保険（相）や日本通運（株）など外部から同地域に進出した企業、そして同地域所在の個人の土地所有者が設立した企業（山岡内燃機（株）（現・ヤンマー）や渡邊（合名）、千島土地（株）、西松（合資））に分けられる。

同地域における個人の大土地所有者としては、まずは表１の大阪全体のリストにも登場する吉本五郎右衛門が挙げられよう。吉本五郎右衛門（１９１１年の五郎右衛門と１９４５年の五郎右衛門は別人であり、後者は前者の孫にあたる）は渡邊又兵衛や渡邊新右衛門（１９１１年のリストにある渡邊眞治の父）とともに、明治初期には梅田付近の大土地所有者であった。吉本五郎右衛門は１９１１年時点でも同地域最大の大土地所有者であり、その息子の吉本彦太郎も広い面積を有していた。１９４５年時点でも吉本家は広い面積を所有しており、吉本彦太郎の孫である「どケチ」の吉本晴彦の名前もリストに登場する（この時点では三和信託（株）に土地信託中であった）。なお、大阪駅前の通称ダイヤモンド地区の北半分は戦前に土地区画整理事業が施行され、その際の換地処分によって吉本五郎右衛門は現在のヒルトン大阪やヒルトンプラザがある区画を、吉本晴彦は大阪マルビルがある区画を所有することとなり、戦後、それぞれの区画で都市開発が行われていった。区画整理前の同地区は、建物が密集し、零細な土地所有者が多数存在する状況であったが、換地処分時点では阪神電鉄（株）と京阪神急行電鉄（株）、吉本五郎右衛門、吉本晴彦、渡邊新右衛門などに土地の集約化が図られた。

吉本家以外の個人の大土地所有者では、渡邊家や芝川家、伊藤家も、同地域や大阪全体に影響を及ぼした一族であった。吉本家や渡邊家が同地域を地盤とする大土地所有者であったのに対し、伊藤家や芝川家は当時の大阪都心部である東区の船場《せんば》地域にて活躍した実業家であった。１９１１年のリストにある伊藤萬助（初代）は洋織物商を営む傍ら、複数の紡績会社で重役を務める企業家でもあった。同年のリストにある伊藤卯三郎（後の伊藤萬助・2代目）は初代萬助の長男であり、先代の洋織物商を引き継ぎ、伊藤萬商店として発展させた。また、１９４５年のリストにある伊藤静子は2代目萬助の長女であり、１９３９年に贈与という形で同地域の土地を引き継いだ。なお、この伊藤萬商店は、戦後には繊維商社（後のイトマン）として大きく発展するが、バブル経済期のいわゆるイトマン事件の影響で経営破綻することになり、功罪両面で大阪経済界を象徴する企業であった。

芝川家に関しては、１９１１年のリストに芝川又右衛門の名が、１９４５年のリストに芝川又四郎の名がある。又四郎は又右衛門の息子であり、１９２３年に同地域の土地を相続した。芝川家は江戸時代から船場にて唐物を扱う貿易商「百足屋」を営んできたが(7)、明治時代になると貿易業だけでなく、不動産業など様々な事業に従事するとともに、多くの企業の役員に名を連ねる企業家としての側面を有するようになる。１９４５年のリストにある千島土地（株）は芝川家所有地の土地経営を行う土地会社であり、主として大阪湾岸の新田地帯の不動産業に従事したが、キタにも土地を有していたことがわかる。同様に、戦後には百又（株）を設立し、キタにおいて不動産業を展開していった。また、大阪以外でも西宮に土地を取得し、当地にて果樹園を開設した。その土地の一部は現在の関西学院大学の西宮上ケ原キャンパスとなっている。

さらに、芝川家は船場に芝蘭社家政学園を設立して女子教育（良家の子女《いとはん》を対象とする花嫁修業学校）にも携わった。当学校があった建物（１９２７年竣工の芝川ビル）は大阪を代表する近代建築として現存し、店舗や法律事務所が入居するテナントビルに転用されている。

１９１１年と１９４５年のリストにはないが、同地域の土地所有者として、朝日新聞の創刊にかかわり、社主を務めた村山龍平や、NHKの連続テレビ小説「あさが来た」の主人公のモデルとなった廣岡浅子の娘婿であり、建築家・社会事業家であるウィリアム・メレル・ヴォーリズの義兄でもあった企業家の廣岡恵三など、多数の著名な経済人や政治家が登場する。つまり、戦前の同地域は、大阪を代表する経済人・政治家が関心を寄せる地域であったといえよう。土地所有の変遷から同地域における彼らの土地取得行動を分析すると、彼らは別の場所で本業に携わり、同地では本業に基づく土地所有を行っていた一方で、キタでは不動産業など別の意図で土地取得を展開していたと思われる。

◆戦後における土地所有構造の転換

図3は戦後のいくつかの時期について、分析対象地域内の土地売買の売却元と購入先の割合を示している。終戦直後の1947～1954年では「個人↓個人」の土地売買がほとんどであるが、これは財産税の影響により、大土地所有者が借地権者に土地を払い下げた結果である。終戦直後には戦前における個人の大土地所有者を中心とする土地所有構造の瓦解が始まっていたといえる。

年を経るにしたがって「個人↓法人」の土地売買が目立つようになり、法人による土地所有割合が高くなっていった。高度経済成長期の終わり頃には法人中心の土地所有構造へと転換した。バブル経済崩壊後の1992～1999年ではほぼ「法人↓法人」の土地売買のみとなり、戦後の土地売買動向の結果、1999年時点での同地域の土地所有構造は、全体面積の4分の3が法人所有となった。

また、同地域内の茶屋町や小松原町、曽根崎2丁目ではバブル経済期に、いわゆる土地転がしや地上げと考えられる動向が確認された(8)。これらの町丁は同地域内では比較的に区画が細分化されており、かつ、個人所有の区画が残存している点で共通していた。換言すれば、バブル経済期においてもそのような特徴を有していたからこそ、法人による特徴的な土地取得行動が展開されたといえる。

さらに、茶屋町では再開発の実施をめぐり、阪急電鉄・阪急不動産による戦略的な土地取得行動も確認された。両社は再開発の施行区域（茶屋町東地区・同西地区）の土地を、複数の他企業を媒介にして売買や委託という形で取得していった(8)。現在、それらの地区には若者向けの商業施設が立地している。阪急電鉄・阪急不動産などの企業による土地取得行動が、現在のキタの商業地区および業務地区としての性格を強めてきた一つの証左といえよう。

◆都市は人の活動の積み重ね

人の活動の履歴は様々な形でその場所に刻まれる。とりわけ、多くの多様な人が集まり、様々な活動が展開される都市には多数の履歴を確認することができる。都市の構成員全員の活動履歴をみることは現実的ではなく、また、あくまで特定の人の活動履歴を把握することしかできないが、人、特に都市への影響力が大きい人の活動を分析することで、都市形成の一端を垣間見ることができる。

土地所有という事象は直接的に都市に影響を及ぼすことから、土地所有者に焦点をあてて都市を読み解くことは合理的であるといえよう。その一方で、土地所

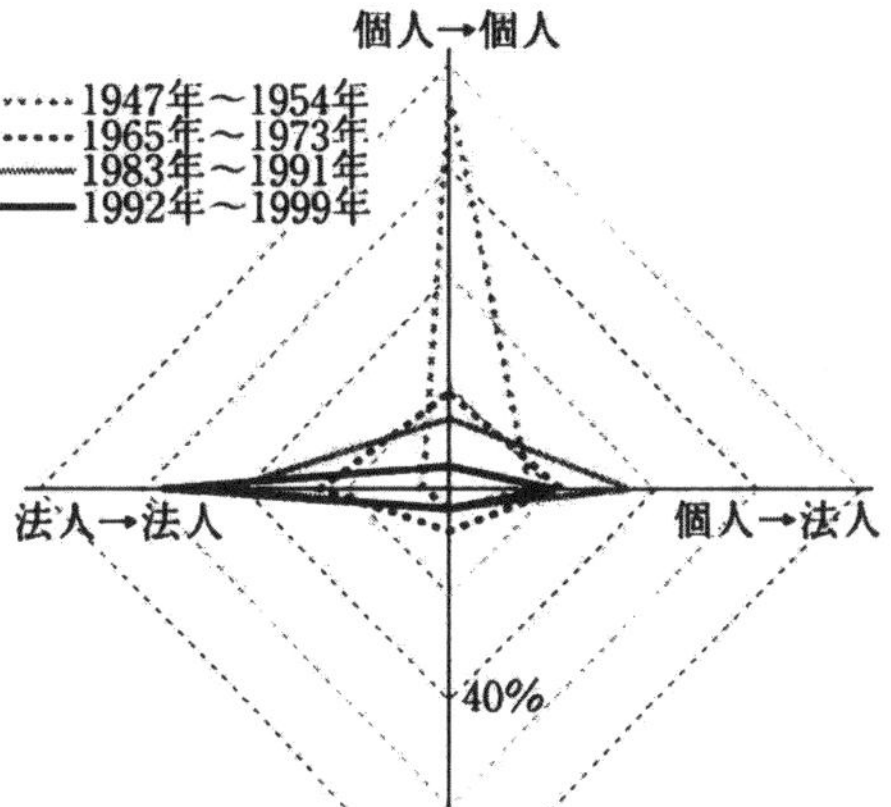

図3　分析対象地域における土地の売却元と購入先の割合
注：行政当局がかかわる売買移転については省略しているため，各項目の割合を合計しても100％にはならない．小原（2006）の第3図より転載．原資料は土地台帳，土地登記簿より作成．

有という事象は、基本的には目にしやすい顕在的な事象ではない。だからこそ、都市を考えるうえで面白い観点といえよう。

（小原丈明）

［注］

（1）本稿での分析には、主として粕谷誠氏の研究グループから提供を受けたデジタルデータを使用した。また、紙媒体の資料としては復刻版である『地籍台帳・地籍地図（大阪）』（柏書房刊行）を用いた。

（2）名武なつ紀（2007）『都市の展開と土地所有―明治維新から高度成長期までの大阪都心』日本経済評論社。

（3）資料の誤記や表記の揺らぎを補正し、名寄せ作業を行ったうえでの数値である。詳細は以下の文献を参照のこと。小原丈明（2021）「近代大阪の土地所有構造―『大阪地籍地図』の分析から」日本都市学会年報55、169―178頁。

（4）中嶋節子（2005）「近代大阪の都市地主」鈴木博之・石山修武・伊藤　毅・山岸常人編『近代とは何か』所収、東京大学出版会。

（5）吉本晴彦（1970）『どケチ人生』サンケイ新聞出版社。

（6）宮本又次（1964）『キタ―風土記大阪』ミネルヴァ書房。

（7）宮本又次（1960）『船場―風土記大阪』ミネルヴァ書房。

（8）小原丈明（2006）「土地所有からみた大阪駅周辺地区の形成と変化」人文地理58―5、72―88ページ。

奈良県 生駒市 観光都市からベッドタウン、そして脱ベッドタウン

◆生駒市はどこにあるのか？

「生駒《いこま》」と聞くと、生駒山を思い浮かべる人も多いのではないだろうか。大阪府と奈良県の境界に位置する標高642mの山である。大阪府と奈良県の人口がそれぞれ883万9532人、134万4952人（2021年1月）であることからわかるように、圧倒的に大阪側（西側）から見られることの多い山である。

この生駒山の東側に位置するのが奈良県生駒市である。大阪府と接している自治体でありながら、生駒山によって隔てられているため、大阪の人々にはなじみの薄い都市といえるかもしれない。奈良盆地に目を向けても、平城京として名高い奈良市とは、矢田丘陵によって隔てられている（図1）。このように、大阪府、奈良市という知名度の高い地域に挟まれているうえに、両地域との間に地形上の壁が存在するため、生駒市にスポットライトが当たることはあまりない。しかし、後述するように、各時代において最先端を行く地域でもあった。本稿では、こうした生駒の意外な一面を紹介したい。

◆宝山寺の門前町としての発展

生駒を代表する寺院の一つが宝山《ほうざん》寺である。「生駒の聖天さん」と呼ばれ、江戸時代から大阪の商人たちがお参りに訪れる寺院であった。江戸時代の大阪の人々は、徒歩で生駒山を越えて宝山寺にやってきた。明治に入り浪速《なにわ》鉄道の片町線（現・JR片町線、通称「学研都市線」）が開業すると、大阪からの宝山寺参りはますます盛んになり、住道《すみのどう》駅（大阪府大東《だいとう》市）を起点に生駒山に入り宝山寺に参詣する徒歩ルートが確立された。これにともない、生駒山越えの峠道にはいくつかの茶屋や旅館も現れた[1]。

このように、明治までは、大阪側から生駒山を徒歩で登って宝山寺に参詣するのが主流であった。この状況を一変させたのが、1914年の大阪電気軌道（大軌）による上本町《うえほんまち》―奈良間（現・近鉄奈良線）の開業である。途中駅として生駒駅が設置されると、生駒駅が宝山寺参詣の新たな玄関口となり、生駒駅から宝山寺に向けて参道が整備されるようになった（図2）。1918年には、生駒鋼索鉄道によって、鳥居前駅―宝山寺駅間にケーブルカー（現・近鉄生駒ケーブル）の運行が開始された（写真1）。これは日本最初のケーブルカーであり、アジアを見渡しても香港にしか存在しな

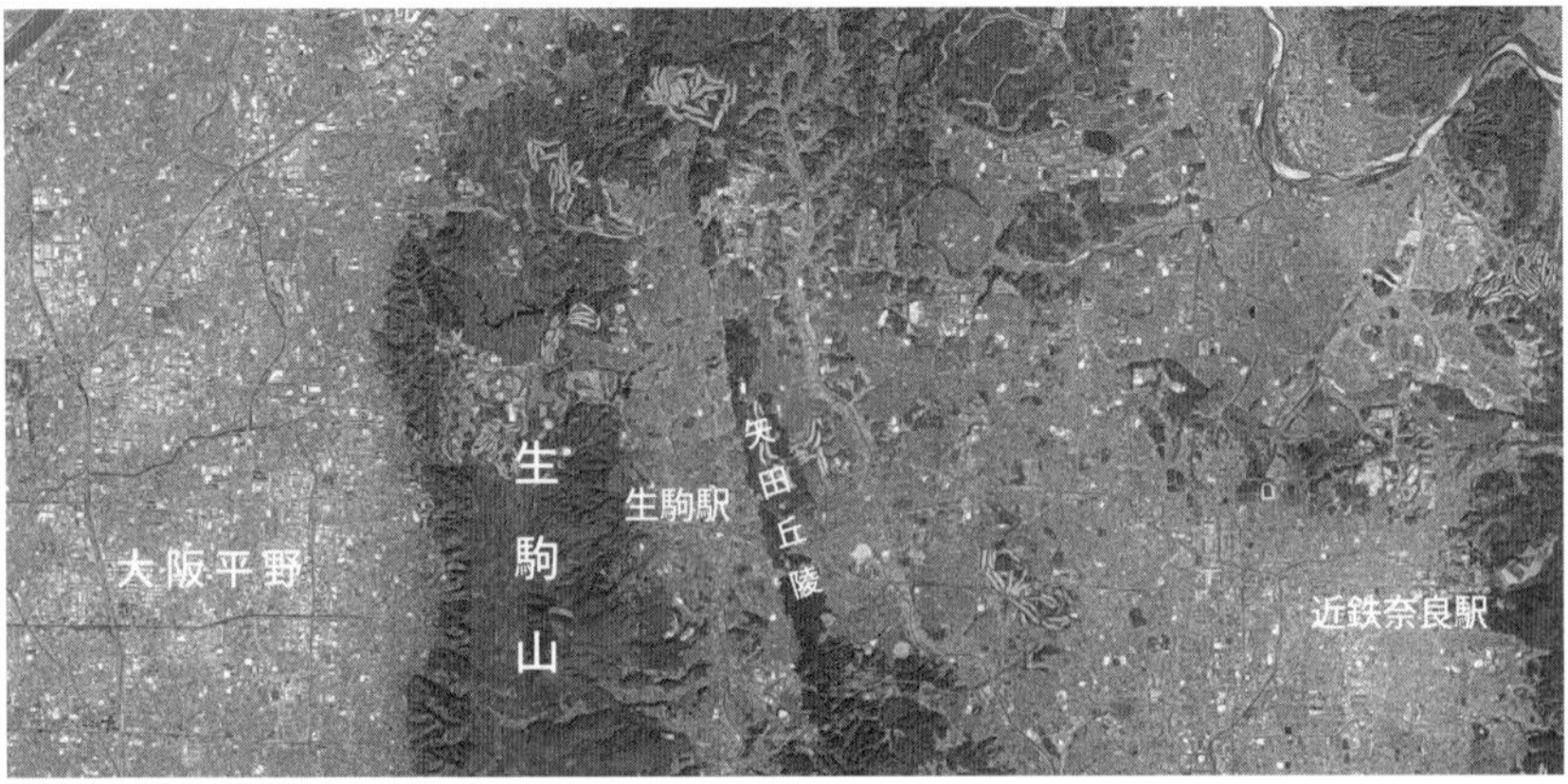

図1　生駒周辺の衛星写真
Google Maps の画像に加筆.

かったという。ケーブルカー開業前は、生駒駅から急勾配の参道を30分以上かけて歩いていかなければならなかったが、開業後はケーブルカーにより10分程度で宝山寺まで行けるようになった。

なお、「鳥居前駅」とはいうものの、現在は駅付近に鳥居は存在しない。以前は鳥居前駅の隣に宝山寺の大鳥居が存在

写真１　近鉄生駒ケーブルと生駒山

近鉄百貨店生駒店の屋上より 2021 年稲垣撮影.

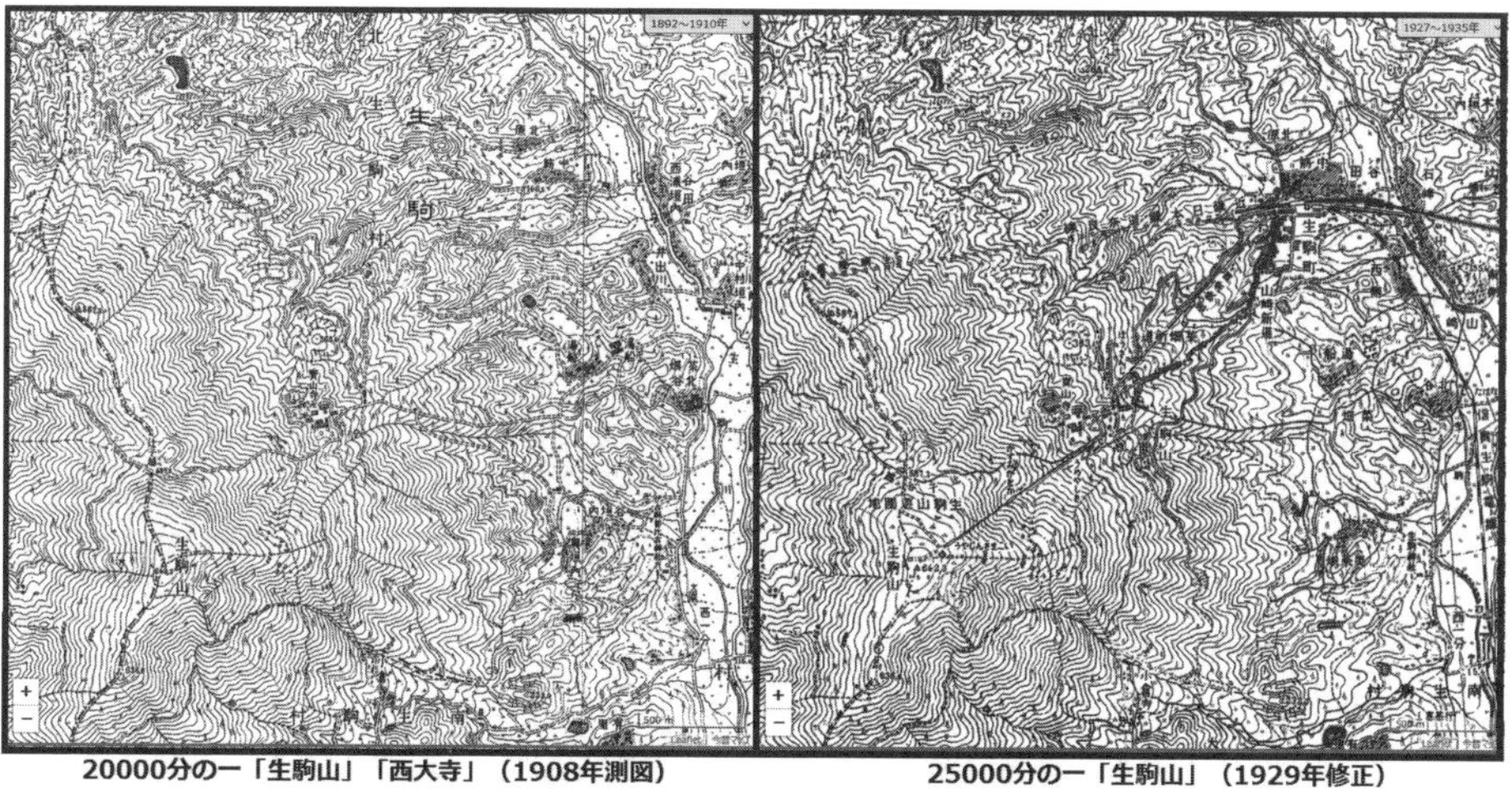

20000分の一「生駒山」「西大寺」（1908年測図）　**25000分の一「生駒山」（1929年修正）**

図２　近鉄奈良線（旧・大軌）開通前後の変化

「今昔マップ on the web」より作成　URL https://ktgis.net/kjmapw/

していたのだが（写真２）、１９８０年代に実施された生駒駅南口再開発にともなって宝山寺へと移転している。同時に鳥居前駅も数十ｍほど南西に移動した。元の鳥居前駅があったところには、再開発で誕生したビル「グリーンヒルいこま」が立地している。

宝山寺への参詣が盛り上がるにつれて参道も発展していき、飲食店、カフェ、料理旅館が建ち並ぶようになった。ケーブルカーの宝山寺駅から宝山寺に向かう一帯が生駒新地と呼ばれ遊郭としての性格を帯びていったのもこのころであり、参道には芸妓置屋もいくつか誕生した。参道ではないが、生駒駅に近いところにはダンスホールや劇場もつくられた。東京の帝国劇場、ローヤル館、浅草オペラにおいてオペラ活動を主導してきた人々が生駒劇場に集結し、生駒歌劇としてオペラ活動を行っていた時期もあったという(2)。１９２１年の夏から秋にかけてのわずか1カ月半のことではあったが、最先端の歌劇が生駒で営まれていたというのは特筆すべき点である。

写真２　旧鳥居と鳥居前駅

右の建物がケーブル鳥居前駅で，その左に鳥居が見える．手前の踏切は再開発にともなって廃止された．生駒市オープンデータポータルサイト（https://data.city.ikoma.lg.jp/）より．

◆大軌による郊外開発と生駒

関西の私鉄は、１９２０年代に郊外開発を積極的にすすめるようになった。ターミナルデパート、沿線住宅地、娯楽施設などの一体的な開発を成功させた箕面《みのお》有馬《ありま》電気軌道（現・阪急宝塚線）に倣う形で、他の私鉄も追随した。大軌も、上本町駅にターミナルデパートである大軌百貨店（現・近鉄百貨店上本町店）、沿線に住宅地、菖蒲池《あやめいけ》駅付近にあやめ池遊園地をはじめとする娯楽施設を開発していった。こうした郊外開発の流れのなかで、１９２９年に開園したのが生駒山上遊園地である。駅に隣接する形でつくられたあやめ池遊園地に対し、山頂という条件ゆえに避暑地的な魅力も持たせた遊園地であった。生駒山上遊園地の開園にともない、ケーブルカーも宝山寺駅から生駒山上まで延伸された。こうして生駒は、ケーブルカー、宝山寺、生駒山上遊園地を目玉とする観光都市としての性格を強めていったのである。

大軌は、生駒山上をさらに魅力的なエリアとするために、当時（１９３３〜１９３６年）日本に滞在していたドイツの建築家ブルーノ・タウトに生駒山上の新たな都市づくりを依頼した。タウトは20世紀初期の世界的建築家であり、彼の設計した建築物のなかには世界文化遺産に登録されているものもある。大軌が生駒山上をいかに重視していたかがうかがい知れる。タウトは、『生駒山嶺小都市計画』としてこれを完成させた。遊園地の南側に店舗、ホテル、住宅などを配置したこの計画は、生駒山上に空中都市をつくるという壮大なものであった(3)。残念ながらタウトの計画は正式に採用されることはなかったが、メインストリートをはじめとする道路配置にその面影を残している。

このように生駒山上は、少なくとも１９３０年代半ばまではユートピア的な場所とみなされてきた。しかし、日中戦争、太平洋戦争へとすすんでいく１９３０年代後半以降、生駒山上は軍事的な重要地へと変貌していく。これ以前から生駒山は、大阪に隣接する標高の高い山ということでグライダーの滑空地であったが、航空道場なども建設され、最終的には防空の拠点と化していった。遊園地の遊具やケーブルカーの線路の一部は、戦時中の金属供出の対象となり解体されていった。そうしたなか、現在でも生駒山上遊園地の目玉遊具である飛行塔は、生駒山上でもとりわけ高い塔ということで、解体されることなく軍の防空監視所として使用された。この飛行塔は、現存する日本最古の大型遊具として名高いが、軍事的な目的に転用されて生き残ったことが日本最古のゆえんの一つというのは、いささか悲しい部分もある。
生駒山上のみならず、宝山寺周辺も戦時下の様相を呈していくようになった。1930年代前半までは大きな賑わいをみせていた宝山寺門前の生駒新地も、戦時中には疎開者を受け入れるようになっていった。

◆戦後の生駒

先述のとおり、戦前の生駒は観光都市としての性格を有していたが、戦後の復興期から高度経済成長期には新たな性格が加わることになる。1950年代に始まったテレビ放送に合わせ、生駒山にはテレビの電波塔が多数設置された。平野が広く山地が近くにない東京の場合は、東京タワーやスカイツリーのように、周辺のビルよりも高い電波塔を都心に設置する必要があるが、大阪には生駒山が近くにあるため、都心ではなく生駒山上に電波塔を設置すればよいことになる。このため、関西のテレビ各局はひときわ高い生駒山に電波塔を設置した。なお、これらの電波塔が立地している場所は、タウトが設計した『生駒山嶺小都市計画』に照らし合わせると、メインストリートの両側部分に相当する（写真3）。タウトの計画ではここに住宅が建設されることになっていた。

1960年代に入ると、大阪のベッドタウン化の波が生駒市内に押し寄せるようになる。当初は生駒川（竜田川）沿いの平地が宅地化される程度であったが、徐々に大規模化し、西は生駒山麓、東は矢田丘陵に大規模住宅地が開発されるようになった。1970年代から1980年代には、生駒駅から離れた地域にも住宅地開発が及ぶようになった。こうした住宅地開発にともない、大阪へ通勤・通学したり買い物に出かけたりする人々も増加していった。ちなみに、2015年国勢調査によると、他都道府県への通勤流出率（2015年）は全国の市町村のなかで第2位ときわめて高い（1位は埼玉県和光市）。この場合の他都道府県とは、いうまでもなく大部分が大阪府である。

　１９８０年代から１９９０年代にかけては、新たな成長局面に入る。生駒市を含む京阪奈《けいはんな》丘陵において関西文化学術研究都市（関西学研都市）の建設が決まり、大阪から関西学研都市へのアクセスルートとして近鉄けいはんな線が新たに建設されることになった。１９８６年に、まずは長田《ながた》駅（東大阪市）から生駒駅までが近鉄東大阪線として開業した。この路線は、既存の近鉄奈良線の混雑緩和という意義も有している。２００６年には、生駒駅から学研奈良登美ヶ丘駅まで延伸し、路線名も「けいはんな線」と改められた。この延伸にあわせて、沿線では新たな住宅地開発もすすめられた。このように生駒では、全国的にベッドタウン化のピークが過ぎた１９９０年代に入っても、新たな鉄道路線の誕生により住宅地化が継続してすすめられてきた。

　関西学研都市としては、生駒市北部の高山《たかやま》地区がその区域に含まれており、奈良先端科学技術大学院大学を核として研究開発施設が立地している。この地区は、関西学研都市の一地区というだけでなく、リニア新幹線・中間駅の候補地の一つでもある。ＪＲ東海が中間駅建設費を自己負担することを表明したとたん、京都府が新駅候補地に名乗りを上げ、奈良県と京都府の対立が生まれたのは有名な話であるが、じつは奈良県内でも同様の構図がみられる。

　奈良県内のリニア新駅は当初から奈良市に建設するとされているが、ＪＲ東海の建設費自己負担表明以後、生駒市と大和郡山《やまとこおりやま》市も新駅候補地に名乗りを上げた。生駒市は、関西学研都市へのアクセス

写真３　林立する電波塔
2022 年稲垣撮影.

の良さを高山地区の利点としてアピールしている。生駒市や奈良市よりも南部に位置する大和郡山市では、奈良県南部や和歌山県など紀伊半島にまでリニアの効果を波及させることの意義を主張して誘致運動が行われている。これらに対し奈良市は、奈良県議会において「奈良市に停車場を設置する」旨の決議（１９８９年）がなされていることや、国の整備計画でも「奈良市付近」を主な経過地にしていることなどを根拠に、奈良市での新駅建設を強く主張している。生駒市のリニア新駅誘致が有利な状況にあるとは必ずしも言えないが、最新の次世代新幹線の新駅をめぐる攻防は、生駒でひそかに盛り上がりをみせている。

◆郊外都市からの脱却

冒頭で述べたように、生駒は、生駒山と矢田丘陵によって大阪とも奈良とも隔てられ、目立ちにくい地理的条件を抱えている。そこに、高度経済成長期に入って住宅地化があまりにも大規模にすすめられたため、生駒の興味深い地理歴史は忘れ去られ、「生駒＝ベッドタウン」というイメージが先行してしまったのではないだろうか（筆者自身も研究ではそのように生駒を位置づけてきた）。大阪から生駒へ引っ越してきた人が多く、生駒をふるさととみなす人が少なかった面もある。

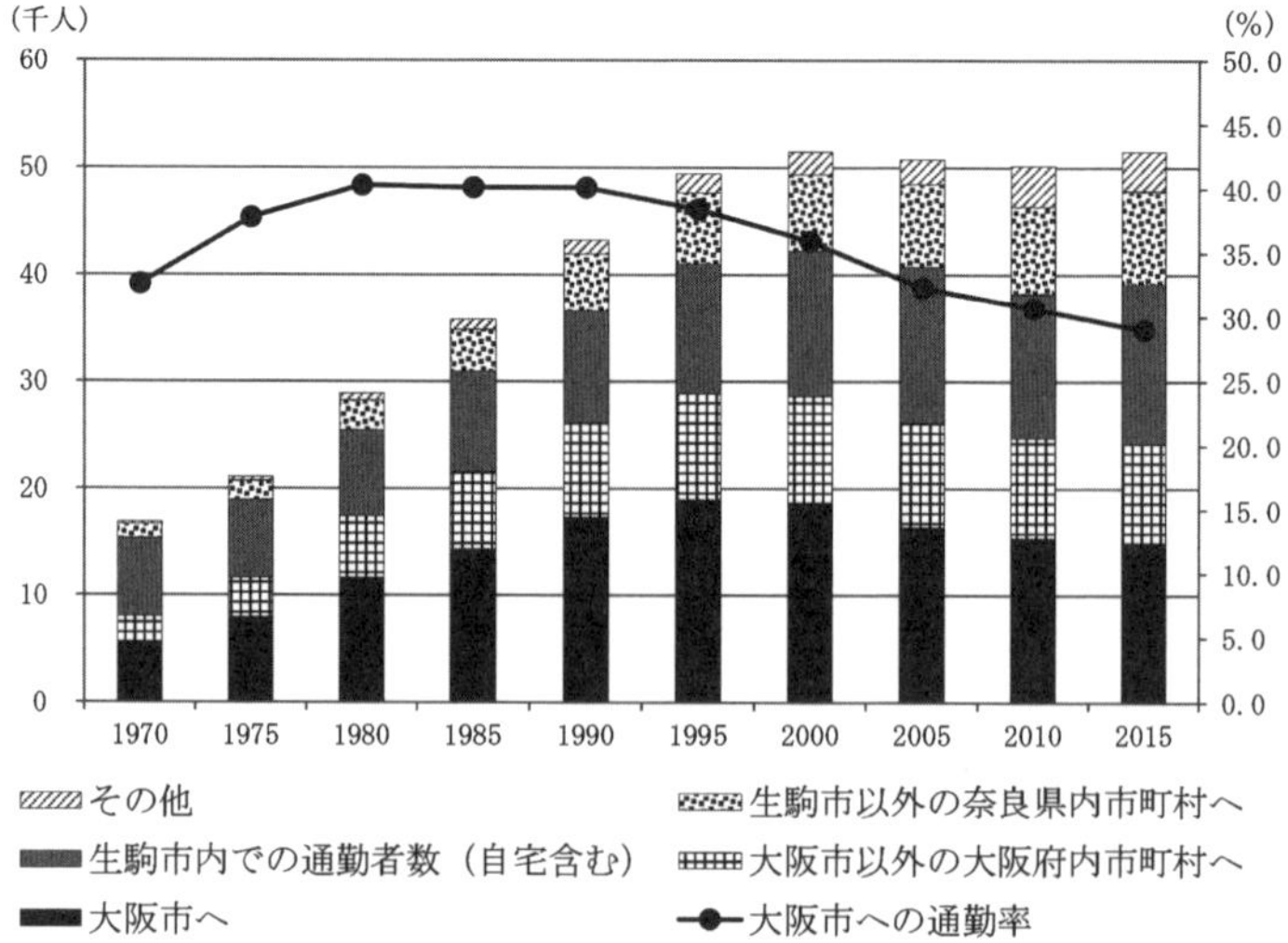

図３　生駒市居住者の通勤先の変化
国勢調査をもとに作成.

しかし、今や生駒から大阪への通勤者は大幅に減少する時代であり、[4] 脱ベッドタウンの傾向が顕著になっている（図3）。生駒市民の日常生活も、かつてほど大阪志向ではなくなっているのも事実である。[5] そして、ベッドタウンの時代に大阪から引っ越してきた人々の子ども世代（郊外第二世代と呼ばれる）の影響で、生駒出身者の割合が高くなってきている。こうした時代だからこそ、外（大阪）に目を向けるだけでなく、生駒に蓄積された地理歴史を再認識する必要性も高いのではないだろうか。

戦前においては日本最初のケーブルカー、オペラ歌劇、ブルーノ・タウトによる生駒山嶺小都市計画、戦後においては関西学研都市、リニア新幹線新駅候補地など、各時代の最先端ともいえる事象の舞台となってきたことは、生駒の誇るべき事実である。生駒の魅力はほかにも数多くあるが、なかには埋もれてしまっているものもある。これらを掘り起こすことで、一郊外都市にとどまらない生駒の魅力がさらに高まるのではないだろうか。

（稲垣　稜）

［注］

（1）生駒市誌編纂委員会（1985）『生駒市誌　通史・地誌編』生駒市役所。
（2）伊藤直子（2016）「伊庭孝と生駒歌劇（1921）」コミュニケーション文化10、11―18頁。
（3）杉本俊多・中野友紀子（2005）「ブルーノ・タウトの「生駒山嶺小都市計画」案の造形手法とその歴史的意義について」日本建築学会中国支部研究報告集28、949―952頁。
（4）稲垣　稜（2021）『日常生活行動からみる大阪大都市圏』ナカニシヤ出版。
（5）木村圭司・稲垣　稜・三木理史・池田安隆（2019）『自然と人間―奈良盆地に生きる』ナカニシヤ出版。

徳島県

徳島市

大型店の立地を通じてみる地方都市の変貌

◆幼少期の想い出から

『徳島が百貨店ゼロ県に』―その記事タイトル[1]を見た時の筆者の第一声は「ついに来た…」であった。幼少期から高校卒業まで過ごした徳島であるが、毎週のようにまちなかに通い、ぶらついていたことを思い出す。なかでも徳島駅前に建つ百貨店「徳島そごう」は、筆者にとってまちなかの象徴であり、家族で休日を過ごす場所でもあった。しかし大学進学後、帰省の度にまちなかがだんだんと寂しくなっていった一方、郊外にはショッピングセンターやスーパーが多く見られるようになった。冒頭の記事を見たのは、百貨店という業態の斜陽化を差し引いても徳島そごうが閉店するのは時間の問題だろうと思っていた時のことであった[2]。

「都市の面白さ」を伝えることが目的の本書において、こうしたやや暗いテーマを扱うのは些か不適かもしれない。しかし、地理学の視点から都市を捉える際に、「変わっていくもの／無くなっていくもの」にスポットライトを当てても良いだろう。また、個人的な理由だが、都市・商業政策を通じた地方都市研究は筆者のライフワークでもある。そこで本章では、商業機能、なかでも大型店の立地に焦点を当てて、地方都市・徳島を紹介していこう。

◆徳島の成立とその概要

徳島市は徳島県の県庁所在地であり、四国三郎とよばれる吉野川の右岸に位置する。もともと富田荘《とみだのしょう》・渭津《いのつ》などと呼ばれていたが、天正13（1585）年の豊臣秀吉による四国征伐翌年に蜂須賀家政が入部、渭山《いのやま》（現在の城山《しろやま》）に築城、周囲に城下町を建築した際に、美称として徳島の地名を用いたという。(3) その後、近世期には阿波藍《あわあい》の隆盛とともに商都として発展した。廃藩置県実施翌年の明治5（1872）年には人口約5万7千を数え、明治22（1889）年の市制導入時には全国第10位の「大都市」であった。

しかしながら、阿波藍の衰退後、主要な産業に恵まれなかったことから他の都市と比べて経済は伸び悩んだ。特に1998年の明石海峡大橋開通により阪神大都市圏とのアクセスが格段に向上した後は、買回品をはじめ消費の購買行動が神戸や大阪へ流出した。例えば神戸・大阪方面への徳島駅発の高速バス運行本数は、2022年現在、平日、土日祝日とも1日あたり約50本となっている。

令和2（2020年国勢調査に基づく徳島市の人口は25万2391人（徳島県の約35%）、周辺自治体(4)を合わせると約39万人となっている。人口第2位の阿南《あなん》市が7万人弱であることを鑑みても、徳島県内随一の都市であると言える。

中心市街地は城山と眉山《びざん》とに挟まれたエリアに位置し、新町《しんまち》地区と内町《うちまち》地区からなる。新町川を挟んで相対しており、内町は特権商人・御用職人が、新町は地場の商人・職人が、それぞれ形成した町人地を起源としている。(5) 徳島駅から眉山へ向かう目抜き通りを軸として行政・金融・観光・宿泊施設などが立地する中心業務地区が形成され、周囲の市街地は眉山を取り囲むようにして国道沿いに拡がっている。南東に隣接する小松島市は港湾都市として発達し、独立した市街地を形成している。その他の隣接自治体は、かつては田畑が広がる農村地域であったが、道路整備や宅地開発が進行した結果、１９９０年代以降、北島町のように人口集中地区を有する自治体もみられるようになった。

なお四国４県の県庁所在地のうち、徳島市は唯一中核市ではなく、平成の合併を経験していない。また、内閣府認定の中心市街地活性化基本計画策定が他よりも10〜15年ほど遅かったという特徴を有している。

◆大型店の立地からみる徳島の特徴

本稿では徳島を商業、とくに大型店の立地という視点から捉えていく。その理由は、小売業の変化が都市空間の変貌を映し出す『鏡』の役割を果たすからである[(6)]。大型店はライフスタイルや購買行動の変化をもたらし、周辺の商業集積や住民生活に影響を与える。また、経営方針の転換、流通システムの成長という内的要因と政策の転換や都市構造の変化という外的要因とにより、駅前・住宅地からバイパス道路沿いや高速道路インターチェンジ付近へと立地を変化させている。都市の変化を捉える身近なテーマの一つだと言えよう。

図１に、徳島市とその周辺地域における大型店の立地動向を示した。ここで、全国的な大型店をめぐる都市や政策の変化を押さえておこう。１９６０年代のいわゆる「第一次流通革命」以降、大手流通企業によるスーパーが展開を始めた。地方都市に目を向けると、１９７０年代頃までは都市部と農村部が明瞭に分かれ、駅前の中心市街地には高次の機能をもつ商店街が立地し、その付近に総合スーパーが出店していた。しかし１９７０年代に入ると、モータリゼーションの進展に伴い郊外にロードサイドが形成され、郊外立地型の総合スーパーも見られるようになった。一方、１９８０年代は国や自治体により大型店出店規制が強化された時期である。「上乗せ規制」「横出し規制」と呼ばれる独自規制が全国的にみられるように

なった。

　ところが１９８０年代の徳島では「徳島そごう」、「ニチイ徳島（その後、徳島サティ）」、「ジャスコ徳島」といった百貨店や総合スーパーが相次いで徳島駅前や中心市街地付近に立地した。なぜこうしたことが起こったのか、筆者はその頃の都市政策が関係していたと考える。当時、行政は徳島駅前で市長肝いりの再開発事業を進めていた。そして前述の３店舗のうち、徳島そごうは再開発事業の中心となるテナントビルの核店舗として誘致されたのである。市民の要望も強く、地権者の大半も誘致に積極的

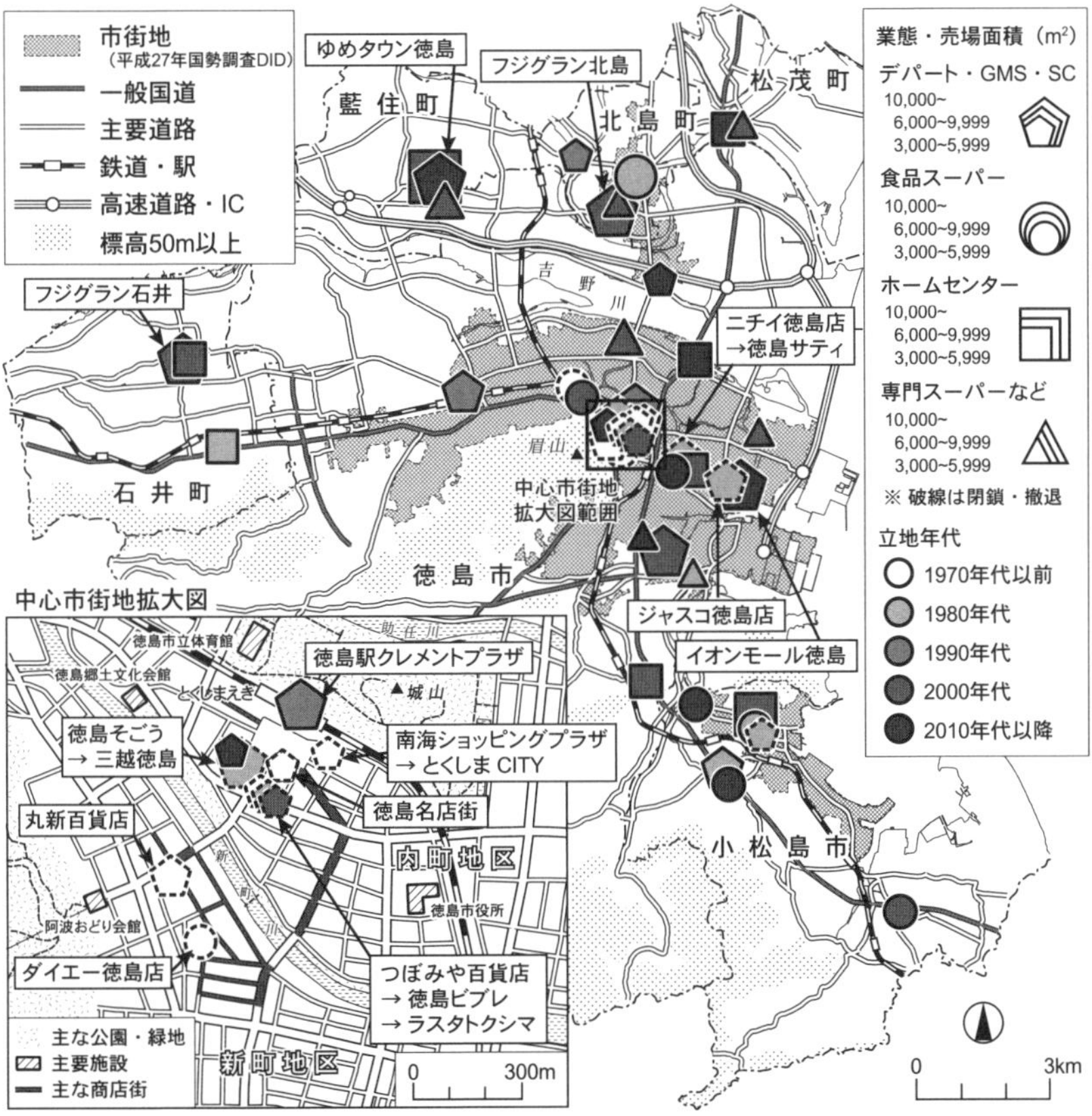

図１　徳島市とその周辺地域における大型店の立地動向

本稿では店舗面積 3,000m² 以上の店舗を大型店とした．経済産業省資料，徳島県商工労働部資料，『全国大型小売店総覧』，現地調査などにより作成．

であったという。そのこともあってか、地元商業者による反対運動はみられたものの、地元商工会議所はこれら3店舗の出店調整を一括して行うとともに地元商業者との仲介などを行った。その結果、ニチイ徳島とジャスコ徳島の店舗面積大幅削減などの調整はあったが、実質10カ月という短期間で3店舗の出店が認められることになったのである[7]。

なお、この時期、大型店出店調整をめぐって、大型店出店凍結宣言などを行う自治体が全国的に多くみられたが、徳島ではそのようなことは行われなかった。これは、前述の出店調整をめぐる動きが関係しているのではないだろうか。またその後も徳島では目立った出店・立地規制は行われていない。1980年代の大型店出店をめぐる動向が、2000年代以降の郊外自治体への大量立地につながったのではないかと考えている。

その一方で、中心市街地の経済的な地盤沈下は著しい。かつては百貨店やファッションビル、映画館併設型の総合スーパーなどが立地していたが、2023年現在、駅ビルに入居する「徳島駅クレメントプラザ」と「三越徳島」の2店舗のみとなっている。とくに、多くの伝統的商店街が立地している新町地区では、すべての大型店が閉鎖・撤退してしまった。その後ホテルが立地した場所もあるが、多くはマンションや駐車場となっている。消費流動を示す小売吸引力指数の推移を見ても（図2）、徳島市の値は1を超えているものの年々低下している。その一方、郊外自治体は1を大きく上回っており、郊外への消費流出、そ

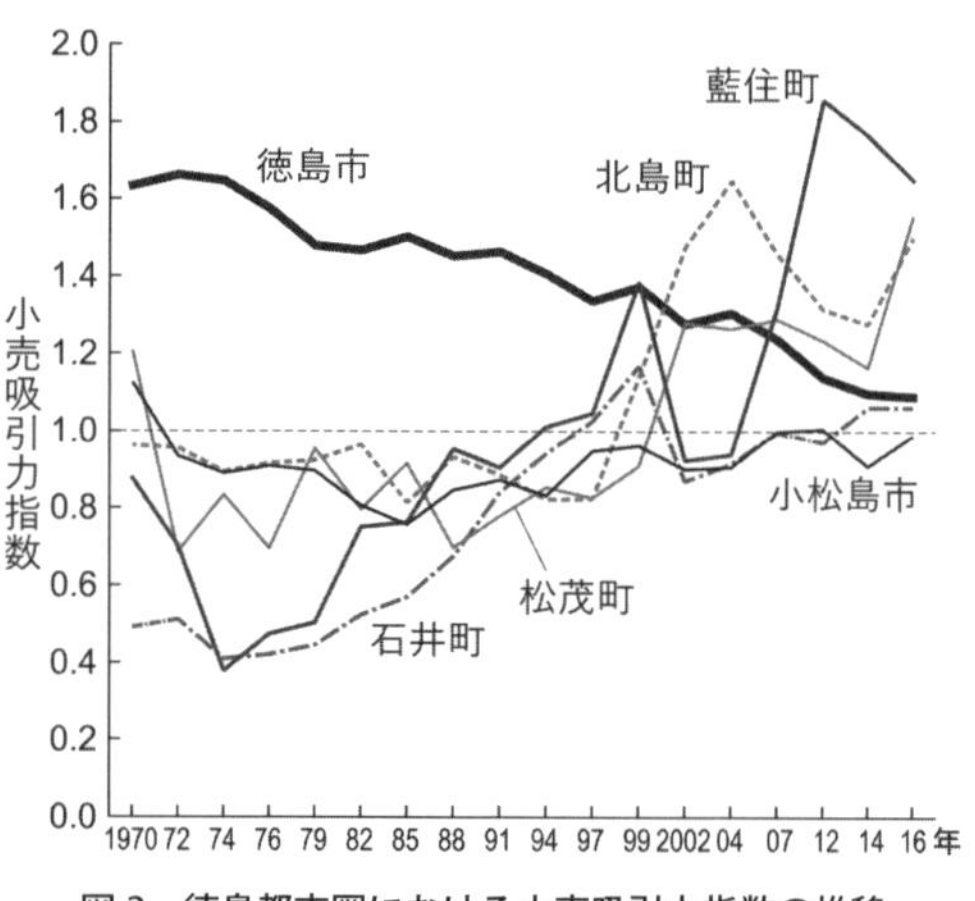

図2　徳島都市圏における小売吸引力指数の推移

当該自治体における1人当たり年間小売販売額を基準値で割ったものであり，1以上であると消費流入，1未満であると消費流出を示す．基準となる数値には，徳島県における1人当たり年間小売販売額を用いた．経済センサスの実施に伴い，2007年以前と2012年以降の比較が単純にはできないことに留意．『商業統計』などにより作成．

して徳島市の相対的な中心性低下が見て取れる。

◆開発を進める郊外自治体

さて、ここで郊外自治体、徳島市の北西に隣接する藍住《あいずみ》町に目を向けてみよう。令和２年国勢調査における人口は前回から１・８％増加の３万５２４６人となっており、北島町とともに県内で数少ない人口増の自治体である。徳島都市圏の環状線となるバイパス道路が町内を通過し、スーパーやショッピングセンターが立ち並ぶロードサイドが形成されている。元々はその名の通り阿波藍の主要産地であり、その後も人参生産などが盛んな「農業のまち」であった。それが今や「商業のまち」となった背景には、都市計画法に基づくゾーニングが関係している。

藍住町は単独で都市計画区域に指定され、市街化区域の線引きが行われていない「白地《しろじ》地域」であり、町内全域の開発規制が緩やかな状態となっている。これは、藍住町発足から長期間務めた町長の政策だったとの指摘がなされている。[8] 宅地開発や店舗立地が進んでおり、徳島市と藍住町の境界に立つ

写真１　市町村界を境に変わる商業景観
専門スーパーやショッピングセンターが集積しロードサイドとなっている藍住町側（写真右）と，ほとんど開発がされていない徳島市側（写真左）の対比が鮮やか．2022年1月8日畠山輝雄氏撮影．

と、規制・政策の違いを土地利用や景観の違いという形で見ることができる（写真１）。

また、町の開発政策が如実に表れたのが「ゆめタウン徳島」の誘致である。売場面積は当時県下最大であった徳島そごうの約１・５倍（４万㎡）であり、徳島初のブランドの出店も見込まれた。行政は雇用増進や地域経済活性化が期待されるとして、出店に対して積極的に支援を行った。出店予定地域は優良農地であり、改正都市計画法により１万㎡以上の大型集客施設の立地が制限されていたが、都市計画マスタープランや地区計画の策定などが行われた。２０１１年の開店後は、徳島県最大級のショッピングセンターとして、若者や家族連れを中心に賑わっている。

写真２　来客で賑わうイオンモール徳島

建物の老朽化などを理由に2009年に閉店したジャスコ徳島店の跡地に立地した．基本商圏は自動車10km圏（約32万人）であり，徳島市初のシネマコンプレックスを有し，約160のテナントが入居している．無料シャトルバスによって徳島駅と結ばれているほか，新町川の河畔という立地条件を活かして浮桟橋が設置され，中心市街地などを結ぶ周遊船が運行されている．2022年1月8日畠山輝雄氏撮影．

◆徳島のまち再興に向けた取組みの紹介

再び徳島に目を戻そう。図１を見ると、２０００年以降、徳島駅から５㎞圏付近、自家用車で20分もあればアクセスできる距離にショッピングセンターが出店していることがわかる。最近の特筆すべきトピックは、２０１７年の「イオンモール徳島」出店であろう。四国初・徳島初出店のテナントや、特産品や観光名所の案内コーナーなどが入居している。開店当初の年間来店客数は７００万人を超え、平日・休日問わず多くの来客で賑わっている（写真2）。

こうした状況を見ると、「商都」としての徳島の復活は難しいかもしれない。しかし、商業とは異なる視点で中心市街地は生き残りを図っている。その一つが、徳島の地形的特徴である河川を活かした取組みである。筆者が小学生の頃、市内の川はお世辞にも綺麗とは言えなかったが、その後、清掃活動やクルーズ船の運航などの取組みがみられるようになった。阿波藍の集積場として賑わった新町川では毎月マルシェが開催され、コンサートやクリスマスイルミネーション、寒中水泳大会なども行われるようになるなど、「水都」としてのイメージが改めて作られつつある（写真3）。

一方、徳島はサブカルチャーでも脚光を浴びている。2009年より「マチ★アソビ」と題してアニメをテーマとしたイベントが始まり、アニメスタジオやアニメ専門の映画館が立地した。阿波踊りとタイアップするなど、県や市も取組みをバックアップしている。もともと徳島は大阪と経済・文化の結びつきが強いこともあってか、四国他県と比べてサブカルチャーの進出が早いという話を

写真3　新町川沿いで行われる「とくしまマルシェ」
徳島県最大級の産直市であり，毎月最終日曜日に開催される。ボードウォークにはパラソルやテントが立ち並ぶなど，新町川一帯が来街者で賑わう．2021年11月28日畠山輝雄氏撮影.

写真4　徳島そごう閉店イベントの様子
「そごう徳島店アーカイブス」として，1983年の開店から閉店に至るまでの歴史が記事や写真，映像などとともに展示されていた．写真で見えるのは，来場者によるメッセージが貼られたパネルである．2020年8月30日駒木撮影.

聞いたことがあり、それも関係しているかもしれない。

なお、徳島そごうが入居していたテナントビルには、テラスやラウンジスペースを有する徳島市立図書館やコワーキングスペースなども入居しており、サードプレイスとしての場所の意味を持ちつつある。また、先述の徳島そごうの閉店時には閉店セールやイベントが行われたが、写真や資料で当時の様子を懐かしむコーナーが設置され、多くの市民で賑わっていた（写真4）。さらにその後、徳島そごうであったフロアの一部であるが「三越徳島」が入居することになり、2021年に一部開業、2022年にグランドオープンした。こうした動向をみれば、徳島の中心市街地が人や情報を引き付ける「場所のチカラ」を潜在的に持っていることは間違いないと言えるだろう。

◆地方都市・徳島の「面白さ」とは

地理学の特徴の一つに、空間スケールを変えることによって重層的に事象を捉え、場所の意味を考察していくことが挙げられる。神戸・大阪との歴史・経済的つながりとその変化、郊外自治体との政策の違いによる土地利用や大型店出店動向の差異、そして中心市街地における都市機能の変化や新たなまちづくりと、多様な空間スケールにおいて都市における商業の盛衰を垣間見られることが、徳島の「面白さ」の一つではないだろうか。また、消費の多様化や個別化が進むなかで、徳島で見てきた結果は、少子高齢化・市場縮小社会の地方都市圏における消費市場争奪の行方と、広域スケールでの政策調整なくして「中心市街地活性化」を行うことの難しさを示唆してくれていると言えるかもしれない。

ふるさとの一つである徳島を離れて四半世紀が経った。本稿を執筆する過程で、都市・商業地理学の視点から地方都市の諸問題を捉えるのに「面白い」都市であると改めて感じた。問題は山積しているが、その一方で水辺空間を利用した動きが活発になり、約15年ぶりに中心市街地活性化基本計画が策定されるなど、まちづくりに向けた取り組みや活動は続いている。今後のためにも、都市の歴史や地理的特性を公民学で整理・共有し、「徳島らしい街とは何か」について議論していくことが必須であろう。

（駒木伸比古）

[注]

(1) 日経速報ニュース2019年11月20日付。
(2) なお、実際に初めて百貨店ゼロ県になったのは山形県である（2020年1月の大沼山形本店閉店による）。
(3) 岸本　豊（1983）『地形図にみる徳島地誌　上』自費出版。
(4) 本稿では徳島市に隣接する小松島市、石井町、松茂町、北島町、藍住町の2市4町の範囲とした（図1の範囲）。
(5) 平井松午（1995）「城下町起源の都市徳島」寺戸恒夫編著『徳島の地理―地域からのメッセージ』所収、徳島地理学会、179―182頁。
(6) 荒井良雄・箸本健二編著（2004）『日本の流通と都市空間』古今書院。
(7) 徳島商工会議所編（1987）『徳島商工会議所九十年史』徳島商工会議所。
(8) 徳島新聞朝刊2010年11月3日付「まち・ひと点描　5町を訪ねて　藍住町」。

長崎県 長崎市

地形と港がもたらした文化と賑わいが残るまち

◆長崎のまちを歩く

2016年3月に初めて長崎のまちを訪れた。地方都市の中心市街地の多くは人通りが少なくなって活気を失うなかで、長崎では、比較的多くの人が歩き、小規模な個人飲食店に入れば客で賑わっていることに驚かされた。ここでは、長崎のまちの魅力とそれがもたらされた背景について、まち歩きの感覚で考えてみたい。

長崎空港からリムジンバスで長崎駅前のバス停へ到着すると、目の前に「えきまえ食堂」という飲食店が目に入る。日替定食590円をはじめ、22種類の定食メニューが写真付きで店頭に示されている。生ビール400円というのも魅力である（写真1）。吸い寄せられるように店内に入ると、それほど広くはない店内は客で賑わっている。後にも触れるが、長崎にはこのようなまち中に何気なくある魅力的な個人飲食店が多く、またそれらが客で賑わっているように感じる。本書の「東京都神楽坂・秋葉原」でも書いたように、今日は全国的・世界的に展開するチェーン店が多く、「マクドナルド化」ともいわれるような商業空間の均質化が進むなかで、このような個人飲食店が多く残る都市は、とても魅力的に映る。

江戸町には、1900（明治33）年創業のカステラの文明堂総本店がある。ポルトガルから持ち込まれたカステラは、江戸時代になって外国との交易の拠点となった長崎で定着し、名産となる。まちを歩くと福砂屋《ふくさや》（創業1624年）や松翁軒《しょうおうけん》（創業1681年）などのカステラの老舗をその趣ある佇まいとともにみることができる。

港の方へ向かい、市内最大規模のショッピングセンターの「ゆめタウン夢彩都《ゆめさいと》」へ来ると、屋外で陶器の物産展が開かれており、ゆめタウンと地元の方々とが連携した企画を思わせる。長崎港へ到着すると、江戸時代は唯一の海外への門戸として西欧文化の受入れに重要な役割を果たし、明治以降も最重要港湾7大港の一つであったとの説明看板とともに、当時使われていた錨がおかれている。対岸には、貿易港としての役割に代わって基幹産業の主役となった広大な三菱重工業長崎造船所の迫力ある景観がみられる。

出島和蘭《でじまおらんだ》商館跡と長崎新地《しんち》中華街を横目に、大浦《おおうら》東山手《ひがしやまて》居留地跡の石碑まで来ると、そこからオランダ坂の沿道には、日米修好通商条約以降に外国人居留地となったことで形成された、かつてはホテルや事務所、劇場、バーなどで用いられたヨーロッパ風のまち並みが広がっており、今は伝統的建造物群保存地区に指定されている。フランス代理領事の旧邸宅である東山手甲十三番館付近からは、傾斜地の住環境の改善のために全国初の試みとして導入された斜行エレベーターであるグラバースカイロードを遠方にみることができる。またこの居留地の一角には、欧米で人気であったボウリングの発祥（1861年）の地の碑も立っている。

ボウリング発祥の地の碑のすぐ近くには、長崎ちゃんぽんと皿うどんの発祥の店である5階からなる巨大な中華料理店の四海楼《しかいろう》がある。い

写真1 「えきまえ食堂」の外観
2016年3月牛垣撮影.

ずれも当店の初代店主が考案したことが1階の看板で説明されている。ちゃんぽんが「日本で生まれた最初の中華料理かも知れません」とも書かれており、そう思うとちゃんぽんを食べる時の気持ちも少し変わってくる。江戸時代、鎖国下の日本においてオランダとともに数少ない交易相手国であった中国からは多くの唐船が来航していた。中国からの貿易品を保管する新地蔵所が、現在の中華街となる。四海楼は中華街からは南西へ６７０ｍほど離れているが、長崎には古くから交易のあった中国の文化を随所にみることができる。

　長崎市の中心商業地ともいえる浜町《はまのまち》アーケードを訪れると、多くの人が集まり賑わっている様子がみられる（写真２）。地元の老舗百貨店浜屋百貨店をはじめ、多くの店舗が集積しており、シャッターを下ろした店舗は目立たない。歩いている人も、中高年の方々から大学生や中高生など、様々な年齢層の人びとが訪れているようにみえる。長崎市は人口40万人規模の都市であるが、そのなかではかなり中心商業地の人通りが多いように感じる。その背景については、後に統計資料などから考察したい。

　北に向かい本古川《もとふるかわ》通りまで出ると、ALLCOREという路地に多くの店舗が並んでいる（写真３）。本書の「東京都神楽坂・秋葉原」でも触れたように、路地は地価が低いため、資本力はないもののユニークな発想や技術をもった魅力的な個人店が立地する場合も多い。国税庁のホームページより令和４（２０２２）年の財産評価基準書「路線価図」を確認すると、この通りも１㎡当たりの地価が28万円と、直行する本古川通りの49万円と比べても比較的安い。そこにはオシャレなカフェや老舗の和菓子屋など多くの店舗が立地し、

写真２　中心商業地・浜町アーケードの様子
2016年３月牛垣撮影.

人通りも多い。しかしビジネスチャンスの多い通りだけにコンビニエンスストアなどのチェーン店も立地しており、これが進むと地価が高騰して個人店が撤退してしまうこともあり得る。

幕末維新史好きでもある筆者は、坂本龍馬が創設した日本初の商社ともいわれる亀山社中《かめやましゃちゅう》の跡地へ向かう。途中、傾斜の厳しい丘陵地に広がる住宅地を進み、ほかの地方都市とは異なり自動車の利用もままならない様子を体感する。亀山社中跡の近く、坂本龍馬像のある風頭《かざがしら》公園展望台からは、三方を山に、一方を長崎港に囲まれた美しい港町の風景、夜であれば夜景を眺めることができる。長崎の夜景は日本の三大夜景の一つであり、２０２１年の世界夜景サミットではモナコ、上海と並んで世界新三大夜景に認定された。湾岸から丘陵部が急激に立ち上がるすり鉢状の地形であるため、展望台から至近距離でダイナミックな夜景が鑑賞できるという。夜景というこの都市の魅力も地形的特徴とかかわることがわかる。この展望台の近くには、日本で最初の職業写真家であり写真技術の習得・普及に功績をあげた上野《うえの》彦馬《ひこま》の墓地がある。上野についてはまた後述する。

風頭公園展望台を下りると、東京近辺ではあまり目にしないミルクセーキを販売する店舗をたびたび目にする。長崎のミルクセーキは飲み物ではなく、卵、砂糖、練乳にかき氷を入れてシャーベットにしたもので、食べるミルクセーキとも呼ばれる。１９２５年に創業した九州最古といわれる喫茶店が暑い夏でも涼めるように開発したという。

何気なくまち中を歩いていても、歴史と趣のある、今風にいえば「レトロ」な建物が随所にみられる。たとえば丸山の花街の入口にはレンガ造りの丸山町交番がみられる。

写真 3　個性的な店舗が並ぶ路地
2016 年 3 月牛垣撮影.

まちを歩いている途中、路面電車がひっきりなしに通る。日中は概ね5分間隔で運行するため、中心市街地における日頃の移動や観光の際にも便利である。路線バスの乗り場にも多くの人が集まっており、地形的な影響で自動車の利用が困難であるために、公共交通が利用されている様子がみられる。

翌日は、長崎歴史文化博物館を訪れる。早くから海外に開かれた窓として様々な史資料が陳列されているために見どころは豊富であるが、個人的に気に入ったのが、前述の日本初の職業写真家として幕末・維新の志士など数多くの写真を残した上野彦馬に関する展示である。ここでは当時の写真技術を体験するコーナーもあり、数秒間ではあるが、撮影した画像が幕末志士さながらの雰囲気で画面に映し出される。幕末維新の志士の写真を小さな頃からみてきた筆者としては、この写真撮影は心が躍る体験であった。

最後に、JR長崎駅の方向へ向かう途中、長崎ちゃんぽんの旗が立つ「中華大八《だいはち》」という店に入る。長崎駅に近いとはいえ、それほど人通りは多くない場所に何気なく立っている印象だが、昼時ということもあり、奥のカウンター席4席ほど、テーブルが4つほど、いずれも席が埋まる盛況ぶりである。中華料理のメニューのほか、カウンター席におかれ一串単位で注文できるおでんの存在も嬉しい。冒頭でもふれたように、長崎のまち中にある個人飲食店は、一見何気ない普通の飲食店のように見えるが魅力的な店舗が多いように感じる。このような店舗は自宅や職場の近くであれば「行きつけの店」となり、このような店が多いことは生活を豊かにする。長崎という都市、その中心市街地のまちは、観光客にとっても居住者にとっても魅力が多い。

◆まち中に人がいる理由を考える

長崎の中心市街地やそのなかの個人飲食店で多くの人をみることができる理由を、比較的容易に入手可能な情報から考えてみたい。

　まずは丘陵に囲まれて平地が狭く、他の地方都市のように自動車での移動を前提とした郊外型の大型店の立地が限定的であった点があげられる。Google Maps などで「航空写真」や「地形」のレイヤとして「ショッピングセンター」と検索すると、その主だったものの分布が示されるが（図1）、多くは狭い中心市街地付近に立地している。『長崎市中心市街地活性化基本計画』（2020年4月）に書かれている1万㎡以上の大型店をみても、最大規模のゆめタウン夢彩都（3万1926㎡）、それに次ぐアミュプラザ長崎（1万9772㎡）、浜屋百貨店（1万6764㎡）はいずれもこの活性化区域内に立地する。郊外に人が流れにくいだけでなく、主要な大型店が中心市街地に立地することで、これらが大衆を引きつけることにつながっている。

　次に統計資料をみてみよう。表1は、三大都市圏を除く人口30万人以上50万人未満の県庁所在地の都市との比較において、長崎市が特徴的な値を示した指標である。まず長崎市の人口は40万人で、これらの都市のなかでは13都市中5位である。上記の地形の影響でDID（人口集中地区）面積は狭く（10位）、そこに人が密集するためにDID人口密度は比較的高い（3位）。地形的影響で比較的郊外型の大型店の立地が

図1　長崎の地形とショッピングセンターの分布
Google Maps 上で，「ショッピングセンター」と検索．その他，枠外の 3km ほど東側に「イオン東長崎ショッピングセンター」がある．

進んでいないため、小売業1事業所当たり売場面積は小さく（12位）、小規模な店舗が多く残っているために、小売業の事業所数やその人口千人当たりの数は金沢市に次ぐ値（2位）である。丘陵地の住宅地では自動車の利用もままならないために、人口一人当たりの自動車保有台数は最小である（13位）。このように長崎市では、地形的な影響でモータリゼーションや大型店の郊外立地が他の都市ほどは進まず、大型店は中心市街地に立地することで多くの人を引きつけ、これにより小規模な店舗も残ることができ、個性的で魅力的な飲食店、写真映えするレトロな店舗が残る背景にもなっている。

しかし、小売業年間商品販売額（11位）やその人口一人当たりの額（12位）は低く、長崎市全体として商業活動が活発とはいえない。前掲の長崎市中心市街地活性化基本計画によると、中心市街地の人口の転出入は、２０１８年は２３７６人の転出超過、全国の市町村中ワースト1位で、特に25～29歳という若い世代で転出が多いという。

表１　長崎市と中規模地方都市との比較

	長崎市	1位	13位
①人口数（2020年，人）	409,305（5位）	大分市（475,852）	秋田市（307,885）
② DID 面積（2020年，km^2）	43.05（10位）	大分市（74.1）	那覇市（38.7）
③ DID 人口密度（2020年，人 /km^2）	6,756.2（3位）	那覇市（8,084.6）	富山市（3,984.0）
④小売業事業所数（2016年）	3,357（2位）	金沢市（3,522）	大津市（1,573）
⑤人口千人当たり小売業事業所数（2016年）	7.7（2位）	金沢市（7.8）	大津市（4.6）
⑥小売業年間商品販売額（2016年，百万円）	379,598（11位）	高松市（601,284）	大津市（263,467）
⑦人口一人当たり小売業年間商品販売額（2016年，人 / 万円）	87.16（12位）	高松市（140.01）	大津市（76.94）
⑧小売業売場面積（2016年，m^2）	357,276（11位）	大分市（713,114）	那覇市（251,457）
⑨小売業１事業所当たり売場面積（2016年，店 /m^2）	106（12位）	大分市（240）	那覇市（104）
⑩一人当たり乗用車保有台数（2010年，人 / 台）	0.22（13位）	前橋市（0.47）	長崎市（0.22）

注：三大都市圏に属さない人口30万人以上50万人未満の県庁所在地（大分市，金沢市，高松市，富山市，長崎市，宮崎市，長野市，和歌山市，大津市，前橋市，高知市，那覇市，秋田市）を対象とする。

出典：①～③は国勢調査，④～⑨は経済センサス，⑩は自動車検査登録協力会資料などにより作成.

◆動態地誌的に長崎の都市の特徴をとらえる

動態地誌とは、地域のなかでも中核となる要素とその他の要素との関係から地域の特徴や構造をとらえる方法であり、今日では特に中学校の日本の地誌学習で取り入れられている。この地域のとらえ方は、個別の都市の特徴や構造を把握する際にも便利であり、本書の「千葉県木更津市」でも同市を事例としてその構造図を示した。

本稿では長崎の中心市街地をまち歩きする感覚でみたが、そのような場合でもこの動態地誌的なとらえ方は有効である。図2中のゴシックの用語は、多くが本稿でも触れた長崎の都市の魅力を構成する要素であり、明朝で示したその他の用語はその要素をもたらした背景や、長崎におけるその他の要素を示している。

今日の長崎の魅力を構成している多くの要素は、主に江戸時代から明治期にかけて外国文化の窓口としての長崎の位置づけによってもたらされたものが多いことがわかる。外国文化の窓口となったのは天然の良港を有したことが影響しており、これが明治期以降の造船業の発展にもつながっていく。

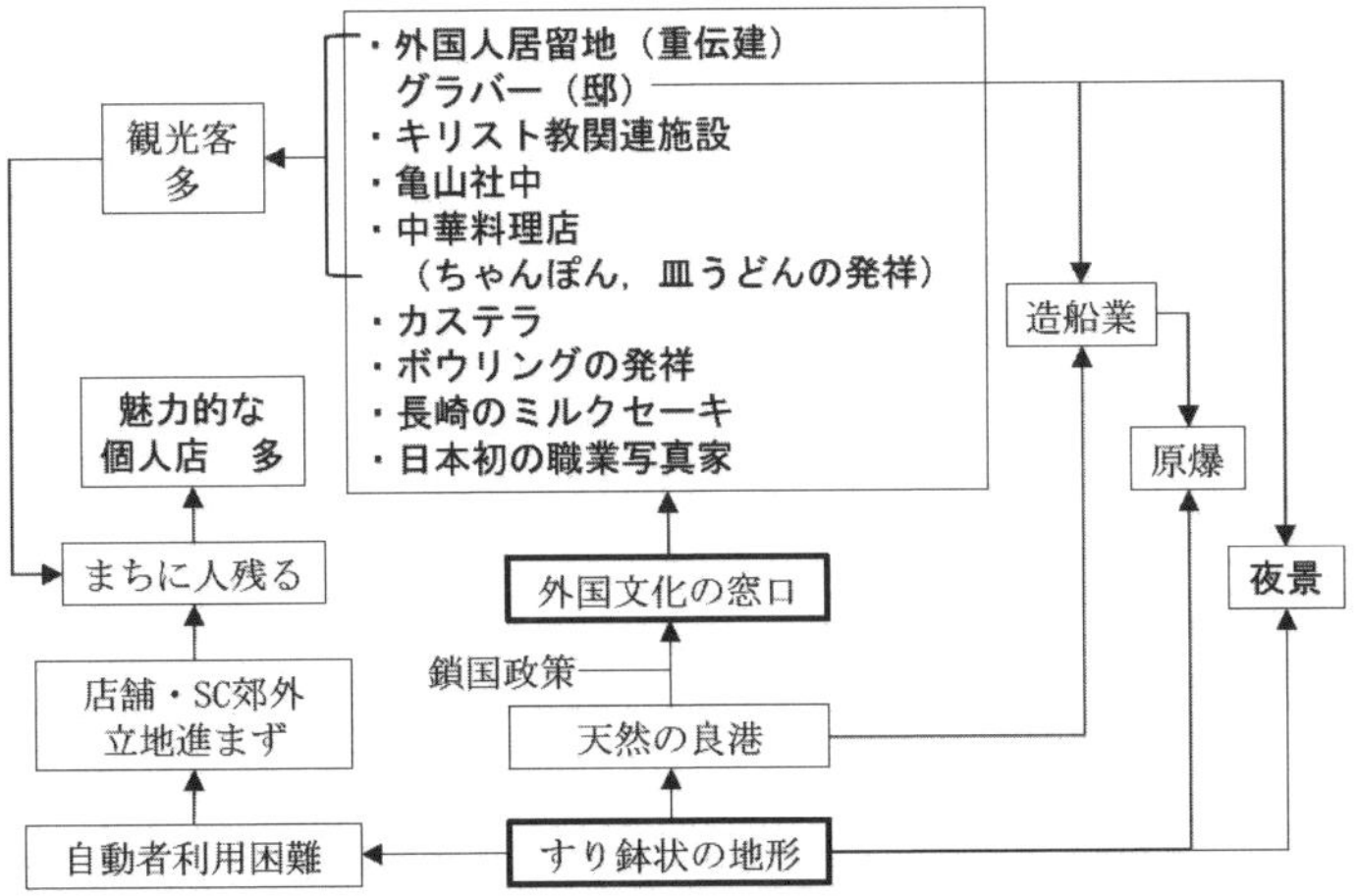

図2 動態地誌的にみた長崎のまちの構造図
ゴシックの用語は，長崎の魅力を構成する要素，太枠は中核的事象をそれぞれ意味する．

天然の良港とされたのは、湾奥に位置して水深も大きく、すり鉢状と表現される地形的特徴によるものである。この地形的特徴が、天然の良港となって外国文化の窓口として多くの歴史的な海外文化をもたらし、今日では多くの観光客を引きつけている。また天然の良港は、造船業の発展をもたらし、長崎市の主要産業となった。市街地のすぐ近くの丘陵地から眺める夜景は全国的・世界的にも人気がある。

一方で、その地形的特徴は、自動車利用が困難であることなど、地域住民の生活面では厳しい条件をもたらしている。ただし、自動車利用が他の地方都市と比べて少ないことや、地形的影響で郊外にショッピングセンターなどの立地がそれほどは進まなかったことは、中心市街地に比較的人が残り、魅力的な個人店が残存することにつながっていると考えられる。

長崎に様々な特徴をもたらしているすり鉢状の地形は、この地に投下された原爆にも大きくかかわる。長崎に投下された原子爆弾は、広島のそれと比べると1・5倍の威力であったが、周囲を丘陵や山地で囲まれた地形であり、熱線や爆風がこれによって遮断されたため、被害の範囲は広島よりは広がらなかったという。

長崎の中心市街地のまちを歩いて魅力と感じた要素を中心に、動態地誌的に構造図を描いてみると、それらの要素をもたらしているおおもとの要素は地形であり、地形を長崎のまちの中核的事象として位置づけることができる。

図2は、長崎の中心市街地のまちを歩いて感じた要素を中心に取り上げた構造図であり、長崎でも別の観点からまったく異なる構造図を作ることもできる。それぞれの関心から地域の要素を書き出し、その関係性を線で結ぶことで、この地域構造図は完成する。これにより都市や地域の特徴的な事象や要素を、網羅的ではなく、そのつながりから立体的に理解することにつながる。これは事象の因果関係やメカニズムを理解することにもつながるため、都市や地域を理解する有効な方法と考えられる。

◆初めて訪れて感じた長崎の魅力

長崎のまち中には、重伝建（重要伝統的建造物群保存地区）にもなっている外国人居留地や、世界文化遺産にもなっている大浦天主堂などのキリスト教関連施設、ちゃんぽん発祥の店舗など、観光資源にもなるような要素が数多く存在する。それらの多くは江戸期に長崎が外国文化の窓口となったことに起因しており、そのような歴史的なストーリーを感じながら心地よくまちを歩くことができる。個人経営の店舗が多く残っていることや夜景も魅力的な要素であり、外国文化の窓口として育まれた要素と合わせて、すり鉢状の地形条件がこれにかかわっている。現在のまちを歩くとみることができる要素が相互に関連しており、地理的なストーリーを感じることもできる。観光ガイドブックにも掲載されるような長崎の要素も、このような見方・考え方でとらえていくと、歴史的な時間軸のストーリーとともに、地理的な空間軸のストーリーが浮かび上がってくるため、旅行が何倍も面白くなる。

筆者は長崎を訪れたことは２０１６年の一度きりである。研究対象とした経験もないため、今回の記事は長崎に詳しい方々からは物足りないと感じられるようにも思う。しかし、一般の方々も地理を学ぶ我々も、旅行などで訪れる都市や地域は初めての地で、一度きりしか訪れない場合も多いであろう。その際に、ただ何となく歩く、ガイドブックや観光施設の看板の説明をみる、というだけでなく、地理的な見方・考え方を働かせて歩くことで、旅行が何倍も面白くなる。そのような感覚は、地理を生業とする多くの方々がお持ちであろう。今回は、商店街などのまちを研究してきた人間によるまち歩きの事例として見ていただければ幸いである。

（牛垣雄矢）

宮崎県

宮崎市

南国ムードを演出する「人工の美」

◆南国に降り立つ

「宮崎」に対して、どのようなイメージを持っているだろうか。2016年に宮崎市が行った『宮崎市ブランド調査』によると、首都圏居住者が宮崎市に対して連想することがらやイメージの中心は南国果実のひとつ、「マンゴー」であるという。事実、飛行機で宮崎空港に降り立って真っ先に感じるのは、ずばり「南国」である。バケージクレーム（手荷物を受け取るエリア）から南国的な雰囲気が醸し出されており、空港屋内のメイン広場は明るく開放的で、リゾート感が溢れている（写真1）。2014年には開港60年を記念して「宮崎ブーゲンビリア空港」と愛称がつけられたように、ブーゲンビリアをはじめとする南国らしい花や木を至る所で見ることができる。さらに空港のロータリー、そして宮崎市内に向かうバイパス道路沿いにも観光客を出迎えるようにフェニックスやワシントニアパームが立ち並んでおり、ここが南国ムードあふれる都市であることを実感する。私事であるが、一時期、宮崎が「帰省先」となっていたことがあり、そのたびに観光客気分で南国情緒を味わっていた。

宮崎県は南海型と呼ばれる気候区の特徴を有しており、沿岸部に位置する宮崎市の年平均気温は黒潮の影響を受け17℃を超える。年間降水量は約2600㎜(1)で、6月および9月に特に多い。一方で冬季の日照時間は長く、晴天日が多いことも特徴である（図1）。こうした温暖な気候から宮崎は名実ともに「南国」であり、それを前面に押し出して観光PRを行っている。しかし歴史を紐解いていくと、その南国的景観は観光発展を目指して整備されてきた「人工の美」であることが明らかとなる。南国ムードはどのようにつくられ、宮崎の魅力となってきたのであろうか。本章では南国たらしめる主要素である植栽に注目し、観光都市・宮崎の経緯や状況を紹介していきたい。

◆宮崎市の成立とその概要

宮崎市は、宮崎県中部に位置する隆起海岸平野（宮崎平野）の中央部を占めている。日向灘《ひゅうがなだ》に面して砂浜海岸や砂丘が広がっている。宮崎県を代表する河川である大淀《おおよど》川の河口部には、砂州《さす》や砂嘴《さし》が発達している。一方で青島付近から南部は岩石海岸であり、「鬼の洗濯板」と呼ばれる隆起と差別侵食による波蝕棚《はしょくだな》地形がみられる。

「宮崎」の地名は郡地名であり、近世以前は都市的集落がみられず、政治・経済的空白地域であった。県庁所在地としては珍しく城下町を起源としておらず、「歴史的核のない

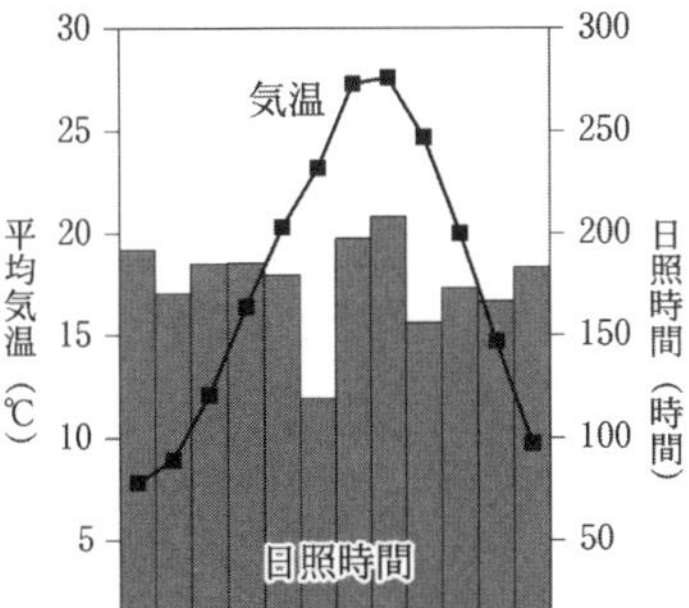

図1　宮崎市における月別平均気温と日照時間
1991～2020年の平年値．気象庁の資料により作成．

写真1　宮崎空港オアシス広場
光の差す天井とステンドグラスが開放的な印象を与えてくれる．熱帯性・亜熱帯性の木や花がふんだんに配置され，利用者へ南国ムードを演出している．訪問時には，県内の人気スイーツをはじめ雑貨やアクセサリー店などの店舗が出店するイベントブースが設置されていた．2022年5月7日駒木撮影．

県庁都市」と表現されることもある。(2) １８７３（明治６）年の宮崎県の成立によって大淀川左岸の上別府《かみべっぷ(かみのびゅう)》村に県庁が設置された(3)ことを契機に、近代都市としての発展が始まった。県外からの移住者を受け入れて都市が形成されていったことから、開拓地の植民都市と似ているとの指摘もある。(4) 宮崎県下の主要都市である宮崎市、都城《みやこのじょう》市、延岡《のべおか》市の人口推移をみると、１９４０年頃まではほぼ同規模であったが、その後、鉄道や飛行機をはじめとする交通網の整備や、行政、文教、商業機能の発展により、宮崎市の人口は大きく増加した（図２）。

市街地は国道10号と国道２２０号との分岐点である橘《たちばな》交差点から東西南北に拡がっており、主軸は南北を貫く橘通りである。橘交差点付近は百貨店などが立地する商業中心地であり、その南東部は県庁などの諸官庁が集積する行政地区、北西部は大学や図書館、博物館などが立地する文教地区、そして大淀川左岸にはホテルやマンションが立ち並んでいる。

◆観光地としての宮崎の発展

宮崎は、戦前から青島や日南《にちなん》海岸などの観光地を有していた。本格的に「南国宮崎」として発展したのは第二次世界大戦後であるが、そこには「宮崎観光の父」と呼ばれる、宮崎交通グループ創業者、岩切《いわきり》章

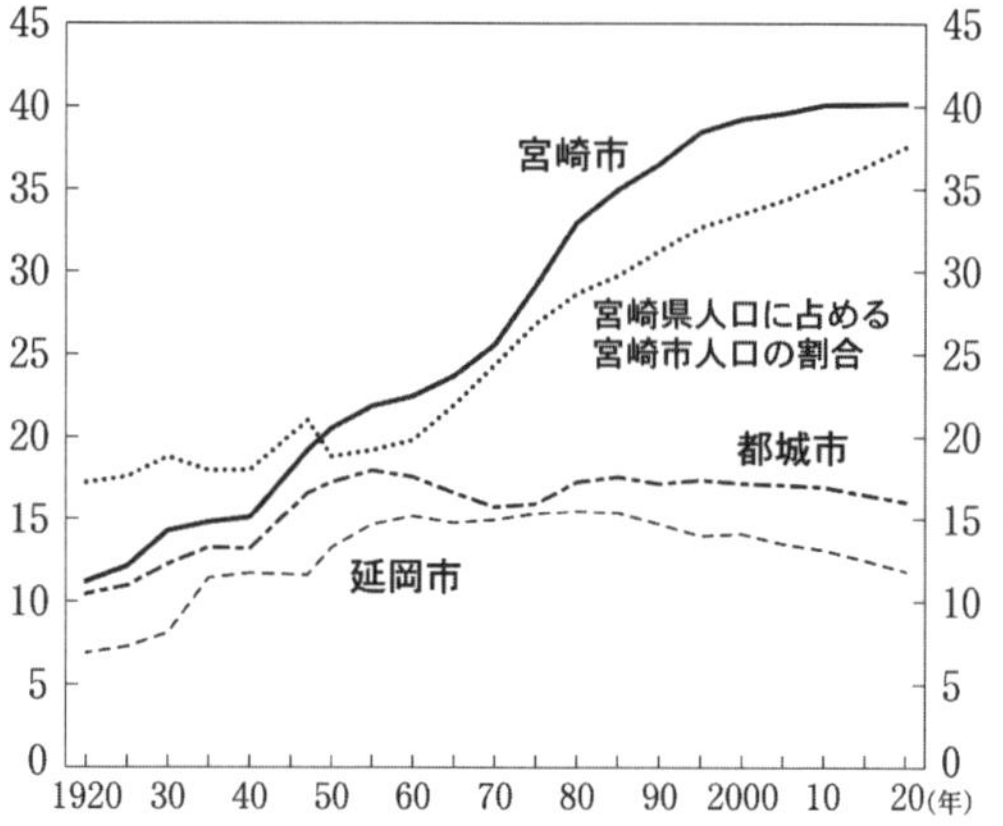

図２　宮崎県の主要３都市における人口推移

宮崎市と都城市は1924年，延岡市は1933年にそれぞれ市制が施行されており，その後の市町村合併を考慮して2022年現在の市域における人口に再集計した．国勢調査により作成．

太郎氏（１８９３―１９８５）の存在がある。彼は戦前から遊覧バスの運行や「大地に絵を描く」の理念によるフェニックスの植樹、サボテン公園やこどものくにの開設などを行ってきた。そして戦後になると、日南海岸ロードパークを始めとして景観整備や観光開発を本格的に進めていった。たとえば１９５０年に国定公園の制度が設けられ審議が行われた際、当初、日南海岸は候補地リストでは中程度にランク付けされていたが、彼が様々な関係者に働きかけた結果、国定公園に指定（１９５５年）されたという[5]。前年（１９５４年）には宮崎空港に国内定期便が就航したこともあり、観光地としての宮崎の地位が高まっていった。

さらにそれに拍車をかけたのが、昭和30年代後半（１９６０年頃）から巻き起こった「新婚旅行ブーム」である。全国各地から多くの観光客が訪れるようになり、宮崎空港を発着する定期便の拡充や関西と宮崎を結ぶ列車の運行など交通網の整備、ホテルの新築や増改築など宿泊機能の強化が行われていった。南国ムードを演出する観光ツアーも多数組まれ、また温暖で晴天の多い気候を活かしてプロ野球のキャンプ地に選ばれるなど、リゾート地としてのイメージが全国的に広められていった。また、南国としての宮崎を題材とした映画や連続テレビ小説、歌謡曲などが発表されたことで、メディアミックスを通じてそのイメージが再生産されていったことも指摘されている[6]。

◆南国ムードを醸し出す植物

新婚旅行ブームに湧く頃の観光リーフレットには、ビロウと青島、フェニックスと堀切《ほりきり》峠、フェニックスと大淀川河畔というように、観光地と植物がセットとなった写真やイラストが掲載されており、熱帯性・亜熱帯性の植物が南国景観を演出するうえで欠かせないものとなっていることがわかる。以下では特にフェニックスとワシントニアパームに焦点をあて、その特徴や導入経緯について紹介しよう。

【フェニックス】原産地はカナリア諸島であり、成長が早く、潮風や台風に強いという特徴がある。その名を冠した観光施設や取組みが多くみられるなど、宮崎の南国ムードを象徴する植物である。いつ誰が宮崎に持ち込んだかは諸説あるが、明治後期に熊本にあった農林省（当時）の農事試験場九州支部から宮崎の県農事試験場に持ち込まれたものが最初だったという記録がある。[7] 観光との関わりは、岩切氏が南国情緒のムードづくりにビロウ植樹を試行していたころ、農事試験場でビロウよりも姿が南国的で成長も早いフェニックスに注目し、知人の協力を得て堀切峠をはじめとした日南海岸に植樹していったのが始まりだという。[5] その後、めぼしい観光地や交通の要所にはフェニックスが植えられていった。１９６６年には、緑と太陽の国宮崎を象徴するものとして、宮崎県の木として指定されている。

【ワシントニアパーム】原産地はメキシコやアメリカ合衆国カリフォルニア州、アリゾナ州であり、幹がまっすぐで成長が非常に早いことが特徴である。昭和初期に、宮崎市役所の東側にある国道２２０号沿いの公園に植えられたのが宮崎への最初の導入とされている。[8] その後、１９６４年の南宮崎駅前通りの拡張工事の際に、岩切氏の発案で中央帯分離帯に街路樹として植えられたのを契機として、主要道路や公園などに多く植樹されていった。

ここで注目したいのは、いずれも青島のビロウのように宮崎に自生していたものではなく、戦前に県外から持ち込まれた外来植物だという事実である。すなわち、観光客が南国景観の自然的構成要素としてみているこれらの植栽は、人の手によって広められたものだったのである。こうしたことが可能だった背景には、一年を通して温暖で降水量が多く、冬季の日照時間が長い宮崎の自然環境がある。

◆植栽が創り出す南国景観

こうして植樹されていった南国ムードを演出する植栽は、宮崎の都市構造とどのような関係があるだろうか。そこで、植樹されたとみられる主なフェニックスとワシントニアパームの分布を地図化してみた（図3）。まず、宮崎駅や南宮崎駅などの代表駅や空港、インターチェンジなど、宮崎の玄関口となる拠点に植樹されていることがわかる。さらに主な観光地や市街地を結ぶ主要道路、ホテルの立地する地域にも分布している。一方で、郊外住宅地や縁辺部の農村地域などではみられなかった。K・リンチによる「都市

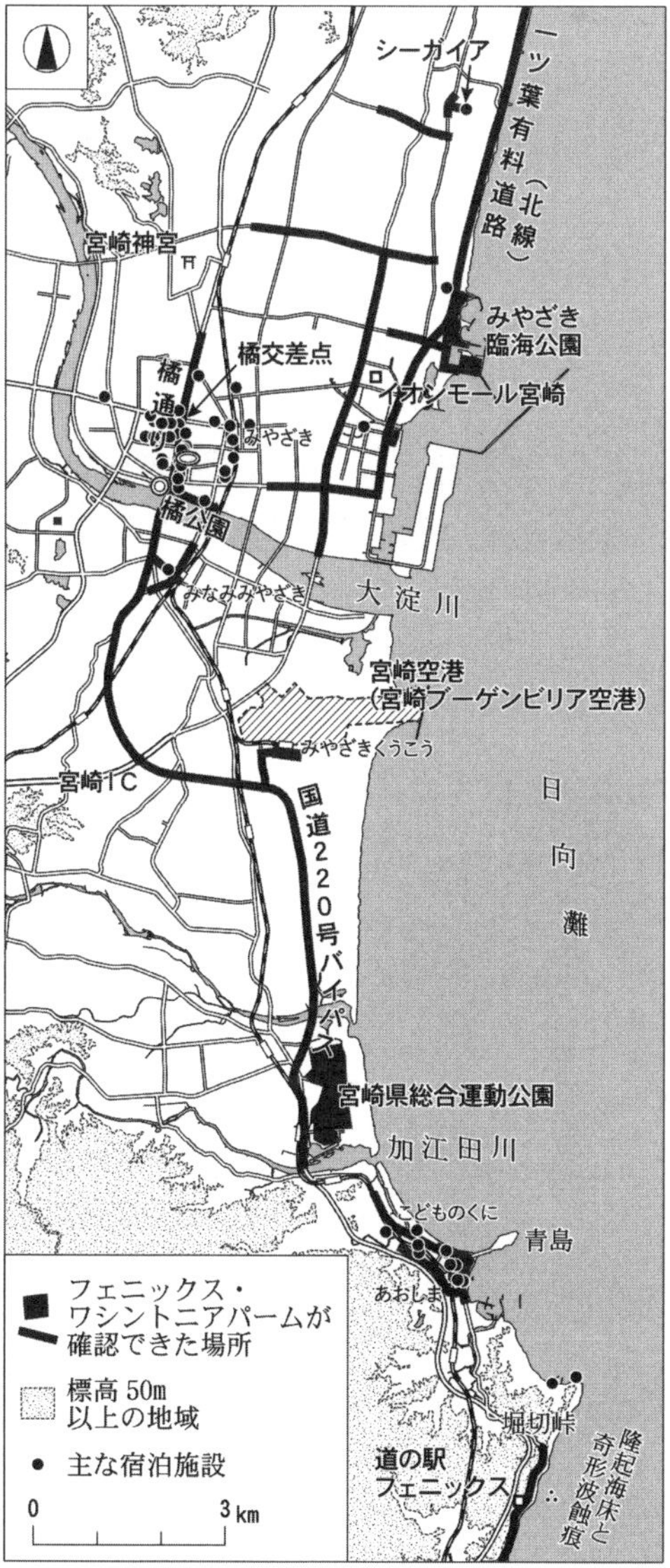

図1　宮崎市におけるフェニックスとワシントニアパームの主な分布（2022年）
2022年の現地調査およびGoogleストリートビューなどにより作成.

のエレメント」をふまえるならば、フェニックスやワシントニアパームは、観光空間としての宮崎におけるパスやノード、ランドマークとしての役割を果たしていると理解できよう。以下では、主な分布場所について紹介する。

【国道２２０号バイパス】宮崎市中心部から南部へと続く、宮崎の観光主軸である（写真２）。途中には青島やこどものくになどの主要観光施設、宮崎空港などの交通拠点が立地する。加江田《かえだ》川の河口から宮崎市中心部にかけては、約８５０本のワシントニアパームが植えられており、空港に降り立ち青島や市内に向かう観光客を出迎えてくれる。

写真 2　国道 220 号バイパスに沿って植樹されたワシントニアパーム
ワシントニアパームによるスカイラインが，南国ムードを醸し出している．2022 年 5 月 8 日駒木撮影．

写真 3　堀切峠と日南海岸
大正期に宮崎市街と外港である内海港を結ぶために開削されたことが，峠名の由来となっている．海岸に沿う道路は日南海岸の国定公園指定（1955 年）にともない県道から国道 220 号に指定されたが，2008 年 3 月の堀切峠トンネル開通により県道 377 号となった．青空と日向灘，そしてフェニックスの対比が壮観である．2022 年 5 月 8 日駒木撮影．

【堀切峠と日南海岸】戦前から岩切氏がフェニックスを植樹し、日南海岸ロードパークとして整備・開発を進めたルートである（写真３）。１９８７年には日南フェニックスロードの名称で、旧建設省などによる「日本の道１００選」に選出されており、道の駅フェニックスからは海岸へ降りることも可能である（写真４）。

【橘公園】宮崎市役所の南東にある橘橋北詰から日豊《にっぽう》本線大淀川橋梁にかけての大淀川左岸に、約８００ｍにわたって位置している（写真５）。１９５４年に宮崎交通（株）によってフェニックスが植栽され、現在の景観が創られた。川端康成の小説「たまゆら」にも、大淀川に沿って立つフェニックスの描写がみ

写真４　高台から望む道の駅フェニックス

道路の直線化によって得られた敷地に，宮崎交通（株）が1965年にフェニックスドライブインとして開業したのが始まりである．2004年の閉鎖後，宮崎市が買収し2005年に「道の駅フェニックス」としての運用が開始された．日向灘を一望でき，撮影時にはツーリング客の利用がみられた．写真奥には波蝕棚地形も見える．2022年５月８日駒木撮影．

写真５　大淀川左岸に建ち並ぶフェニックスと建物群

大淀大橋から左岸を望む．戦後に大淀川河畔の緑地帯を開発する計画が立ち上がった際，岩切氏が開係者を説得し，敷地を借り受け整備したという．1992年には宮崎市により都市景観形成地区に指定されている．宮崎市役所から大淀川橋梁にかけて，かつては一面に観光ホテルや旅館が立ち並んでいたが，現在ではそのほとんどがマンションに建て替えられている．2022年５月７日駒木撮影．

られる。[9]

◆観光都市としての近年の課題

南国ムードを演出する植栽によって観光地として発展してきた宮崎であったが、近年は、いくつかの課題を抱えている。その一つは、県外観光客の伸び悩みである。図４に、宮崎市における観光客数の推移を示した。新婚旅行ブームによって増加した観光客も、その後の沖縄本土復帰や円高による海外旅行ブームにより、県外観光客は徐々に減少した。１９８８年には「宮崎・日南海岸リゾート構想」が総合保養地域整備法（通称・リゾート法）の第一号指定を受け、開発された宮崎シーガイア[10]によって一時的に県外観光客数は持ち直したものの、その後は再び落ち込みをみせている。その一方で、宮崎県内からの観光客は１９６０年以降、徐々に増加している。また、コロナ禍以前は、主にアジア圏からのインバウンドによる外国人観光客も増えていた。

もう一つは、ワシントニアパームの植替え問題である。植樹当初の樹高は５ｍほどであったが、その後20ｍを超えて成長した結果、落葉などによる被害がみられるようになった。枝打ちなどの対策を行っているものの、費用がかさんでいる。また、集中して植樹が行われた箇所が多いため、一斉に寿命を迎え、立

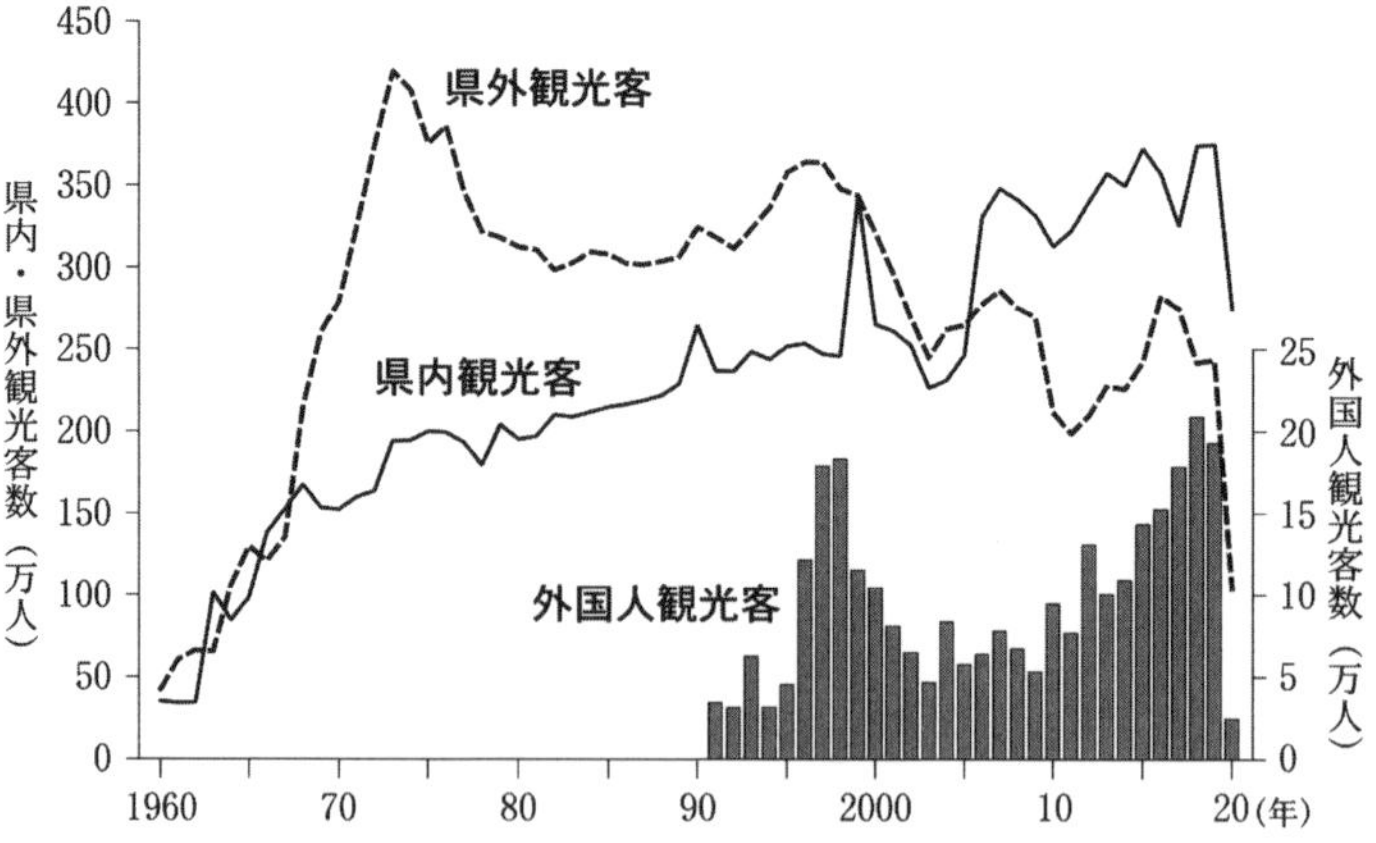

図４　宮崎市における観光客数の推移

県内・県外観光客数の数値は入込客数である．また，外国人観光客数の数値は延べ宿泊者数であり，1990年以前はデータなし．市町村合併による市域の変更（1963年の生目村編入，2006年の田野町・佐土原町・高岡町編入，2010年の清武町編入）がある点に注意．宮崎市観光統計により作成．

ち枯れや倒木の可能性がある。こうした問題に対して維持管理検討会が2015年に設置され、ワシントニアパームのある景観を維持・持続するとともに、順次、新しい木に植替えて持続可能な管理を行っていくことが決定された。また市民を対象に、植替えや苗の育成の必要性について理解を促す事を目的とした体験学習も実施されている。

◆景観を通してみる宮崎の魅力とは

地理学において、「景観」が重要な概念の一つであることは論を俟たないであろう。景観については様々な理解があるが、本稿でみてきた宮崎は、温暖な気候という場所において熱帯性・亜熱帯性の植栽を通じてつくられ、地域住民や観光客によって語られ再生産されてきた「南国」という物語が具体化した観光都市だとは言えないだろうか。

フェニックスやワシントニアパームが立ち並ぶ景観は、観光客にとって南国ムードを感じさせるものであるが、その背後には戦前から戦後にかけて、宮崎の観光発展に向けて奔走した岩切氏をはじめとする地元経済界の取組みの存在がある。そして、その景観を利用して宮崎から観光客に向けた南国宮崎イメージ戦略が発信され、それを受けた観光客がさらにそのイメージを増幅していくという再生産の構造となっている。また、元々自生していた植物ではないにもかかわらず、ワシントニアパームが立ち並ぶ景観を維持しようとする取組みがあることから、宮崎で暮らす人々、とりわけ戦後生まれ育った人々にとって、「南国ムード」は「日常」になっていると言えよう。こうした温暖な気候による元来の「自然の美」とともにある「人工の美」が、観光客と研究者、いずれにとっても宮崎の魅力であると考えられる。

宮崎を訪れる際は、ぜひ「南国ムード」あふれる景観を見ていただくとともに、その背後には本稿で紹介した宮崎の人々が歩んできた歴史があることに思いを馳せていただきたい。きっと、より深く宮崎を楽しめるだろう。

（駒木伸比古）

［注］

（1）1991～2020年の平年値。
（2）横山淳一（1997）「歴史的核のない県庁都市　宮崎」平岡昭利編『九州　地図で読む百年』所収、古今書院、125―128頁。
（3）1876（明治9）年の宮崎県廃止（鹿児島県への統合）により宮崎支庁となったが、その後、1883（明治16）年の宮崎県の分離・成立により再び県庁となった。
（4）下村数馬（1977）「宮崎」『日本図誌大系　九州Ⅱ』所収、朝倉書店、144―149頁。
（5）岩切章太郎（2013）『大地に絵を描く』鉱脈社。
（6）森津千尋（2011）「宮崎観光とメディア　1」宮崎公立大学人文学部紀要18―1、259―269頁。
（7）朝日新聞朝刊宮崎版1974年3月27日付「フェニックス物語⑤　実録　初の苗木は熊本県から」。
（8）土持綱雄（1983）「宮崎県内の外来植物導入事情―フェニックス、他2～3の観賞用外来植物について」せんぬけ11、3―8頁。
（9）1964年に原稿執筆のため宮崎に滞在した際、大淀川の川岸に立ち並ぶフェニックスに興味を示したとされている。渡辺綱纜（2012）『夕日に魅せられた川端康成と日向路』鉱脈社。
（10）総事業費の高騰や利用客数低迷などにより、2001年に事実上経営破綻した。2022年現在は、「フェニックス・シーガイア・リゾート」として運営されている。

あとがき

「日本の都市百選」を単行本にしましょう。その連絡を受けた時、思わず「とうとうきたか」と心が躍った。月刊誌で連載が始まってから、様々な形で関連する企画に波及するなど活気づいていたが、それがひとつの形になったことに大変に嬉しく、またありがたく感じている。

本書が出版されるきっかけは、古今書院が発行する月刊誌『地理』(*)において、『地理学者が選ぶ　日本の都市百選』の連載が、２０２１年8月号から始まったことにある。同誌の担当者より、イキのよい地理学者を著者として同企画を連載したいと打診があり、本書の執筆者が集まった。大都市圏、空き家、再開発、大型店、商店街、消費文化などに興味関心をもつ若手から中堅の地理学者6名を中心に、今でも同連載は続いている。「都市百選」という名の通り、取り上げる都市の魅力や特徴を、時には地理学的な見方・考え方を用いて、また時には著者独自の見方・考え方を用いて伝えてきた。メンバーで共有しているコンセプトなどはほとんどなく、基本的には著者が取り上げたい都市を、書きたい通りの内容で書くため、バラエティに富んだ内容になっているであろう。我々執筆者も、連載が始まってから、新刊が出るたびに新しい「百選」の記事を読んで刺激を受け、時に読者から好評の連絡を受けたことを担当者から聞き、知り合いの読者から直接感想を伺うたびに、この企画への愛情や情熱が増していった。今も、次はどこを取り上げ、何を書こうかと、楽しみつつも頭を悩ませる日々が続いている。

本書『日本の都市百選　第1集』は、そのような雰囲気で積み重ねられた成果を集めたものである。6

人の執筆者がそれぞれ1～3周目に取り上げた18都市を掲載している。掲載順は特に意味はなく、おおよそ北から南へと標準地域コード順となっているため、興味のある都市から読んでいただいて構わない。

取り上げている都市は、著者がメインフィールドとして研究を積み上げている都市の場合もあれば、指導学生の卒業論文の指導で関わった都市、1度きりの来訪で魅力に取りつかれた都市など様々ではあるが、どの都市にしても、著者ならではの視点でその特徴をとらえ、魅力について語っている。各回ともに、論文のような堅い論調にならないように意識しているため、著者とともに都市の中を歩いている感覚で読み進めることができるのではなかろうか。

この度、月刊誌『地理』での連載を単行本として発行させていただくことになったのは、この連載を支持していただいた読者の皆さまのおかげである。毎回、楽しく書かせていただいている我々執筆者にとってはありがたい限りである。本書には18の都市が掲載されているが、それがすべてではない。2023年5月号では「特集　横浜〈都市百選特番〉」として、6人それぞれの視点で横浜というひとつの都市を読み解き診断することを試みた。2022年9月号では「日本の都市百選　特番」として「堤幸彦監督　生駒を歩く」が、翌月には「日本の都市百選　特番インタビュー」として「堤幸彦監督と地理学とのかかわり」が発表された。これ以外にも、この連載によってできたご縁から本書の執筆者が関わった企画も多く、こういったスピンオフ企画はこれからも様々な形で掲載されていく雰囲気があり、月刊誌『地理』の連載もますます充実していくことが期待できる。本書『日本の都市百選　第1集』を読んでいただき、面白いとお感じになられた方には、ぜひとも月刊誌『地理』の連載やスピンオフ企画もご覧いただきたい。そして本書『日本の都市百選　第1集』とともに、この連載が読者の皆さまから引き続きご好評をいただけるのであれば、続編『日本の都市百選　第2集』の発行も期待できるであろう。それを祈りつつ、連載記事の充実を心掛けていきたい。

本書の発行に際して、古今書院の関　秀明氏と原　光一氏には、月刊誌『地理』での連載の企画段階から本書の出版に至るまで、貴重な機会を与えていただきました。ここに記して心より感謝申し上げます。

２０２３年９月13日

牛垣雄矢

＊月刊誌『地理』（古今書院）のページ　https://www.kokon.co.jp/monthly/

著者略歴

牛垣 雄矢（うしがき ゆうや）

東京学芸大学教育学部准教授．1978 年神奈川県生まれ．日本大学大学院理工学研究科地理学専攻博士後期課程修了．博士（理学）．専門は都市地理学，商業地研究．主著に『まちの地理学－まちの見方･考え方－』（古今書院），『地誌学概論（第 2 版）』（共編著，朝倉書店）．

稲垣　 稜（いながき りょう）

奈良大学文学部教授．1974 年岐阜県生まれ．名古屋大学大学院人間情報学研究科博士後期課程修了．博士（学術）．専門は都市地理学．主著に『郊外世代と大都市圏』（ナカニシヤ出版），『現代社会の人文地理学』（古今書院），『都市の人文地理学』（古今書院），『日常生活行動からみる大阪大都市圏』（ナカニシヤ出版）．

小原 丈明（こはら たけあき）

法政大学文学部教授．1975 年滋賀県生まれ．京都大学大学院人間・環境学研究科博士後期課程修了．博士（人間・環境学）．専門は都市地理学．主著に『ジオ・パル NEO －地理学便利帖－』（共編著，海青社），『経済地理学への招待』（分担執筆，ミネルヴァ書房），『都市空間と産業集積の経済地理分析』（分担執筆，日本評論社）．

駒木 伸比古（こまき のぶひこ）

愛知大学地域政策学部教授．1981 年高知県生まれ，徳島県育ち．筑波大学大学院生命環境科学研究科地球環境科学専攻修了．博士（理学）．専門は都市・商業地理学，GIS．主著に『役に立つ地理学』（共編，古今書院），『地域分析－データ入手・解析・評価－』（共著，古今書院），『まちづくりと中心市街地活性化』（分担執筆，古今書院）．

西山 弘泰（にしやま ひろやす）

駒澤大学文学部地理学科准教授．1983 年北海道札幌市生まれ．明治大学文学研究科地理学専攻修了．博士（地理学）．専門は都市地理学，地域政策，地域連携．主著に『都市の空き家問題 なぜ？どうする？』（共編著，古今書院），『*A Rise in Vacant Housing in Post-Growth Japan*』（分担執筆，Springer Japan）．

山口　 晋（やまぐち すすむ）

目白大学社会学部准教授．1978 年滋賀県長浜市生まれ，奈良県奈良市育ち．大阪市立大学大学院文学研究科後期博士課程単位修得退学．博士（文学）．専門は都市の文化社会地理学．最近の著書に『*Political Economy of the Tokyo Olympics*』（分担執筆，Routledge）．最近の論文に「冬季五輪のボブスレー・トラックの廃墟と痕跡からみる物質性と情動の地理」目白大学人文学研究第 19 号，55 ～ 68 頁．

書　名	**日本の都市百選　第1集**
英文書名	A Selection of Attractive Japanese Cities, volume 1
コード	ISBN978-4-7722-6122-7　C1025
発行日	2023年11月1日　初版第1刷発行
著　者	**牛垣雄矢・稲垣　稜・小原丈明・駒木伸比古・西山弘泰・山口　晋**
	Copyright ©2023 USHIGAKI Yuya, INAGAKI Ryo, KOHARA Takeaki, KOMAKI Nobuhiko, NISHIYAMA Hiroyasu and YAMAGUCHI Susumu
発行者	株式会社古今書院　橋本寿資
印刷所	太平印刷社
発行所	**株式会社 古 今 書 院**
	〒113-0021　東京都文京区本駒込5-16-3
電　話	03-5834-2874
F A X	03-5834-2875
U R L	https://www.kokon.co.jp/
	検印省略・Printed in Japan